国家出版基金项目
NATIONAL PUBLICATION FOUNDATION

清宫图典

故宫博物院 编
朱诚如 任万平 主编

艺术卷

李 湜 本卷主编

故宫出版社

总序

编纂多卷本的《清宫图典》是故宫学人的职责，也是故宫学人的夙愿。2002年由我任主编，故宫同仁通力合作编纂的多卷本《清史图典》（十二册）出版后，得到学界高度评价，促使我们萌发编纂《清宫图典》的愿望。2015年是故宫博物院九十华诞，我邀请故宫内外学界相关专业同行诸公：任万平（礼仪卷）、李湜（艺术卷）、黄希明（建筑卷）、左远波（生活卷）、于庆祥（政务卷）、滕德永（内务卷）、刘甲良（文化卷）、许静（典藏卷）、赵云田（出巡卷）、李理（禁卫卷）为十卷本《清宫图典》分卷主编，共襄盛举。历三年辛劳，终于付梓。名为《清宫图典》，意在十卷图录在手，能窥真实的清宫政务、生活全貌。

以图像记录历史、印证历史，古已有之。中国汉字最早源于象形，即出于图像。中国史书记事记人，向以文字记载为主，但历代学者力主左图右史。只是在当时印刷条件下，图文并茂实不可能。中国历代都有宫廷画家和民间艺人留下一批记录当时人和事的纪实性很强的绘画（包括岩画、壁画），为我们研究当时的历史留下蛛丝马迹。清朝是中国封建社会最后一个王朝，清代宫廷保存了大量的纪实性绘画、晚清的老照片，以及宫廷建筑遗址与各式遗物，为我们提供了研究宫廷历史文化的直观线索，也是我们编纂《清宫图典》的物质基础。高楼大厦不可能凭空搭建，柱础是根本。没有这些图片，就没有图录编纂的可能。

中国自古以来就有用绘画图像记事的传统，一些纪实性很强的绘画弥补了文字资料记载的不足，而且某种程度上能提供比文字资料记载更准确、更生动的信息。纪实性绘画分为记人和记事两类。宫廷画家的记人，主要是为帝王、后妃或名臣作“御容”或画像；记事主要是用绘画形式记录当时的重大社会历史事件。西汉毛延寿、唐阎立本都是历史上著名的宫廷画家。阎立本的《步辇图》卷，生动地刻画出唐太宗李世民接见吐蕃松赞干布派来迎娶文成公主的使臣禄东赞的隆重场面。宋代的《迎銮图》卷，绘记了南宋曹勋奉命到金国迎还宋徽宗赵佶灵柩的历史事件。正是绘画的这种无可代替的功能，使郑樵认为“图谱之学，学术之大者”（郑樵《通志》）。到明清两代，东西方海上交通得以开辟，海上交通同样也给东西方文化交流提供了便捷和可能。自明代开始，大批西方文化传播的先驱者——传教士来到中国，他们在传教的同时，也带来了西方先进的科学技术、西方的人文理念，包括西方的文化艺术。西方的绘画技术也逐渐传入中国。一些传教士的高超画艺，得到了中国统治者的认可，他们进而成为宫廷的御用画家，其中最为著名的清代宫廷画家是意大利人郎世宁。郎世宁于康熙五十四年（1715）到达中国广州，时年27岁。他当年即到北京，直至乾隆三十一年（1766）在北京病逝，终年78岁。郎世宁在中国历经康熙、雍正、乾隆三朝，在清宫中充当宫廷画家达52年。郎世宁不仅把西洋画法传到中国，而且为了适应中国皇帝的欣赏品位，在欧洲油画基础上吸收中国画的技法，形成了独特的画风。郎世宁在清宫中培养了一批通晓中西结合画法的宫廷画家，如丁观鹏、张为邦、王幼学等。

在清宫中的外国传教士画家，除著名的郎世宁外，还有王致诚、艾启蒙、贺清泰、安德义等。清代康熙时期，焦秉贞、冷枚、陈枚、唐岱等一些中国宫廷画家和一些民间著名画家也已经开始创作纪实性绘画。其中有王翚为主要作者的《玄烨南巡图》（十二卷）以及与其他宫廷画家合作的《玄烨六旬万寿庆典图》等。康熙后期，郎世宁的入宫，带动了更大规模纪实性绘画的创作，受其影响，一批中国的宫廷画家或合作或独自开始创作纪实性绘画。他们留下了大批南巡、大阅、秋狝、祭祀、行乐等纪实性作品，为我们今天研究清朝宫廷历史文化提供了最为生动的历史画图。绘画中不仅人物逼真，卤簿仪仗、车马轿舆，甚至画面上的头盔甲胄、衣冠服饰、八旗布阵也很逼真。2002 年，故宫博物院在英国举办“乾隆时代艺术展”，其中有著名的《弘历戎装骑马像》，乾隆当时所穿戴的铠甲也同时作为实物展出，画中乾隆穿戴的铠甲，与同时展出的实物铠甲相比，竟然连每一根金丝线都是一样的，令外国观众赞叹不止。2000 年，故宫博物院在台北历史博物馆举办明清家具展，因为展品中有一件乾隆皇帝当年经常使用的交椅，随展同时带去了一幅郎世宁、丁观鹏等中外宫廷画家合作的《弘历雪景行乐图》，图中乾隆皇帝所坐的交椅与展品中的交椅一模一样，器形、色彩、花纹、扶手、尺寸比例都以一丝不苟的工笔写实。更为神奇的是，另一幅《岁朝图》，画的是弘历和诸皇子在宫中欢度春节的场面，其中乾隆的“御容”，以及燃放爆竹的皇子相貌和姿态都与《弘历雪景行乐图》一模一样。纪实性到这种程度，可见这些宫廷画家们为记录历史的真实，确实花费了相当大的功力，从而为我们今天研究清朝的宫廷历史文化留下了丰富的第一手资料。

清朝纪实性绘画从内容上看主要是用来宣扬皇帝的文治武功和威仪，但是我们从每幅画上又会窥见出许多其他社会历史内容。清代宫廷画家留下了许多有价值的纪实性绘画，著名的《万树园赐宴图》就是以纪实手法描绘了我国境内蒙古杜尔伯特部的首领车凌、车凌乌巴什、车凌孟克率部内迁，乾隆皇帝亲自在离宫承德避暑山庄接见，并分别封赐王爵，赏赐贵重礼品，连续大宴十天的宏大场面。奉乾隆皇帝之命，郎世宁、王致诚等传教士画家一直参加这一重大活动，目睹了活动的全过程，对于活动中的重要人物和重大场面，这些宫廷画师均以纪实性手法加以描绘再现，客观记录了清朝政府安抚内迁的杜尔伯特部这一重大历史事件的场面。其他如描绘乾隆皇帝在万法归一殿接见万里迢迢回归祖国的土尔扈特部首领渥巴锡的《万法归一图》屏等。还有一些战图，如著名的铜版画《弘历平定西域战图》一组十六幅，描绘了乾隆时期清政府对西北用兵，平定准噶尔部达瓦齐、天山南路大小和卓木叛乱等重大战事，均有重要的历史价值。

此外，也有大量围绕宫廷和帝王活动的反映清代社会风貌、生产活动、风土人情的纪实性绘画。如著名的《玄烨南巡图》（十二卷）、《弘历南巡图》（十二卷），虽然是以描绘皇帝活动为主，但总体上看是皇帝南巡的纪实，它展现了从北京到江南沿途各地山川河脉、市井乡野、建筑园林、名胜古迹等历史风貌，描绘了大江南北沿途各地士农工商各司其职，以及漕运畅通、商业繁荣等景象。又如《康熙六旬万寿庆典图》两卷，描绘了康熙皇帝六十寿辰盛大的庆典场面。第一卷起自紫禁城的神武门，止于西直门；第二卷由西直门起，止于西北郊的畅春园。它们贯穿了大半个北京城，是当年北京城的风景画。沿途的建筑园林、街市坊间、官军庶民历历在目，再现了京城当年的繁荣景象。《京师生春诗意图》轴，以鸟瞰手法描绘了京城中心地带的全貌，画中正阳门外店铺林立，车马行人栩栩如生，皇宫紫禁城、景山近在眼前。上述画面都是场面宏大的绘画，所以图录范围广泛，历史内涵丰富，史料价值很高。此外，展示清朝大一统皇权统治下的清代农业、手工业、牧业、商业的有《制瓷图》（乾隆朝）、《耕织图》（康熙、雍正朝均有）、《制茶图》（乾隆朝）、《棉花图》（乾隆朝）、《滇南盐井图》（康熙朝）、《广州十三行图》（乾隆朝），以及《香港开埠图》（道光朝）等。清代康熙年间收复台湾后，向台湾派遣官员，大陆的文人学士不断造访台湾，清朝皇帝非常关注台湾，令遣台官员等将台湾地区的风土人情及宝岛的物产情况用绘画形式表现出来，于是有了《台湾内山番地风俗图册》和《台湾内山番地土产图册》。

清代除了大量纪实性绘画外，还有相当数量的老照片流传下来。摄影术发明后，摄影作品成为记录、储存、传递事物形象的特殊讯息载体。留存的历史照片，使人们能够"目睹"已经消逝的前人生活情状。"百闻不如一见"，历史照片可以帮助我们"看见"过去，虽然只是零散的、中断的、瞬间的形象，但它是实在的、具体的、生动的映像。它蕴藏着丰富的历史生活内容。

摄影术是1839年法国政府公布银版摄影法之后才迅速传播开来的。大约也就是1844年，两广总督兼五口通商大臣耆英，在给皇帝的奏折中提到，他曾把自己的"小照"分赠英、法、美、普四国使臣。给耆英照相的摄影师叫于勒·埃及尔，他于1844年以法国海关总检察长的身份到达中国，在广州、澳门、香港等地拍了不少照片，其中部分照片在1848—1853年的法国书刊上陆续复制刊登过，有的还收进了1920年出版的《法国摄影史》一书。照片上还留有摄影者手书的说明文字。这些照片中就有耆英的相片，大约照相术就在此时传入中国。

第二次鸦片战争后，清政府的一些官僚买办兴起了一股办洋务热，引进外资和技术设备，开工厂、修铁路、办矿山等。他们常常把工程进展情况摄制成"照相贴册"出售，有的宣传社会上的重大事件，更多的是汇集风景名胜、戏剧演出等。西方列强用大炮轰开清王朝闭关锁国的大门之际，也正是摄影术开始传播之际。有着悠久文明的东方古国，自然会吸引众多的摄影师来进行"探险""猎奇"的旅行摄影。在抱着各种目的来华的外国人中，有的是旅行摄影师，有的是传教士，有的是跟着侵略军一起打进来的。他们拍摄了大量照片，尽管是为其侵华行为张目，但客观上对沟通中西文化、保存清代社会生活场景起了很大作用。随着时代的变迁，这些独具特色的照片，其历史价值和意义越来越显得重要和宝贵。

随着照相技术的传播，晚清的皇帝和王公官僚们也开始喜欢这些洋玩意儿，他们用相机摄下了晚清皇宫的生活情况。目前故宫博物院保存的两万多块当时留下来的照相玻璃底片，其中就有当年他们的作品。外国列强在枪炮的掩护下，用相机摄下了战火中的中国，那个满目疮痍、民不聊生的中国，这些照片大多保存在欧洲各国的博物馆、图书馆里。晚清皇宫和外国人手中留下的数万张反映当时中国状况的照片，是我们研究清王朝社会政治、经济、文化和宫廷生活等历史的最真实、最可靠的资料，当然具有很高的史料价值。

应该说这些陈旧的老照片所包含的历史生活内容，其丰富性是任何语言文字描述都难以替代的。这些记录着过去时代人们生活情状的照片，尽管只是星星点点的瞬间形象，却可以开阔人们的眼界，增长对已经逝去的时代的见识，从而激起无穷的联想。它们可以弥补历史教科书的某些不足，是认识历史生活、生产、文化、艺术、建筑、服饰、礼仪、宗教等的形象资料，给人以如临其境的感觉。照片中的人物、背景中的建筑园林，都是当时历史的真实载体。至于人物之间的关系、人物与背景的关系，我们则可以结合文献资料的记载，进行研究、判断，从而得出正确的结论，达到还历史本来面貌的目的。

此外，晚清的老照片和纪实性绘画还可以互相验证，而文献记载往往做不到这一点。据朱家溍先生介绍，1947 年故宫博物院对太和殿内的陈设进行调整，恢复了清代的原状。因为当时宝座台和台上金漆屏风都是清代原物，只有正中原来的宝座被袁世凯称帝时撤下来，换上了他的一个大靠背椅，这样的陈列，显然不伦不类。因此就决定撤去袁世凯的大靠背椅，换上清代皇帝的宝座。于是准备在文物库房中选择一张形制最大、制作最精的宝座，以为换上去就可以了。挑选了许多，摆上去与屏风总是不相协调。后来从老照片中找出袁世凯撤宝座前的影像，再在故宫内各处寻找，终于找出了这个宝座，虽左边有部分残缺，但右边不缺，可以比照修复。后来又发现一幅康熙皇帝的朝服像，坐的就是这张宝座。此外，还发现乾隆皇帝称太上皇时，皇极殿特制的宝座也是仿制这张宝座制作的。有了老照片和纪实性朝服像上的宝座以及乾隆时的仿制宝座，很快就修复了康熙曾坐过的这张宝座。2002 年，我们又根据清代的老照片，把袁世凯时期太和殿内撤去的匾联加以恢复，这样太和殿内的原状陈列终于得到了全部恢复。从中我们可以看出，以老照片为据，从纪实性绘画中得到验证，再找到实物，这样就可以恢复历史上的原状，还历史以本来的面目。可见老照片和纪实性绘画的作用是非常重要的，无可替代的。

这些宝贵的资料虽然从数量上看很多，但收藏分散，国内国外、公家私人都有收藏，搜集齐备很不容易。此外，历史是连贯的，而这些第一手资料也有许多盲区，即许多重大历史事件既无纪实性绘画也无相关照片（或许我们现在尚未发现）。还有一个鉴别问题，纪实性绘画有些是佚名，不能判断准确年代。照片鉴别更难，特别是清代老照片，由于当时照相技术不高，底片模糊，即使很清楚的照片，由于都是一张张孤立的底片，照片上的人物究竟是谁，无从查考，需要花大功夫去鉴别，才能利用。

当然，今日之画像已非昔比。纪实性绘画随着历史的演进，亦有开拓创新。特别是摄影技术的高度发展，把图录历史推向新的高度。

《清宫图典》的文物资源，除纪实性绘画和老照片之外，遗址和遗物亦成为图录的另一重要资源。《清宫图典》中大多数图像是借助今日的先进照相术，将遗址和遗物摄录成像，编纂其中。其中宫殿亭台楼阁和园林景观皆为遗址。车马轿舆、顶戴服饰、瓷器玉器、文房用品、文书档案、古籍善本、碑帖拓片等器物皆为遗物。遗址和遗物图像是第一手历史资料，也是编纂《清宫图典》的主体部分。为了准确反映当时的历史风貌，对没有老照片的遗址我们进行了重新拍摄。至于遗物即清代宫廷留存下来的文物，我们也进行了大量的补拍，许多从未拍摄过照片的文物的图片这次被编入图典，也是《清宫图典》的一大亮点。

参与编纂《清宫图典》的诸位同仁均为学术有成、对清宫廷历史各领域素有研究的专家。古稀之年有幸与各位合作，甚为欣慰！我和任万平副院长诚挚感谢诸位的无私奉献！《清宫图典》项目在时间紧、任务重的情况下得以推进，全靠各位精诚合作，完成编纂工作。

我还要感谢任万平副院长，从编纂《清史图典》到《清代文化》图录，再到《清宫图典》，一路走来，万平同志功不可没。她熟悉故宫文物典籍、图画照片，能编纂这几大部数十卷册的图录，一等功非她莫属！

其次要感谢故宫博物院资料信息部及一些相关单位与个人，《清宫图典》中的数千张图片都由他们提供，都凝结着他们的辛劳和汗水；感谢故宫出版社宫廷历史编辑室、文化旅游编辑室团队，他们兢兢业业、一丝不苟的精细操作，保证了本书的质量。

十分荣幸本丛书纳入国家出版基金资助项目，给予资金支持，这是文化事业得到重视的标志！也是国家繁荣昌盛的标志！

图录历史开启一代风气之先，故宫内外学界同仁将为此而鼓与呼！

朱诚如

2015 年 8 月 24 日初稿

2017 年 4 月 22 日定稿

于紫禁城城隍庙

目 录

前 言

清王朝是由来自关外的满族建立的政权。清代宫廷艺术在继承中原传统文化审美、制作技法的基础上，又深受蒙、藏等各个民族及阿拉伯、欧洲等国家和地区的艺术风格影响，在不断融合中形成了自己独特的艺术格调和时代风貌。如宫廷绘画，在清皇室的支持下，来自意大利的郎世宁、法国的王致诚、捷克的艾启蒙等传教士画家，为了迎合中国人的审美标准，以中西结合的手法创新出中西合璧的独特画风。他们在肖像画的绘制上，将中国传统写真画技法与西方解剖学相结合，在将五官面部刻画得清晰细腻、富有立体感的同时，又注意减弱光线的亮度，避免出现中国人所忌讳的阴阳脸。在建筑物的绘制上，则将中国传统的散点透视法与西洋的焦点透视法相融合，将建筑物的远近空间表现得更有纵深感，将楼台构件刻画得更有立体感和真实性。这种新型的绘画方式在宫中被称作“通景线法画”，其最成功的代表作是使观众混淆画面空间与真实空间的倦勤斋通景画。这种清代宫廷特有的中西结合的创作方法在满足皇室需要的同时，丰富了中国画的表现样式，也为传统绘画开辟了一个新的领域。

在宫廷器物制造上，随着多种工艺技法的传入，一批有着清宫特色的新型工艺品出现了。如康熙朝中晚期从欧洲引进的画珐琅工艺在本土研制成功，清宫制造出炉、瓶、盒、插屏、盘、碗、壶、水丞、鼻烟壶等几十种画珐琅器，丰富了手工业的表现技法。在瓷器领域，首创松石绿釉和秋葵绿釉等新的釉色，并且能够娴熟地采用多种艺术手法，通过施彩和上釉，惟妙惟肖地模仿各类工艺品及动植物等，准确地表达出所仿对象的质感。在金银器领域，继承了明代多宝镶嵌的工艺，进而发展为将金与其他材料混合的制作技法。如能够在金器上点烧低温珐琅或以金掐丝填烧珐琅等；还研制出以金为胎、外面覆以其他材料的“金骨穿衣”法等。在钟表领域，清宫匠人和奉命为宫廷制造的广州匠人在仿制英国、法国、瑞士等名家之作的基础上，能够自主研发，制作了大量外形精美、功能复杂、具有中国元素的钟表，如彩漆描金楼阁式自开门群仙祝寿钟、紫檀重檐楼阁式嵌珐琅更钟、铜镀金嵌珐琅三人献寿钟等。

清代宫廷艺术除具有勇于创新这一大特色外，在器物的制造上还具有造型端庄规整、选材考究、制作精细、风格华丽、图案纹饰内容丰富等特点。清皇室为了加强对器物制造的规范管理，从康熙朝开始就在宫中成立了养心殿造办处和设于内务府北侧的内务府造办处（又称“作处”）。据记载，造办处在最鼎盛时，下设珐琅作、玉作、牙雕作、镶嵌作、漆作等数十个作坊，由于其涉及范围广泛，民间又称之为“百工坊”。它“集天下之良材，揽四海之巧匠”，制造出一系列既注重实用功能，又强调艺术创意的精美之作。在器物的造型、装潢设计上皆能体现出至高无上的皇权思想和皇家奢华的特点。如在玉器方面，精雕细琢，不惜工本，形成了以“乾隆工”为代表的帝王玉新风尚，这些精美的器物既是实用品，又是工艺品，反映了宫廷文化的时代风尚和审美取向。

清代宫廷艺术的制作活动，除皇室能够随心所欲地创作自娱自乐的书画外，无论是制作玉器、珐琅、玻璃、竹木牙雕、漆器等活计的工匠，还是身兼高职的词臣书画家或者是在如意馆当差的职业画家，他们均要围绕着皇室的需求、审美而展开创作活动。这种为宫廷服务的特殊性，极大地限制了他们艺术创作的自由发挥与个性展示。他们在条条框框、种种外部因素的制约中，只能处处追寻皇室的审美观，进行被动式的创作。雍正帝曾经明确提出：上用之物不要有“外造之气”，应按照他心目中理想的“内廷恭造式样”来承制。由于从设计、选材、制造到配座、包装的整个过程无不受到清帝的制约，这便使得制造出的宫廷器物呈现出一种独有的皇家风范。

本卷共分9篇，分别为绘画、书法、瓷器、玉器、竹木牙角、漆器、珐琅、金银器，以及包含挂屏、文房用具、钟表在内的其他篇，每篇择取各朝具有代表性的器物或者是书法、绘画作品收录。清代宫廷艺术的兴衰与政权的稳定、经济的发展及皇室的审美修养等都有着密切的关联。顺治至雍正年间，是清政府初建政权、励精图治的创业时期，艺术品在为宫廷服务的过程中得以兴起。乾隆朝，是清政权的巩固期，也是清王朝经济、军事等综合国力最为强大的鼎盛期。偏好艺术的乾隆帝倚仗雄厚的国力，积极地推动宫廷艺术的发展。嘉庆道光年间，清政权开始走向没落，清皇室对工艺制造缺乏热情，令宫廷艺术一蹶不振。咸丰至宣统三年（1911），此时的清政府已处于内忧外患的垂亡期，庞大的帝国已无力为宫廷艺术的发展提供必要的经济基础，同时，由于晚清皇室的审美修养与情趣无法与有儒雅之风的雍正、乾隆诸帝相比，因此，即便晚清宫廷拥有一支从事创作的队伍，也没有创作出对当时或未来艺坛具有影响力的作品，最终只能是伴随着晚清王朝的衰败而黯然失色。

李湜
2017年7月

图版目录

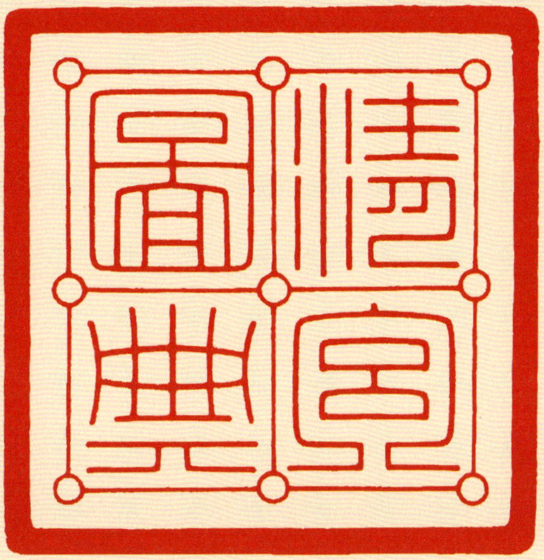

释文：清宫图典

绘 画 篇

清代宫廷绘画自成体系，以紫禁城为中心而展开，拥有来自不同阶层的创作群。首先是最具宫廷特色的皇室画家群，除雅好绘画的顺治、乾隆、咸丰、慈禧等帝后外，还有大批的皇子皇孙们，如允禧、弘旿、永瑢、永忠、永敬、载瀛等人。他们在理政之暇，将书法、绘画的学习视为个人修养，同时借此自娱自乐、陶冶性情。其次是在皇室的周围活跃着一批担任高职又兼顾绘事的词臣画家群，如焦秉贞、王原祁、唐岱、蒋廷锡、钱载、钱维城、董邦达、邹一桂、董诰、蒋溥等人。他们拥有较高的文化修养和艺术品位，常常奉旨图绘随驾所见到的各地名胜，以作为皇室的出巡留念；或者是承旨临摹前代名画佳品，以作御用观赏；或者是为皇帝的御制诗配绘图画，以寄图文相佐的诗兴等。除上述两个创作群外，在清朝的宫廷中还有着一个数量庞大的职业画家群，画家中既有冷枚、余省、张宗苍、方琮、金廷标、姚文瀚、徐扬、杨大章、沈振麟等中国本土画家，也有来自西方的郎世宁、艾启蒙、安德义、潘廷璋等传教士画家。他们受内务府下属的造办处管辖，或在画院处如意馆供职，或在启祥宫、慈宁宫、南薰殿、咸安宫等宫殿当差，被统称为“如意馆画家群”。他们的绘画题材广泛，除绘制帝后、大臣、少数民族上层首领的人物肖像画及表现帝后生活的宫廷行乐图外，还创作用于点缀室内空间环境的装饰画和帝后们清娱遣兴的山水、花鸟、人物等观赏画。在绘画表现方式上，他们只能按照皇室的审美观进行被动式的创作，如在人物、花鸟画上排斥泼墨写意画、抽象画的艺术表达方式，追求细腻写实的画风。在山水画上主张以宋元传统的文人画为主导，追求温润华滋的笔墨风尚等。在皇权之下，这些规定被严格地遵循着，它无疑限定了画家们在创作上的自由发挥，但是，也正是这些规定使得清代宫廷绘画历经两百余年，画风始终没有改变，从而在中国绘画史上占有一席之地。

值得一提的是，清代的宫廷绘画与历代相比，它以中西合璧的新体画风独树一帜。该画风是以郎世宁为首的西洋画家在清皇室的允可下，以中国画的笔、墨、颜料为工具媒材，在中国传统绘画的散点透视基础上，结合西洋的焦点透视、解剖学等创作技法，绘制出符合中国人审美标准的精细画作。这些画作在满足宫廷需要的同时，丰富了中国画的表现形式，为传统绘画开辟了一个新领域。同时，这种画风所绘制的真实物象，对于研究清代宫廷习俗、宫苑建筑、帝后服饰及皇室的日用工艺品、家具等都提供了最为准确、直接的形象资料。

本篇将以皇室、词臣、如意馆三类不同的画家群作为论述的主体。同时，又以该群体中具有代表性的画家作为论述的个体，希望通过以点代面的论述方式，展现清代宫廷绘画较为全面的风貌。

一 皇室画家

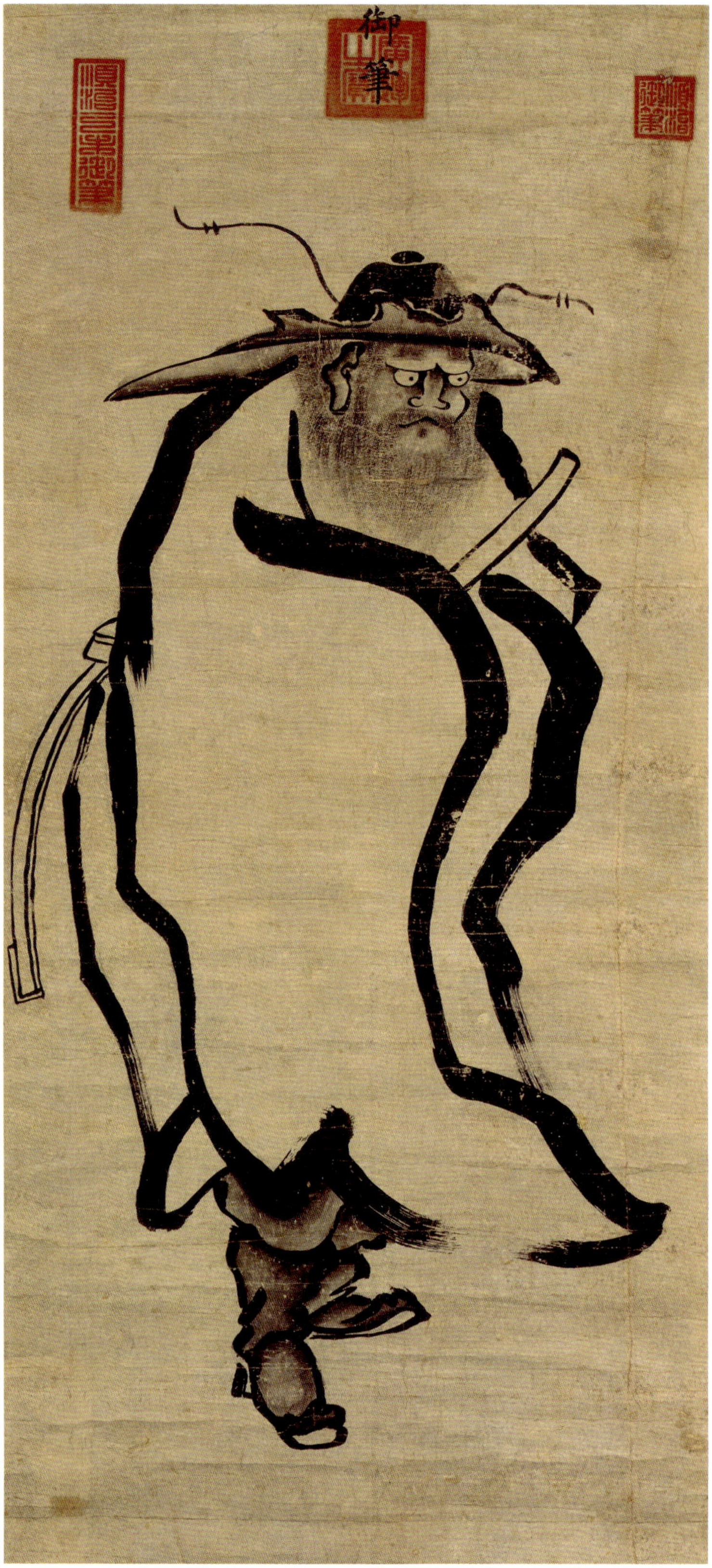

001

《山水图》轴

年代　顺治十二年（1655）
作者　（清）福临
质地　绢本
尺寸　纵 148.3 厘米　横 48.5 厘米
收藏单位　故宫博物院

此图是顺治帝 18 岁时恩赐给大学士金之俊的画作。构图层次分明，山石树木少皴擦多点染。用笔刻露而欠含蓄，墨色湿润而欠浑厚，整体画风略显生硬呆板，但是，仍具有宋元文人画的笔墨遗韵。

顺治帝（1638—1661），名福临，爱新觉罗氏，清太宗皇太极第九子，清入关后第一位皇帝，庙号世祖。他于理政之暇，工绘山水、人物、竹石，笔墨生拙，具有一定的造型能力。

002

《钟进士像》轴

年代　顺治十二年（1655）
作者　（清）福临
质地　绢本
尺寸　纵 124 厘米　横 57.3 厘米
收藏单位　故宫博物院

钟馗是民间传说中镇鬼辟邪的神话人物。顺治帝以粗简的线条勾勒衣纹，以工细的笔墨刻画脸部，表现出钟馗豪放霸气的品性和嫉恶如仇的内心世界。是顺治帝形神兼备之作。

003

《渔庄山舍图》轴

年代　清乾隆
作者　（清）允禧
质地　绢本
尺寸　纵 189 厘米　横 124.7 厘米
收藏单位　故宫博物院

此图是幅笔致工细的青绿重彩画，其构图繁复，虚实得当，空间层次清晰。设色以绿色皴擦渲染为主，用笔精妙，表现出渔庄山舍一派宁静安详的自然景观，体现了皇家高贵典雅的审美意趣。

允禧（1711—1758），字谦斋，号春浮居士、紫琼道人等，是康熙帝第三十一子，后序为第二十一子，爵至慎郡王。禀性淳厚，喜好书画及诗文，擅绘山水，远师五代董源，元人倪瓒，近学明代文徵明，笔致超逸，设色华美，其画被时人推崇为“本朝宗藩第一”。

004

《岁寒三益图》轴

年代　乾隆二十九年（1764）
作者　（清）弘历
质地　纸本
尺寸　纵 106.6 厘米　横 44 厘米
收藏单位　故宫博物院

松、竹、梅不畏恶劣的自然环境，在严寒中仍保持旺盛的生命力，被誉为“岁寒三友”。此图是乾隆帝在新春之际所绘，其构图简洁明了，笔墨秀润朴拙，显现出乾隆帝清逸冷隽的画风特色。

图成后，乾隆帝非常满意，80 余岁时还反复展观自我欣赏，并谕令加盖“五福五代堂古稀天子宝”、“太上皇帝之宝”、“八徵耄念之宝”玺印，以示珍爱。其皇子嘉庆帝观此图后，亦喜爱有加，谕令将它著录于《石渠宝笈》三编，以示赞赏。

乾隆帝（1711—1799），名弘历，清入关后第四代皇帝，年号乾隆。在他的统治下，清王朝进入政局稳定、文化昌盛、经济繁荣、军备强大的盛期。他常以写诗作画来调剂紧张烦琐的宫廷生活，是中国历史上创作并留存画作最多的皇帝。

005

《仿李迪鸡雏待饲图》卷

年代　乾隆五十三年（1788）
作者　（清）弘历
质地　纸本
尺寸　纵 23.7 厘米　横 24.6 厘米
收藏单位　故宫博物院

此图是乾隆帝对宫中所藏宋李迪《鸡雏待饲图》的潜心临摹之作。用笔轻柔、纤细，将雏鸡急切企盼母鸡喂养的神态表现得淋漓尽致，不失原作的神韵。临毕，乾隆帝书长题，希望各地方官员将所辖地区的百姓视为图中的鸡雏，在处理政务时能实心经理，勿忘百姓“待哺”之情。乾隆帝为了借此图进一步宣传其勤政爱民的治国理念，特命将该图“泐石以示为民父母之官”。

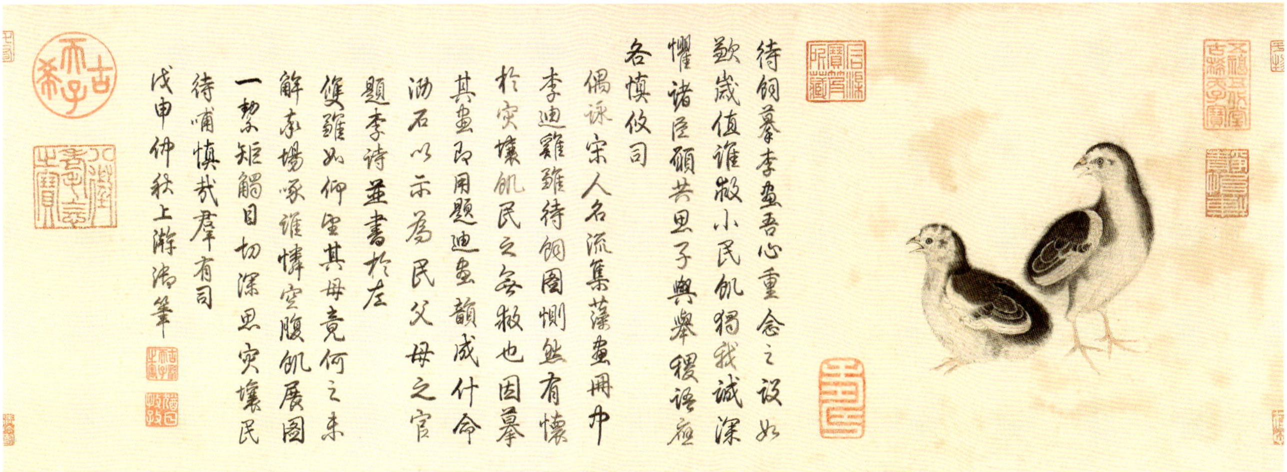

006

《烟光岚翠图》轴

年代　清乾隆
作者　（清）弘旿
质地　纸本
尺寸　纵 183.5 厘米　横 65.7 厘米
收藏单位　故宫博物院

图中的山石结构繁复而错落，笔法尖峭，皴法松秀，既有元人遗韵，又得宋人笔墨之工，成功地渲染出世外桃源的清幽雅境，可见作者具有较强的艺术表现功力。

弘旿（1743—1811），字卓亭，仲升，号瑶华道人、杏农村等，康熙帝孙。能诗，善画，工书法，号称“三绝”。其花木宗法明代陈淳、陆治，笔墨洒脱，富有气韵；山水画远师五代董源、巨然及元人黄公望，近学董邦达，皴法松秀，线条细碎而不零乱，能于交错叠加中展现丘壑苍茫之美。

007

《仙境春长图》轴

年代　清乾隆
作者　（清）弘旿
质地　纸本
尺寸　纵 134.7 厘米　横 67.4 厘米
收藏单位　故宫博物院

弘旿在此图中运用高远与深远兼备的构图法，以开阔的景致表现了山石、流云、树木所构成的壮丽景观。全图笔法细腻，并且通过色彩的浓淡虚实，表现出山水的明灭隐现和景物的远近高低，不失为弘旿工笔重彩青绿山水画的代表作。

弘旿常将画成之作献给喜好书画的乾隆帝，每每博得皇帝的高度赞赏。其画作仅被清内府《石渠宝笈》著录的就达 37 件之多。此图便是其中之一。

僊境春長

008

《竹溪消夏图》轴

年代 清乾隆
作者 （清）永瑢
质地 纸本
尺寸 纵 140 厘米 横 62.4 厘米
收藏单位 故宫博物院

此图是永瑢对明仇英《竹溪消夏图》的临仿。图中山石以青绿晕染，人物以工笔刻画，显现出山林的葱郁明净之气，既深得仇英细致精妍的画格神韵，又不失高逸脱俗之趣。

永瑢（1743—1790），号九思主人、西园主人，乾隆帝第六子，出继慎靖郡王允禧。他通天算，富文采，工绘画。其创作题材广泛，山水、人物、花卉皆能，尤以山水画的成就最大，多绘繁茂的景致，不同的物象往往施以不同的笔法，具有较高的绘画造诣。

009

《海屋添筹图》轴

年代 清乾隆
作者 （清）永瑢
质地 纸本
尺寸 纵 108.4 厘米 横 51 厘米
收藏单位 故宫博物院

此图是永瑢依据乾隆帝“御题海屋添筹”诗意所绘祝寿题材画，表现了烟笼雾罩中的层峦叠壑和茂盛的松木等繁杂的树木。图中山石以披麻皴皴擦石面，又以浓墨点苔，展现了山峦浑厚苍茫之美。树木叶片或以墨直接点染，或以墨线勾描，于交叠掩映中显现出旺盛的生命力，表达了长寿不衰的画意主题。

御題海屋添籌
海天澄萬里坐石望蓬萊霧
表三山隱雲中一鶴來仙籌
添五琯雪羽下瑤臺甲子綿
長紀方壺壽域開
臣永瑢恭畫

010

《菊石图》扇页

年代　清乾隆
作者　（清）永瑆
质地　纸本
尺寸　纵16厘米　横48厘米
收藏单位　故宫博物院

图绘野外盛开的菊花。花瓣以墨线勾勒，花叶以浓淡墨晕染，虽然笔墨技法尚不成熟，花叶的脉络不够清晰，枝叶的搭配缺乏层次，但是于朴拙中不失一种温雅纯和的风韵。这种风韵在永瑆的书法作品中亦有所体现。此图应是其自娱自乐的小品之作。

永瑆（1752—1823），字镜泉，号少庵、诒晋斋主人，乾隆帝第十一子，封成亲王。工诗文、书画，尤其以深得古人用笔之意的楷、行、篆、隶书法名重当时，与刘墉、翁方纲、铁保并称。

011

《马图》轴

年代　道光二十七年（1847）

作者　（清）奕詝

质地　纸本

尺寸　纵 47.3 厘米　横 23.4 厘米

收藏单位　故宫博物院

图绘马儿侧立像。马体的造型结构基本准确，但是笔墨勾描点染的技法稍欠成熟，没有表现出皮毛的质感及马儿矫健剽悍的体态。此图是奕詝 17 岁为皇子期间所绘。

爱新觉罗·奕詝（1831—1861），清宣宗第四子，道光三十年（1850）即皇位，称文宗，年号为咸丰。在位期间，战乱四起，外强侵扰不断，太平天国运动爆发，曾签订《北京条约》等一系列丧权辱国的条约。

012

《盆菊图》轴

年代　光绪三十三年（1907）

作者　（清）慈禧皇太后

质地　绢本

尺寸　纵 1235 厘米　横 59 厘米

收藏单位　故宫博物院

菊花与梅、兰、竹合称“四君子”。同时，它又以花期长、临寒不凋的物性，成为人们企盼长寿的吉祥花卉。此图以没骨法绘制花姿娇媚的菊花，其晕色清亮，运笔技法娴熟，显现出作者较强的造型能力和表现功底。目前，故宫博物院藏有数百件落慈禧款或者钤有慈禧玺印的画作，它们大部分是由宫掖画家或宫廷如意馆画家为慈禧作的代笔画。此图便是其中之一。

慈禧（1835—1908），叶赫那拉氏，安徽徽宁池广太道惠征之女。咸丰二年（1852）入宫，赐号兰贵人；六年（1856）生皇子载淳，晋为懿妃。同治元年（1862），上徽号慈禧皇太后。其喜好权术，曾于同治、光绪两朝垂帘听政，统治中国长达半个世纪。

013

《凤凰图》轴

年代　清光绪
作者　（清）慈禧皇太后
质地　纸本
尺寸　纵 128 厘米　横 61.2 厘米
收藏单位　故宫博物院

此图是幅以手指代替毛笔绘制的画作。用手指绘画，需要作者具备深厚的艺术功底，从而达到心手相应、出神入化的艺术效果。慈禧在此图的创作上，指法尚显不够灵活，并且缺乏一定的造型能力，因此没能准确地表现出凤凰作为百鸟之王的美丽和高贵典雅的神韵。

014

《牡丹图》轴

年代　宣统三年（1911）
作者　（清）隆裕皇太后
质地　绢本
尺寸　纵 106.5 厘米　横 54.5 厘米
收藏单位　故宫博物院

图绘折枝牡丹，笔法轻快疏秀，染色妍丽而不俗媚，其叶片向背分明，花朵以淡粉相敷，花蕊借明黄色点出，表现出牡丹花雍容华贵之美。此图有宫廷画家代笔之嫌。

隆裕（1868—1913），叶赫那拉氏，都统桂祥之女，慈禧皇太后的侄女。光绪十五年（1889）立为皇后。三十四年（1908）十月，宣统帝入承大统，她被尊为皇太后，上徽号隆裕。宣统三年（1911）十二月，携宣统帝下诏退位。

015

《菊花图》轴

年代　约 1920 年
作者　（清）端康皇贵妃
质地　绢本
尺寸　纵 101 厘米　横 50.1 厘米
收藏单位　故宫博物院

菊花除了与梅、兰、竹合称“四君子”外，还有吉祥、长寿的寓意，是清代宫廷艺术中重要的花卉题材之一。此图绘折枝菊花以仰俯有致的花姿、翻转飘逸的叶片，暗示出清风送爽的秋意。全图笔墨精妙，应该是宫廷画家代笔之作。

端康（1874—1924），德宗载湉（光绪帝）之妃。侍郎长叙之女，珍妃之姊。光绪十四年（1888）十月，封为瑾嫔。宣统帝继位，尊为兼祧皇考瑾贵妃。1913 年尊为端康皇贵妃。

姚黃魏紫著精神七寶闌邊色相真畫出江南金粉地不如綉谷萬枝春

臣朱益藩敬書

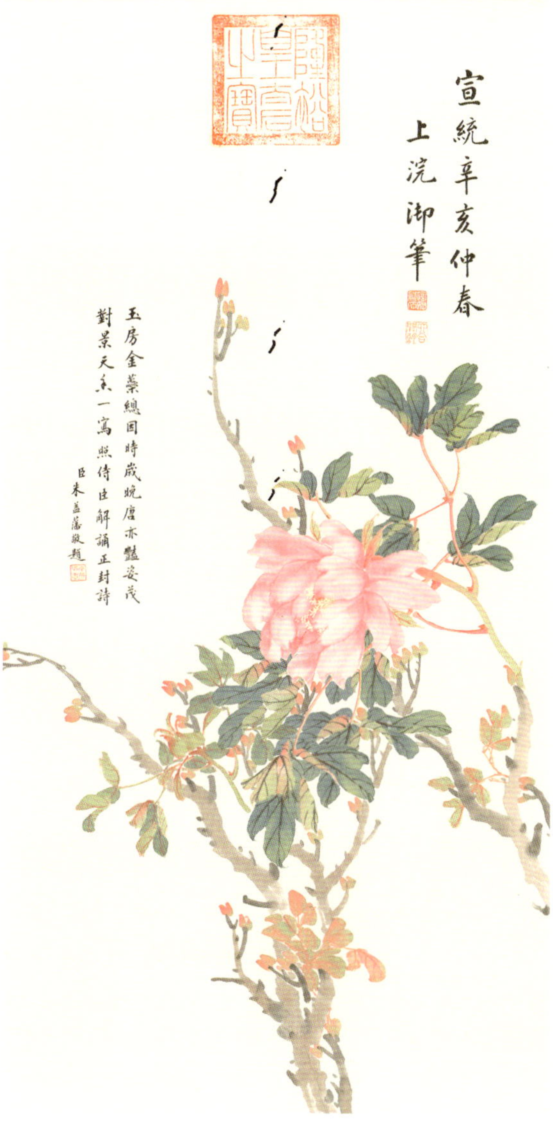

二 词臣画家

016

《历朝贤后故事图》册

年代　清康熙

作者　（清）焦秉贞

质地　绢本

尺寸　纵 30.8 厘米　横 37.4 厘米

收藏单位　故宫博物院

此图册共 12 开，是借绘历代有良好德行的太后、皇后，来宣传封建伦理纲常，给宫廷里的妃嫔们树立楷模的作品。焦秉贞在传统工笔重彩技法的基础上参以西洋透视法，生动地表现出后妃们端庄典雅的体态和形貌，具有宫廷绘画精工华丽的艺术特色。

焦秉贞（生卒年不详），字尔正，山东济宁人。他是天主教传教士汤若望的门徒，通天文，清康熙时曾任钦天监五品官。擅绘山水、人物、楼观，以画御容称旨，受到奖赏。

孝事周姜
太任文王之母孝事
周姜詩人頌之曰思
齊太任文王之母思
媚周姜京室之婦

葛覃親採
太姒武王之母能紹
太任之徽音詩人頌
其勤儉之德曰葛之
覃兮施于中谷維葉
莫莫是刈是濩爲絺
爲綌服之無斁

濯龍蠶織
後漢書曰明德馬
太后嘗置蠶室織
室於濯龍門中數
往觀視以爲娛樂

身衣練服
後漢書曰明德馬太后常衣大
練裙不加緣朔望諸姬主朝請
望見后袍衣疏粗反以爲綺縠
就視乃笑后曰此繒特宜染色
故用之耳六宮莫不歎息

麟趾貽休
詩人頌太姒仁厚之德曰麟
之趾振振公子註曰麟性仁
厚故其趾亦仁厚文王后妃
仁厚故其子亦仁厚

約束外家
後漢書曰明德
馬太后詔曰前
過濯龍門上見
外家起居者車
如流水馬如遊
龍倉頭衣綠褠
領侍御者不及
遠矣固切戒之

親掖鑾輿
名山藏曰明宣宗宣德五
年清明節奉皇太后出遊

含飴弄孫
後漢書曰明德馬太
后嘗曰吾但當含飴
弄孫不復關政事

禁苑種穀
宋史曰慈聖光獻曹太后曹
彬之孫女性慈儉重稼穡嘗
於禁苑種穀親蠶善飛白書

女中堯舜
宋史曰宣仁太后時朝廷
清明華夏綏定力行故事
抑絕外家私恩文思院奉
上之物無關巨細終身不
取其一人以為女中堯舜

戒飭宗族
後漢書曰和熹鄧太后鄧禹之孫女嘗徵鄧氏子孫
三十餘人爲開邸第教以經書躬自監試詔從兄豹
康等曰末世貴戚食祿之家溫衣美食乘堅驅良而
面牆學術不識臧否誠令兒曹上述祖考休烈下念
詔書本意則足矣

教訓諸王
後漢書曰明德馬
太后嘗教授諸小
王論語經書敘述
平生雍和終日

017

《仿吴镇山水图》轴

年代　清康熙
作者　（清）王原祁
质地　纸本
尺寸　纵 133.3 厘米　横 57.8 厘米
收藏单位　故宫博物院

图绘烟云缭绕、草木华滋的江南景致。笔法圆浑，墨气湿润，既有淡而厚、实而清的书卷气，又有苍苍莽莽的吴镇山水画之风，是王原祁为官期间献给康熙帝的精心之作。

王原祁（1642—1715），字茂京，号麓台，江苏太仓（亦称娄东）人，王时敏孙。清康熙九年（1670）进士，历官知县、户部侍郎，有“王司农”之称。擅画山水，继承了明董其昌“南北宗”的绘画理论，喜用干笔积墨法，用笔力透纸背，墨色层次丰富。与王时敏、王鉴、王翚合称“清初四王”，是“娄东派”创始人。著有《雨窗漫笔》、《扫花庵题跋》等。

018

《卢鸿草堂十志图》册

年代　清康熙

作者　（清）王原祁

质地　纸本

尺寸　纵 29 厘米　横 29.5 厘米

收藏单位　故宫博物院

卢鸿，字颢然，洛阳人。他是唐代名士，隐于嵩山，博学多才，尤工书画，曾绘嵩山胜景曰《草堂十志图》，并题诗其上。目前，该画作已失传。王原祁自言每开分别仿唐王维，五代董源，宋米芾、赵大年，元赵孟頫、黄公望、王蒙诸家笔意，实际上这是他借卢鸿《草堂十志图》之名，用本家笔意将先贤画意重新诠释和再创作的画作。全册设色画共 6 开，色调清润雅致，浓烈而不俗艳，颇得高古之趣。墨笔画共 4 开，山石集皴擦、点染、勾勒为一体，施墨层次丰富，体现出王原祁晚年纯厚而生拙的风貌。

019

《山水图》册

年代　清康熙
作者　（清）宋骏业
质地　绢本
尺寸　纵 32 厘米　横 24.3 厘米
收藏单位　故宫博物院

此图册共 12 开，无论是青绿设色还是墨笔刻画，均注重山石与云、水、树间的远近、高低关系。图册所构筑出的一个个清幽的自然环境，寄托了文人所追求的生活理想。每页对开有清顾天成书写的题诗。

宋骏业（1653—1713），字声求，号坚斋、坚甫，长洲（今江苏苏州）人。累官至兵部右侍郎。王翚弟子，工绘山水，笔墨于苍郁沉厚中具有秀逸之气。1690 年，他邀请王翚等人赴京，共同绘制《康熙南巡图》卷。该图卷真实地表现了康熙帝 1689 年第二次南巡的盛况，为清史研究提供了重要的形象史料。

020

《山水图》扇页

年代　清康熙
作者　（清）王敬铭
质地　纸本
尺寸　纵 16.4 厘米　横 46.7 厘米
收藏单位　故宫博物院

图中山石树木以中锋行笔，线条粗重，设色空灵淡宕，与元代黄公望的画风相接近。娴熟的用笔中流露出作者自身笔墨古拙淳厚的特点。

王敬铭（1668—1721），字丹思，一字未喦，号味闲，今上海嘉定镇人。工诗擅画，爱砚成癖。康熙五十二年（1713）中状元，授翰林院修撰，曾任江西乡试主考官。画学王原祁，远宗宋元诸家，笔法松秀，施墨润泽，具有清旷闲远的格调。

021

《芙蓉鹭鸶图》轴

年代　康熙四十三年（1704）
作者　（清）蒋廷锡
质地　纸本
尺寸　纵 127.7 厘米　横 60.5 厘米
收藏单位　故宫博物院

此图是蒋廷锡 36 岁所绘。图中芙蓉花、叶均以没骨法写意而成，墨气淋漓洒脱。鹭鸶以白描勾出，线条圆润流畅，笔致细腻工整。这种精细与粗放相呼应的笔法，代表了蒋氏工写结合的花鸟画风。此图应是蒋氏自娱之作。

蒋廷锡（1669—1732），字扬孙、酉君，号西谷、青桐居士等，江苏常熟人。康熙四十二年（1703）赐进士，官至大学士。卒谥“文肃”。他博学广识，精于典章，工绘写意花鸟，是康熙朝重要的词臣画家。

甲申秋日寫于青桐軒 酉君蔣廷錫

022

《晴峦春霭图》轴

年代　乾隆六年（1741）
作者　（清）唐岱
质地　绢本
尺寸　纵 282 厘米　横 159 厘米
收藏单位　故宫博物院

此图布景疏密有致，利用穿插、掩映、开合、避让等艺术手段，表现出云霞明灭的景观，具有元黄公望之遗风。

唐岱（1673—约 1752），字毓东，号静岩、知生等，满族正蓝旗人，任骁骑参领。工绘山水，师法王原祁。其笔墨生拙、色调淡雅的画风，颇得康雍乾三朝皇帝的赏识，康熙帝曾称他为“画状元”。著有《绘事发微》，阐述了其对山水画创作的心得。

023

《桃花图》轴

年代　乾隆三十一年（1766）
作者　（清）邹一桂
质地　纸本
尺寸　纵 120.2 厘米　横 58.9 厘米
收藏单位　故宫博物院

此图绘桃树与月季相搭互伴的景致。仰俯有致的月季不仅填补了画面下方的空白，同时，以其清冷的色调与暖色的桃花形成互补，显示出作者在分枝布叶、晕色搭配上的独具匠心。

邹一桂（1686—1772），字原褒，号小山，晚号二知老人，江苏武进（今江苏常州）人。雍正五年（1727）进士，官至礼部侍郎、内阁学士等职。其诗文、书画皆得家传，尤擅花卉，间作山水。具有设色明净冶艳、运笔柔中寓刚的特点，深得乾隆帝赞赏，是乾隆朝重要的词臣画家之一。著有《小山画谱》传世。

024

《杏花春燕图》轴

年代　清乾隆
作者　（清）邹一桂
质地　绢本
尺寸　纵 152.1 厘米　横 50 厘米
收藏单位　故宫博物院

此图是作者在宫中任职期间献给乾隆帝的工笔重彩之作。其笔法工整细腻，设色注重冷暖色调的对比，通过以青绿重彩渲染的山石和以粉彩淡色轻染的花瓣，将杏花盛开时节春燕起舞的欢快景象表现得富有诗意。

瑶台仙花
乾隆丙戌写为
杏翁老弟 二知一桂

025

《弘历松荫消夏图》轴

年代 清乾隆
作者 （清）董邦达
质地 绢本
尺寸 纵 193.5 厘米 横 158 厘米
收藏单位 故宫博物院

此图绘乾隆帝着汉装小憩的场景。作者通过山环水抱、苍松围绕的构图方式，巧妙地将乾隆帝置于画幅的中心，从而凸显其至尊无上的皇权地位。图中的山石结构繁复而错落，笔法尖峭，皴法松秀，既有元人遗韵，又得宋人笔墨之工，成功地渲染出世外桃源的清幽雅境。

董邦达（1699—1769），字孚存，一字非闻，号东山，富阳（今浙江富阳）人。雍正十一年（1733）进士，任工部、礼部尚书等职。卒谥“文恪”。工绘山水画，学仿董源、黄公望及王原祁诸家。笔墨沉雄温润，构图富有层次，气韵苍逸高古。

026

《松石桃花图》轴

年代 清乾隆
作者 （清）蒋溥
质地 纸本
尺寸 纵 67.2 厘米 横 269 厘米
收藏单位 故宫博物院

此图设景布势独特新颖，主体画面是巨石和松树的特写，衬景是穿插于松石间的桃树。作者借婀娜多姿的桃枝打破了石与树呆板的构图，并且以淡粉色的桃花为画面增添了浪漫的色彩。

蒋溥（1708—1761），字质甫，号恒轩，江苏常熟人。大学士蒋廷锡之子，雍正朝进士，官湖南巡抚、户部尚书协办大学士等职。他擅绘花草，得于家传，随意布置，多富生趣，是乾隆朝重要的词臣画家之一。

松竹鸣禽图

仙圃恒春

027

《松竹鸣禽图》轴

年代　清乾隆
作者　（清）张若靄
质地　纸本
尺寸　纵 135.5 厘米　横 68.8 厘米
收藏单位　故宫博物院

图绘鸟儿飞向竹丛的瞬间。作者笔法工细写实，松针、竹叶等均以一丝不苟的笔墨加以勾画，表现出深厚的运笔勾线功力。全图构思富于机巧，通过松、竹、花草的静突出鸟儿的动，同时展现出鸟儿机灵活泼的天性。

张若靄（1713—1746），字晴岚，安徽桐城人。来自官宦世家，祖父张英、父亲张廷玉分别在康熙、雍正、乾隆朝任大学士。雍正十一年（1733）进士。任内阁学士、礼部尚书等职。擅山水、花鸟，笔墨精工写实，有文人画之风。

028

《仙圃恒春图》轴

年代　清乾隆
作者　（清）钱维城
质地　纸本
尺寸　纵 138 厘米　横 63.5 厘米
收藏单位　故宫博物院

图绘水仙、桃花竞相绽放的景色。全图通过丰富的色彩、刻意求工、求似的运笔，成功地展示出花草鲜活的美感。

钱维城（1720—1772），字宗盘，号稼轩、茶山等，武进（今江苏常州）人。乾隆十年（1745）状元，先后任侍讲学士、内阁学士和礼、工、刑部侍郎等要职，是乾隆朝重要词臣画家。其花鸟画追仿宋院体和恽寿平没骨画法，笔墨秀洁工致，具有清新淡雅的文人画格调，山水画师法“元四家”及“清初四王”，能够通过笔的轻重缓急表现出山水画中的书卷之气。

029

《栖霞山全图》卷

年代　清乾隆
作者　（清）钱维城
质地　绢本
尺寸　纵 32.6 厘米　横 254 厘米
收藏单位　故宫博物院

此图是钱维城献给乾隆帝的山水写生画卷。他凭借着对南京栖霞山（又名摄山）细致的观察和自身深厚的笔墨功底，成功地展现了栖霞山的寺庙、桥梁等人文景观和自然风光，使得全图中不着一色的栖霞山，仍然具有峰峦苍莽、草木华滋的万顷苍翠之美。

030

《瑞锦延清图》轴

年代　清乾隆
作者　（清）汪承霈
质地　纸本
尺寸　纵 165.7 厘米　横 62.9 厘米
收藏单位　故宫博物院

牡丹被誉为“百花之王”、“富贵花”，是自古至今重要的花卉画题材。此图绘红、白、黄、紫等色盛开的牡丹花，不仅令画面五彩缤纷，也为优美的田园景致增添了绚丽的风采，同时表达了“瑞锦延清”、祝福昌盛的美好意愿。

汪承霈（？—1805），字受时，号时斋等，浙江钱塘（今浙江杭州）人，大学士汪由敦子。官兵部郎中、户部郎中、通政使等职。擅诗文书画，工山水、花鸟、人物，具有求真写实、笔墨生动传神的绘画特点。

031

《幽岩放棹图》轴

年代　清乾隆
作者　（清）董诰
质地　纸本
尺寸　纵 151 厘米　横 103 厘米
收藏单位　故宫博物院

图中的山石以淡绿色作为主调而求其变化，清新简明的色彩成功地展现出群山草长莺飞的春意。画作的近景处绘有高士驾舟放棹的场面，生动地点出乐天自在的惬意主题。

董诰（1740—1818），字雅伦，号蔗林，浙江富阳人，尚书董邦达之子。乾隆二十八年（1763）进士，曾任礼、工、户、吏、刑各部侍郎和军机大臣、户部尚书等职，深得乾隆帝、嘉庆帝恩宠。他能书善画，并富有深厚的学识修养。卒谥“文恭”。

032

《仙岩晴翠图》轴

年代　清乾隆
作者　（清）关槐
质地　纸本
尺寸　纵 91.5 厘米　横 32 厘米
收藏单位　故宫博物院

此图是小青绿设色山水。作者以高远法取势，将翠色拂人的山川景致以递进增高的方式展现出来。山石皴染结合，笔法老健秀挺，表现出山峦的浑厚苍润。图中的桃花以粉色点染，其俏丽的暖色调增强了画作明洁淡冶的春天气息。

关槐（生卒年不详），字晋卿，号雪岩等，仁和（今浙江杭州）人。乾隆四十五年（1780）传胪，官礼部侍郎。工词章，擅绘山水，出入宋元笔意，用笔松秀含蓄，设色具有秀丽而不俗媚的特点。

三

如意馆画家

033

《山水图》扇页

年代　康熙八年（1669）
作者　（清）黄应谌
质地　金笺
尺寸　纵 17.5 厘米　横 45 厘米
收藏单位　故宫博物院

此图是幅远、中、近景层次分明的画作，具有浓郁的江南民俗风情。图中山石树木的笔墨粗放，点景的渔夫举止生动，人与景相映相生，令画面充满温馨的生活气息。

黄应谌（生卒年不详），字敬一，号创庵，顺天（今北京）人。顺治朝中期，他以擅画人物、鬼神、婴孩等被召入宫廷，是清初重要的宫廷画家。

034

《梧桐双兔图》轴

年代　清早期
作者　（清）冷枚
质地　绢本
尺寸　纵 176.2 厘米　横 95 厘米
收藏单位　故宫博物院

图绘双兔造型生动，花石树木刻画逼真。全图笔法精致工细，色彩清丽明快。兔子的眼部受西画的影响，以白色点染表示高光，具有晶莹透亮的光影效果和立体感。

冷枚（生卒年不详），字吉臣，别号金门画史，胶州（今属山东）人。师从焦秉贞，在技法上受西洋绘画的影响。擅长画人物、仕女、山水、花鸟，是康熙朝、乾隆朝重要的宫廷职业画家。

035

《十宫词意图》册

年代 清早期
作者 （清）冷枚
质地 绢本
尺寸 纵 33.1 厘米 横 29.3 厘米
收藏单位 故宫博物院

宝亲王长春居士弘历在继皇位前，依据吴、楚、秦、汉、魏、晋、齐、陈、隋、唐十个宫廷女性的故事，撰写了“十宫词”。冷枚依其词意，分别配画十幅，因此名为《十宫词意图》。每开画页上有大学士梁诗正抄录的弘历词，以释画意。整套图册刻画精细，勾线一丝不苟，敷色于浓艳中力求冷暖色调的和谐统一，反映了不同朝代皇家居室、器物、服饰奢丽华贵的特点。

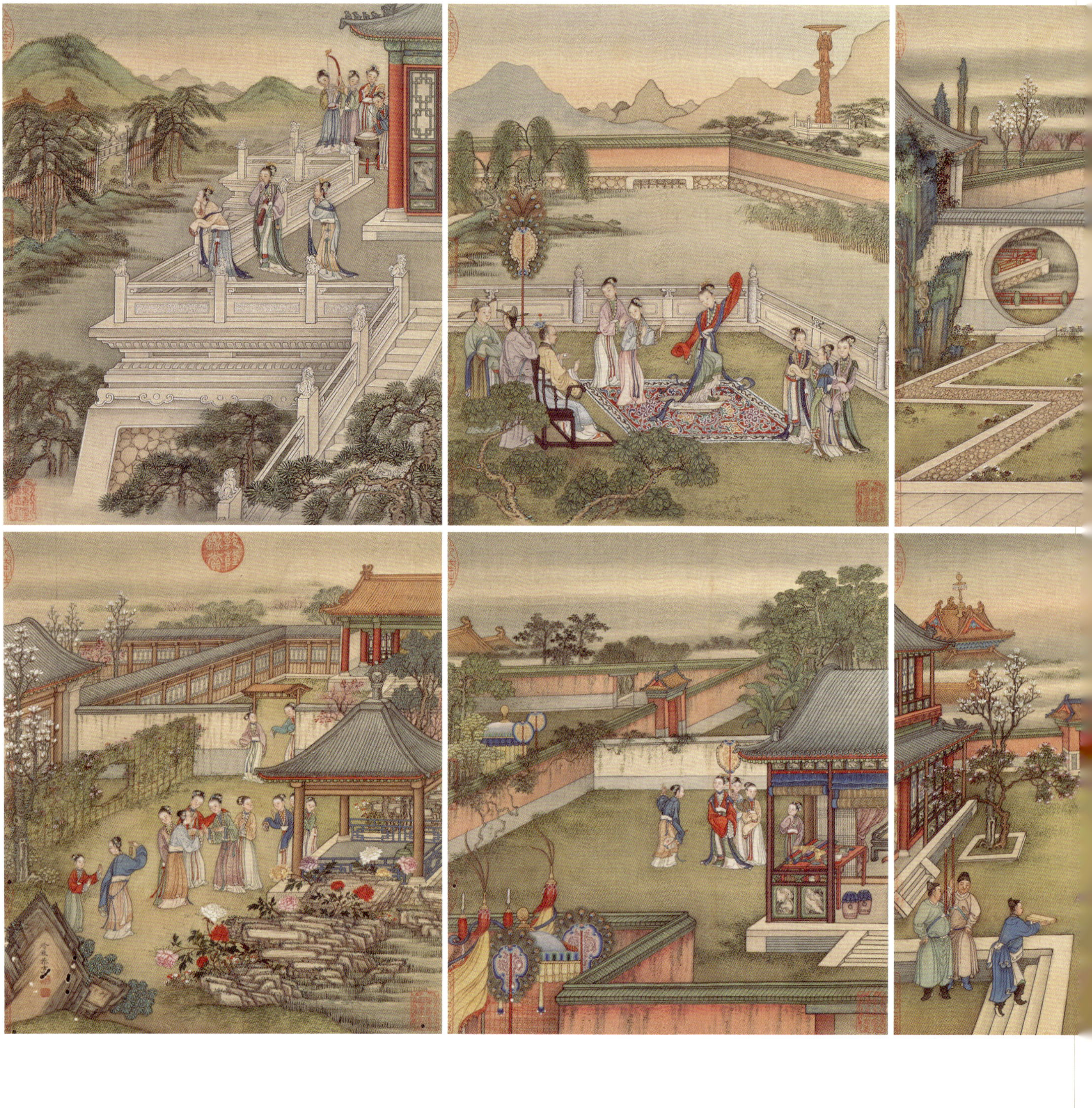

036

《嵩献英芝图》轴

年代　雍正二年（1724）十月
作者　[意] 郎世宁
质地　绢本
尺寸　纵 242.3 厘米　横 157.1 厘米
收藏单位　故宫博物院

图绘一只矫健的白鹰霸气地立于嶙峋的山石上，其周围以象征长寿的灵芝和松树作为衬景。款题："嵩献英芝。雍正二年（1724）十月，臣郎世宁恭画。"雍正帝生于康熙十七年（1678）十月三十日，由此而知，这幅有贺寿之意的画作应该是恭祝雍正帝 47 岁生日所作。郎世宁通过松、鹰、芝的谐音，表达了"嵩献英芝"的良好愿望。此图充分展示了郎世宁扎实的素描功底和利用明暗来表现凹凸立体效果的本领。

郎世宁（Giuseppe Castiglione，1688—1766），意大利人，受过较为严格的西方绘画训练，擅长画肖像、花鸟、走兽等。他于康熙五十四年（1715）来华，以中西结合的新体画风深得康雍乾三帝的赏识，曾参与增修圆明园建筑设计之事，官至三品。

037

《桃花山鸟图》轴

年代　清早期
作者　[意]郎世宁
质地　绢本
尺寸　纵 63.7 厘米　横 32.3 厘米
收藏单位　故宫博物院

此图是郎世宁在中国传统花鸟画样式的基础上，吸收了西洋画光影的技法，运用中国的绘画工具绘制出的花鸟景致。图中小鸟的羽毛经层层晕染、反复布色，不见笔痕，表现出头、背、腹、尾等不同部位的质感。虬曲的桃树干，染以深浅度不同的赭石，尽显其突兀嶙峋之美。郎氏对不同物象的精妙刻画，得益于其细微的观察和精于细节的超强表现技能。

宗資雅物故畫
自有精神逢著
便題句笑今始
解珎書齋真是
古縞峰恰方春
略約筇聲度庭
未問字人

038

《山药携筇图》轴

年代　清乾隆
作者　（清）张宗苍
质地　纸本
尺寸　纵 179 厘米　横 121.1 厘米
收藏单位　故宫博物院

此图是张宗苍在担任宫廷画师期间精心创作的山水画。他通过对自然景色和人物活动的描绘，营造出乐天自在、逍遥怡情的意境。图中的山石以赭色晕染，复以披麻皴皴擦，笔情色韵间不失明洁苍茫之气，是画家成熟期的典型风格。

张宗苍（1686—1756），字默存、墨岑，号篁村等，吴县（今江苏苏州）人。其山水画仿学王原祁、黄鼎，笔墨苍劲而设色清润，深得乾隆帝赏识，是乾隆朝宫廷画院的重要画家。《石渠宝笈》著录其画作百余件。

039

《天保九如图》轴

年代　清乾隆
作者　（清）方琮
质地　纸本
尺寸　纵 146.4 厘米　横 50.5 厘米
收藏单位　故宫博物院

此幅是作者根据《诗经·小雅·天保》的诗意所绘。图绘重峦翠岭处的房舍内，一位高士正手持如意接受众人拜贺的场景。本幅意在宣扬臣子祝颂君主，以及君主“敬天保民”的统治理念。全图画风苍劲，用笔沉着，一洗宫廷画院惯有的甜熟柔媚之气。

方琮（生卒年不详），字友璜，号石颠，浙江人。张宗苍的画学弟子，工绘山水，俊秀中寓雄健之风。乾隆朝中期，他以擅绘任如意馆职业画家。

040

《秋山行旅图》轴

年代　清乾隆

作者　（清）方琮

质地　纸本

尺寸　纵 186.6 厘米　横 153.3 厘米

收藏单位　故宫博物院

全图除绘有层峦叠嶂的山峦和断崖突壁的山石，还绘有整齐的房舍、骑马的归客以及休闲者。方琮通过描绘在壮丽的山河下，百姓们过着安宁祥和的生活，来歌颂乾隆朝政治清明、国泰民安。全图景物繁多，靠纵横、虚实的对比向远方扩展，空间层次富于变化，形成葱郁深秀的气象。图中山石用笔粗重，以长披麻皴皴擦石面，以浓淡墨灵活点苔，具有“娄东画派”之风。全图设色以赭石和草绿色为主，其相应生辉的清雅色调，充分体现出宫廷山水画温润平实的画风。

041

《京师生春诗意图》轴

年代　乾隆三十二年（1767）
作者　（清）徐扬
质地　绢本
尺寸　纵 256 厘米　横 233.5 厘米
收藏单位　故宫博物院

此图是徐扬依据乾隆帝二十首《御制生春诗》诗意所绘，表现了北京正阳门大街、紫禁城、景山、西苑、琼岛，以及天坛祈年殿等景观。全图采用鸟瞰式取景，运用中国传统散点透视画法，以写实的手法刻画了宫殿建筑、商铺、民居及各阶层民众的活动，为后人研究乾隆朝的北京城留下了宝贵的形象资料。

徐扬（生卒年不详），号云亭，吴县（今江苏苏州）人。擅长人物、花鸟、界画。乾隆十六年（1751）乾隆帝南巡苏州，他以献画入宫廷任职业画家，后得乾隆帝钦赐举人，官至内阁中书。

042

《弘历洗象图》轴

年代　乾隆十五年（1750）
作者　（清）丁观鹏
质地　纸本
尺寸　纵 132.3 厘米　横 62.5 厘米
收藏单位　故宫博物院

乾隆帝受佛学大师三世章嘉活佛的影响，数十年倾心于佛学研习。他命宫廷画家或者画佛喇嘛，绘制了多幅他扮作菩萨的画像，此图便是其中之一。图绘扮作普贤菩萨模样的乾隆帝，正静静地目视着众人为自己的坐骑大象清洗躯体。图中人物的衣纹曲转流畅，富于动感，准确地勾勒出人物的各种形体变化。

丁观鹏（生卒年不详），北京人。工道释、人物，以宋人为法，用笔工细，设色精美。雍正四年（1726）以画艺精湛入宫供职，是雍正、乾隆两朝重要的宫廷职业画家，曾被乾隆帝列为一等画画人。

043

《弘历不二图像》轴

年代　清乾隆
作者　（清）丁观鹏
质地　纸本
尺寸　纵 118 厘米　横 61.2 厘米
收藏单位　故宫博物院

此图仿自清宫旧藏的宋李公麟（传）《维摩演教图》，绘文殊菩萨与维摩诘相互问道的场景。作者将乾隆帝绘成了形象洒脱的维摩诘样，展现了其精神世界里的宗教情怀。图中神采奕奕的乾隆帝敞胸露怀坐于榻上，俨然一位豪爽健谈的宗教人士，其雍容华贵的王者风范，通过他手中做工精致、只配皇家拥有的宫扇，略见一斑。

維摩默然處文殊曰善
哉是真入不二法語義
已該機向默然會捉影
徒成乖云何儳作圖聲
聞笑哈哈
乾隆癸酉仲秋山莊偶題

044

《万福来朝图》轴

年代　雍正四年（1726）
作者　（清）陈枚
质地　绢本
尺寸　纵 139.7 厘米　横 64 厘米
收藏单位　故宫博物院

此图是陈枚恭祝雍正帝 49 岁生日之作。他以象征延年益寿的松和与“福”字谐音的“蝠”，绘制了数以万计的蝙蝠飞向苍松的场景，以此来祝愿雍正帝福寿如意和福寿双全。本图轴是陈枚以宋人青绿山水的笔法，参用西洋画中的高光、透视等技法，表现出磅礴气势的中西合璧之作。

陈枚（约 1694 ~？），字载东，号殿抡，枝窝头陀，娄县（今上海松江）人。他精于人物、山水、花鸟画创作，雍正初年入宫成为专职画家。其作品在承袭中国传统绘画的基础上又深受郎世宁等西洋画家的影响，以中西结合的新画风受世人瞩目。

045

《花卉虫蝶图》轴

年代　清乾隆
作者　（清）余省
质地　纸本
尺寸　纵 87.9 厘米　横 41.9 厘米
收藏单位　故宫博物院

图绘秋季田园风光。余省以工细的笔法和淡雅清新的设色，将蚂蚱、螳螂、蜻蜓等在花草间的自然形态刻画得生动传神，富有情趣。

余省（生卒年不详），字曾三，号鲁亭，江苏常熟人。他工于花鸟写生，以造型准确生动、笔法工致严谨、设色清丽而享有画名。他于乾隆二年（1737）被内务府大臣海望力荐入宫，成为乾隆朝如意馆的一等画家。

緐英有豔卻無名晚韻寒
芳分外榮葉底語蟲初應
苔滿前秋色渡秋聲　亞
階清切稱吟捫楚畹休誇
滋蕙蓀々日小墻過蛺蝶卻
如有度入春園
御製秋英絶句二首
臣梁詩正敬書
臣余省恭畫

046

《十骏马图》轴

年代　清乾隆

作者　[法]王致诚

质地　纸本

尺寸　纵 24.2 厘米　横 29.1 厘米

收藏单位　故宫博物院

此图册共 10 开，绘少数民族首领进献给乾隆帝的十匹马，它们分别是万吉骦、阚虎骝、狮子玉、霹雳骧、雪点雕、自在驹、奔雪骢、赤花鹰、英骥子、籋云驶。王致诚在西洋解剖学的基础上，运用明暗画法，以深浅、浓淡不同的中国画颜色渲染出马匹凹凸起伏的骨骼变化，以及马匹的外在形貌特征。图中点景的山石树木，出自中国画家之手。其贴切的景致丰富了画面，也增添了生动意趣。

王致诚（Jean Denis Attiret，1702—1768），天主教耶稣会传教士，法国人。先后在里昂、罗马学习绘画，在人物肖像和走兽画方面颇有造诣。他于乾隆四年（1739）抵达澳门，曾将具有欧洲画风的《三王来朝图》进献皇室，受到了乾隆帝的赞许，从此在清宫以画供职。

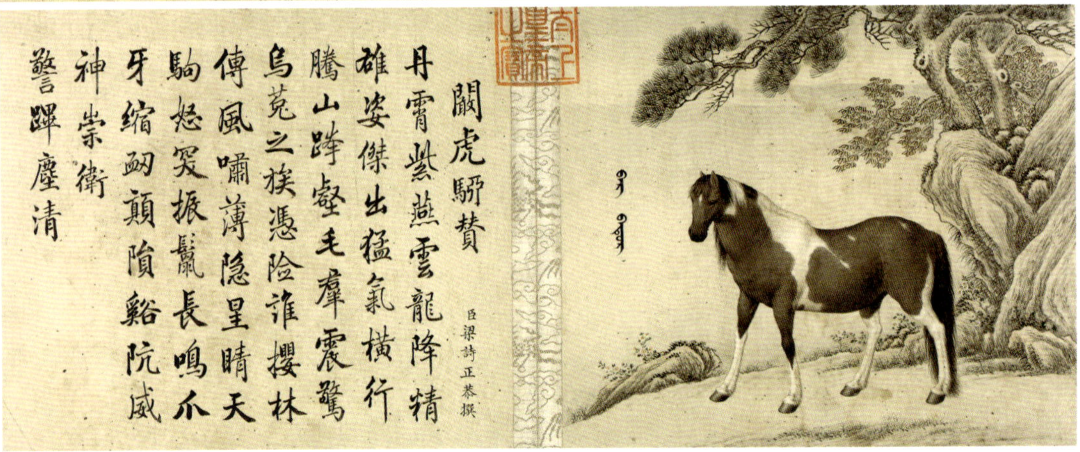

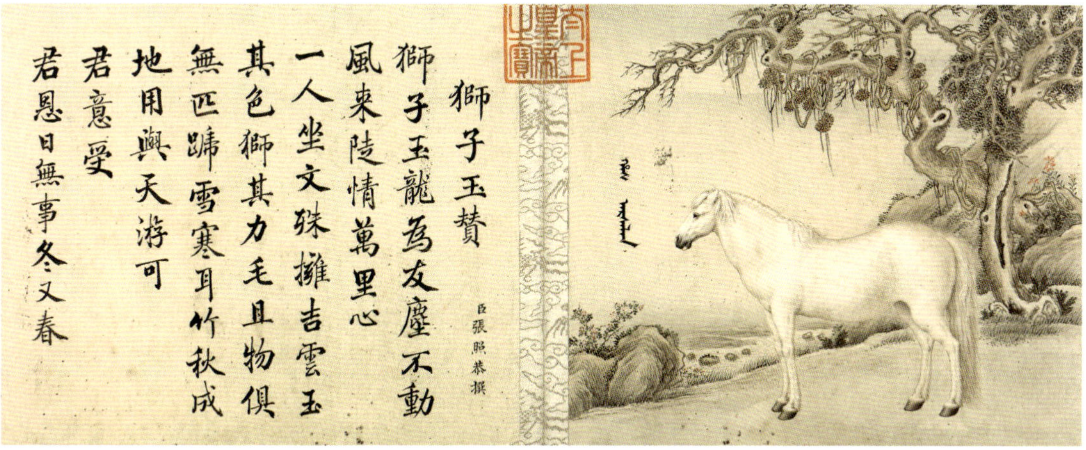
獅子玉贊
臣張照恭撰
獅子玉龍爲友塵不動
風來陸情萬里心
一人坐文殊攤吉雲玉
其色獅其力毛且物俱
無匹蹄雪寒耳竹秋成
地用與天游可
君意受
君恩日無事冬又春

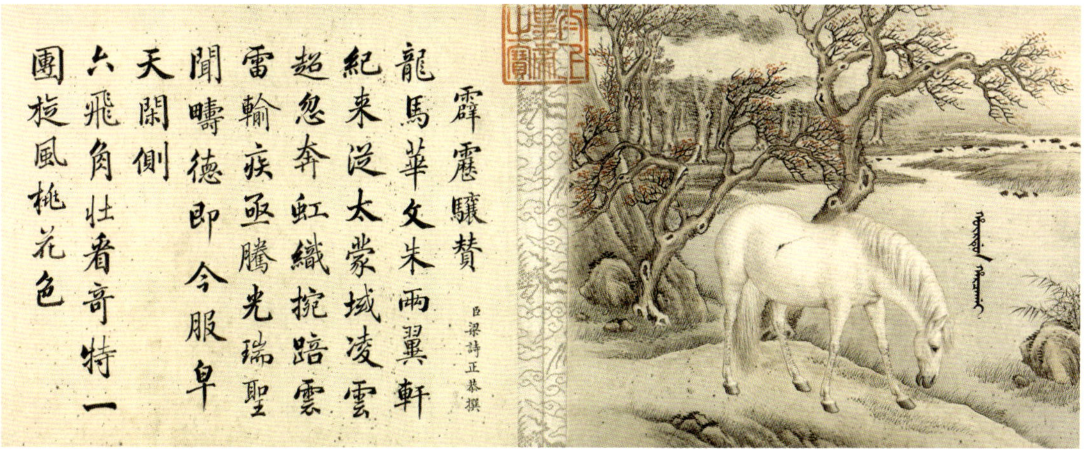
霹靂驤贊
臣梁詩正恭撰
龍馬華文朱兩翼軒
紀來從太蒙域淩雲
超忽奔虹織掠踣雲
雷輪疾亟騰光瑞聖
聞疇德即今服阜
天閑側
六飛角壯看奇特一
園旋風桃花色

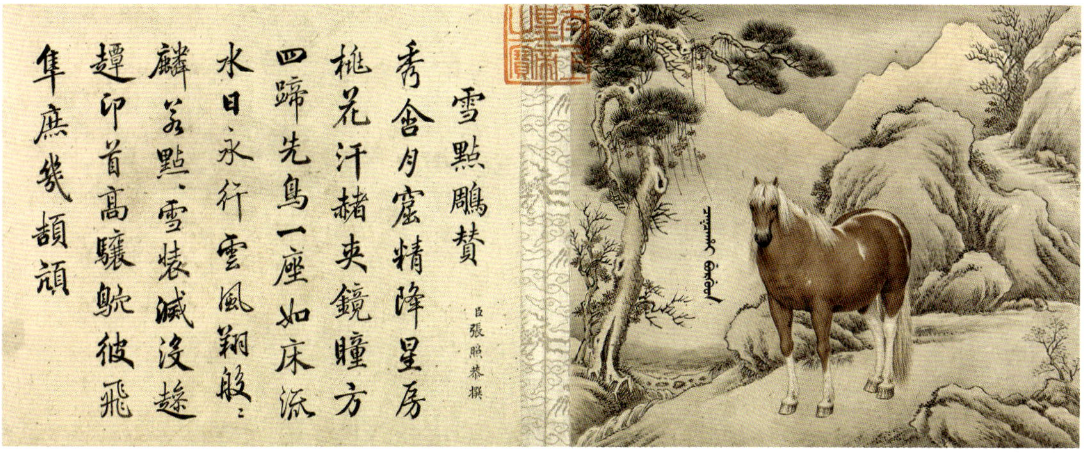
雪點鵰贊
臣張照恭撰
秀含月窟精降星房
桃花汗赭夾鏡瞳方
四蹄先鳥一座如床泒
水日永行雲風翔般般
麟苔點點雪裝滅沒趚
蹮印首高驤駊彼飛
隼庶幾頡頏

自在驕贊
臣梁詩正恭撰
天子之馬允資遠驥
在越影與超光合乘
奔而謹轡比玉輦之
閑安懿九花之上騆
騰逸足以無前婉柔
心而馴致惟銜縻之
不驚斯以信逍遙遙
能事

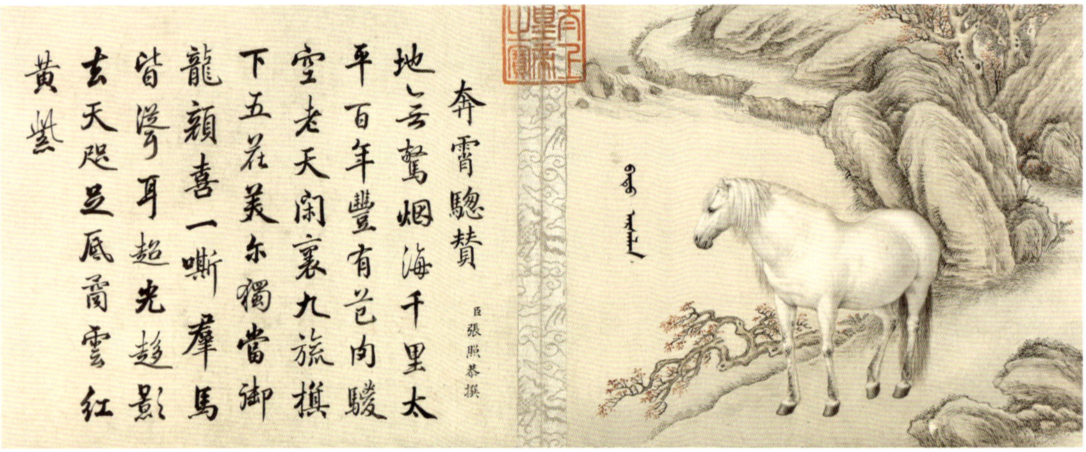
奔霄驄賛
臣張照恭撰
地上云騖烟海千里太
平百年豐有芑肉駿
空老天閑裏九旗騏
下五花美尔獨當御
龍顔喜一嘶羣馬
皆瘖耳超光趁影
去天咫尺扈雲紅
黄紫

赤花鷹賛
臣梁詩正恭撰
感朔思兮風蕭蕭影
滅沒予朱霞飄秋隼
横厲兮盬青霄大羽
獵兮靈之囿徼輕禽
兮逐狡獸飛鞚兮驚
沙電掣予前遮迴範
兮綴鏑不遺霜拳兮
破空擊

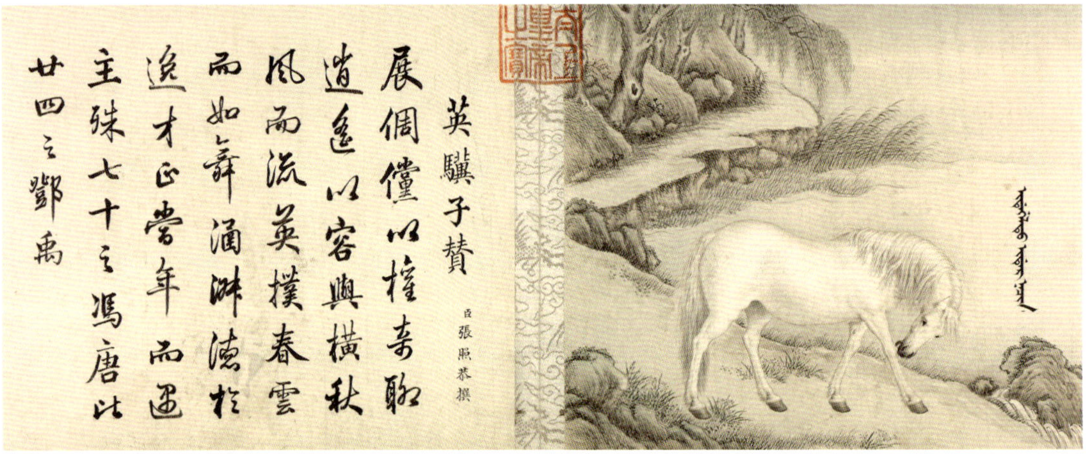
英驥子賛
臣張照恭撰
展倜儻以揮奔馳
逍遥以容與横秋
風而流英撲春雲
而如舞涵淋漓於
逸才正當年而遇
主殊七十之馮唐比
廿四之鄧禹

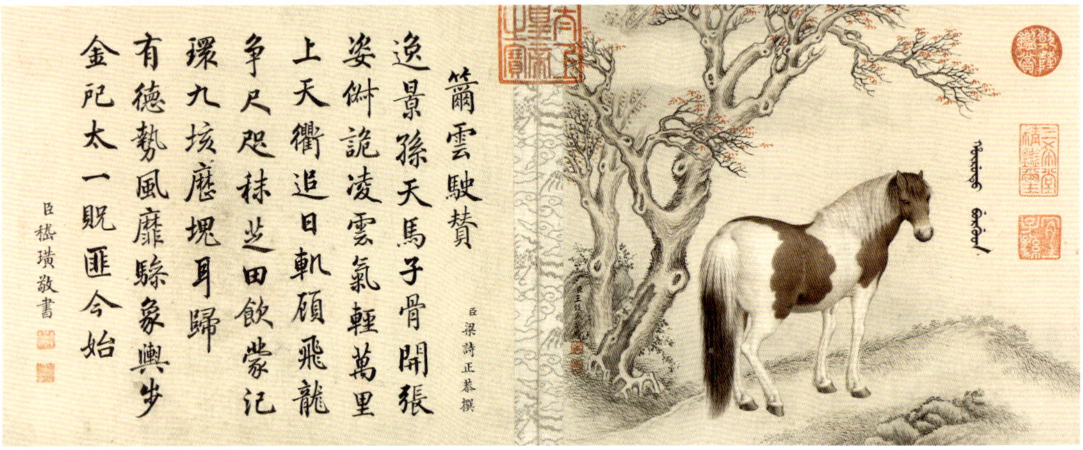
籋雲駛賛
臣梁詩正恭撰
逸景孫天馬子骨開張
姿俶詭淩雲氣輕萬里
上天衢追日軌碩飛龍
爭尺咫秣芝田飲蒙汜
環九垓歷塊耳歸
有德勢風靡騄象輿步
金阸太一睨匪今始
臣嵇璜敬書

047

《锦云骓图》轴

年代　乾隆三十七年（1772）
作者　［捷］艾启蒙
质地　绢本
尺寸　纵 229 厘米　横 276 厘米
收藏单位　故宫博物院

此马是喀尔喀贵族献给乾隆帝的名驹。艾启蒙以欧洲的素描技法、运用解剖学、以短细的笔触悉心地刻画出马匹膘壮健美的体态和皮毛的质感，具有逼真的写实性。艾启蒙除绘此图外，还绘有另外九匹相同尺寸的域外进贡名马，它们对宫廷御用马的研究具有极高的史料价值。

艾启蒙（Lgnatius Sickeltart，1708—1780），波希米亚（今属捷克）人，天主教耶稣会传教士。乾隆十年（1745）来华，因擅绘人物、肖像、鸟兽而被召入宫廷成为专职画家。

048

《端阳景图》轴

年代　清乾隆中期
作者　（清）余穉
质地　绢本
尺寸　纵 137.3 厘米　横 68.8 厘米
收藏单位　故宫博物院

本图是一幅通过对动植物的刻画，来表现端阳时节大地回暖的画作。线条工细、匀整、流畅，设色雅致并富有装饰性，动植物造型准确而富于生趣，显示出作者较强的写实技巧和再现能力。

余穉（生卒年不详），字南州，江苏常熟人。自幼从父余珣习画，妙于花鸟写生，用笔工整，设色艳丽，具有深厚的造型功力。他与其同父异母的兄长余省同为乾隆朝宫廷画家。

049

《负担图》轴

年代　清乾隆中期
作者　（清）金廷标
质地　纸本
尺寸　纵 140.9 厘米　横 55.5 厘米
收藏单位　故宫博物院

作者通过描绘高悬的明月、妇人手中的烛台，以及平安夜归的樵夫，来赞美樵夫的勤劳，并且暗喻在贤德君主统治下的社会安定。此画还通过樵夫轻叩门和妇人持烛台相迎的动作，赞誉了夫妻间相敬如宾的恩爱之情。人物体态准确生动，线描流畅细劲，设色清丽典雅，带有典型的宫廷绘画特点。

金廷标（？—1767），字士揆，乌程（今浙江吴兴）人。乾隆二十二年（1757），乾隆帝南巡时，他以献《白描罗汉图》册称旨，旋即入宫供职。由于他擅绘人物、花鸟、山水，且画艺精妙，逐渐成为重要的宫廷画家。

050

《弘历宫中行乐图》轴

年代　清乾隆中期
作者　（清）金廷标
质地　绢本
尺寸　纵 168 厘米　横 320 厘米
收藏单位　故宫博物院

乾隆帝作为掌管国朝命运的满族统治者，谕令宫廷画家创作了多幅他身着汉装的行乐图，可见他对汉族文人乐天自在生活的向往之情。图中倚栏而坐的乾隆帝带有肖像画特征，神情淡然，富有儒雅气。宫女们以细劲轻利的线条勾描，显现出风姿绰约、楚楚动人的体态。树木刻画工整精妙，笔笔不苟，具有宋画特点。山石多以侧锋皴擦，表现出其峭拔的风骨和坚硬的质感。图中乾隆帝的脸像应是由郎士宁所绘。

051

《冰嬉图》卷

年代　清乾隆
作者　（清）张为邦、（清）姚文瀚
质地　纸本
尺寸　纵 36.5 厘米　横 563 厘米
收藏单位　故宫博物院

冰嬉是满族传统的体育项目，清初被称为“国俗”。冰嬉作为重要的典制被记载于《大清会典》中，其中规定每年的冬至到“三九”在太液池（即今北京南海、中海和北海，统称“三海”）举行冰嬉竞技活动。此图卷人物众多，但是，作者通过冰嬉的内容不同，合理地将参赛者分成若干个活动群体，从而有序地表达了冰嬉的主题。此图为研究乾隆朝冰嬉活动提供了最真实的形象资料。

张为邦（生卒年不详），一作维邦，广陵（今江苏扬州）人。自幼受父亲宫廷画家张震的影响，工绘人物、楼观、花卉等，雍正初年被张震举荐入宫。曾随西洋画师郎世宁学习油画，是中国最早的油画家之一。

052

《勘书图》轴

年代　清乾隆
作者　（清）姚文瀚
质地　纸本
尺寸　纵 50.2 厘米　横 42.8 厘米
收藏单位　故宫博物院

图绘酷暑时节，高士们在勘书雅集过程中解衣宽带、清水净手、捶背解乏等一系列情节。图中人物体态生动，用笔工整，设色艳丽，是典型的宫廷人物画代表作。

姚文瀚（生卒年不详），号濯亭，顺天（今北京）人。乾隆八年（1743），以擅长人物、释道像及山水画供奉于清廷，其细腻写实的画风深得乾隆帝的赏识。

053

《荷沼鸳鸯图》轴

年代　清乾隆
作者　（清）王幼学
质地　纸本
尺寸　纵 189.6 厘米　横 70.6 厘米
收藏单位　故宫博物院

图绘荷塘小景。作为画面主角的鸳鸯，不仅处于画作近景，而且以纤细的用笔刻画，生动地表现出其戏水时惬意的神态。荷花及芦苇以笔轻色淡的手法加以勾勒点染，它们彼此间相互交错掩映，营建出温馨的氛围，增强了画面的诗意。

王幼学（生卒年不详）来自绘画世家，其父亲王玠、弟弟王儒学先后在清宫如意馆任职。他于雍正五年（1727）入宫为画师，曾随郎世宁学习西方油画技法，以笔法工细写实的山水、花鸟及人物画见长。

054

《溪桥策杖图》轴

年代　清乾隆
作者　（清）王炳
质地　纸本
尺寸　纵 88.6 厘米　横 64.4 厘米
收藏单位　故宫博物院

此图场景壮阔，气势磅礴。缥缈的云烟不仅将山体分割成多个层次，而且增添了画面的奇妙变化。图中策杖行走的人物虽然小如寸许，但是他位居画幅下端的突出位置，不失为画作的主体。

王炳（生卒年不详）是乾隆朝宫廷画家，宗法张宗苍，擅绘山水，笔法兼工带写，注重山水宏大气势的表现。

臣王炳恭寫

055

《秋花图》扇页

年代　乾隆十五年（1750）
作者　（清）张舒
质地　纸本
尺寸　纵 16.4 厘米　横 47.8 厘米
收藏单位　故宫博物院

图绘秋花烂漫的景致。作者在仿恽寿平笔墨的基础上，注重将写意与写形、没骨与勾勒、工谨与遒媚相结合。同时，在菊花的刻画上还特别注重虚实对比。花瓣用线造型，笔笔为实；叶片以花青色渲染，水色相融。全图在虚实相生中表现出菊花淡雅冷艳之美。

张舒（生卒年不详），字怀鸥，号醉鸥，元和（今江苏苏州）人。工绘人物，更擅花卉画，学仿恽寿平，笔墨风致潇洒，追求写生意趣。曾因擅绘在乾隆朝宫廷如意馆任职。

056

《渔乐图》扇页

年代　清乾隆

作者　（清）杨大章

质地　纸本

尺寸　纵 18.7 厘米　横 53.2 厘米

收藏单位　故宫博物院

图绘渔民满载而归后卸货、分拣、称重的忙碌劳动场景。全图设色淡雅，以绿色和赭色为主调，渲染出祥和喜庆的氛围。画作人物众多，彼此间通过过往的活动或眼神的顾盼，形成一个外散内紧的活动群体，富有生活情趣。此图是作者献给皇室之作，其所表现出的渔家安居乐业的生活状态，带有歌功颂德的性质，迎合了皇室的审美观和企盼子民幸福安康的统治理念。

杨大章（生卒年不详，生活于 18 世纪），擅画人物、花卉、翎毛，是乾隆朝后期重要的宫廷画家。其画作设色明丽鲜亮，造型严谨准确，笔法精细工整。

057

《携樽问字图》轴

年代　清乾隆
作者　（清）袁瑛
质地　纸本
尺寸　纵 129 厘米　横 64.7 厘米
收藏单位　故宫博物院

全图以高远法取势，层峦叠嶂的山峦被烟云缭绕，俨如人间仙境。虽然图中或行或止的高士面目不清，但是，他们优雅的举止，不仅给幽寂的山林增加生气，而且生动地表现了携樽问字的画作主题。全图精丽的设色，“高山仰止”的大构图，具有乾隆朝山水画的宫廷特点。

袁瑛（生卒年不详），字近华，号二峰，元和（今江苏苏州）人。工绘山水、花卉，其写意之笔，颇有骨力。乾隆三十年（1765）以擅绘入宫在如意馆供职。

058

《贡象、马图》卷

年代　乾隆五十八年（1793）
作者　［法］贺清泰、［意］潘廷章
质地　纸本
尺寸　纵 40.6 厘米　横 318 厘米
收藏单位　故宫博物院

此图是贺清泰、潘廷章以中国画的纸张、笔墨、颜料，运用西洋解剖学的理念绘制的廓尔喀人进贡给清廷的象、马图卷。虽然图中象、马动作呆板，带有标本性的特征，但是对于乾隆朝的史学研究仍具有重要的意义。

贺清泰（Louis Poirot，1735—1814），法兰西人，传教士。擅画山水、人物、走兽，于乾隆三十五年（1770）来华，入如意馆供职。他除绘画外，还精通汉文和满文，颇得乾隆帝的信任。

潘廷章（Joseph Panzi，？—1812 年之前），意大利人，传教士。受过油画专业训练，具有较深厚的造型功底和艺术修养。乾隆三十六年（1771）抵达中国，由在宫中任职的法国传教士蒋友仁举荐给乾隆帝，旋即在如意馆任画师。

059

《仙芝祝寿图》轴

年代　清光绪
作者　（清）沈振麟
质地　绢本
尺寸　纵 158.2 厘米　横 68.5 厘米
收藏单位　故宫博物院

本图以玲珑秀挺的湖石为中心，石的下方是盛开的水仙和代表长寿的灵芝，石的后面是充满活力的天竹，作者通过“竹”与“祝”的谐音来表达祝福长寿的吉祥寓意。全图运用工笔与写意相呼应的艺术手法，令工笔设色的花卉在墨笔写意湖石的映衬下显得分外妖娆。

沈振麟（生卒年不详），字凤池，一作凤墀，元和（今江苏苏州）人。工绘花鸟、虫鱼、人物、山水。约道光元年（1821）以画艺入宫供职如意馆，历经道咸同光四朝，是宫廷画师中供职时间最长者，也是历经朝代最多者。

060

《升平雅乐图》轴

年代　清光绪
作者　（清）张恺
质地　绢本
尺寸　纵 129.7 厘米　横 120.1 厘米
收藏单位　故宫博物院

此图是幅真实地表现宫廷器乐演奏场景的画作。图中双狮戏球的地毯是作者以笔着色一笔笔直接擢点而成的，其五彩缤纷的色彩不仅准确地表现出地毯松软的质地及织造工艺的精湛，还为画面增添了欢快愉悦的气氛，从而烘托了歌舞升平、国泰民安的创作主题。此图对于研究晚清器乐文化的具体活动内容、表现形式、演出规模等都有着重要的参考价值。

张恺（生卒年不详，活动于 19 世纪），号乐斋，吴县（今江苏苏州）人。工绘山水、花卉、翎毛，为同治、光绪两朝宫廷御用画家。

061

《寿山福海图》轴

年代　清光绪
作者　（清）屈兆麟
质地　绢本
尺寸　纵 185.1 厘米　横 76.5 厘米
收藏单位　故宫博物院

这是幅通过绘山石、海浪、蝙蝠（谐音“福”），表现“福如东海，寿比南山”的寿意主题画。全图以纵向取势，具有磅礴的气势和强大的视觉震撼力。作者在创作上巧妙地将蝙蝠飞翔时的动、浪花激荡时的动与磐石稳如泰山的静形成有趣的对比，使画作在动与静相互映衬之间充满康乐安宁的诗意。

屈兆麟（1866—1937），字仁甫，北京人。师从宫廷画师张恺学习工笔画技法。光绪十年（1884），他经张恺推荐，进清宫造办处如意馆供职，曾为慈禧皇太后代笔绘花鸟等，是光绪朝重要的宫廷职业画家。

书法篇

清宫书法是清代书法艺术的重要组成部分，与各个时期书风的发展变化紧密相连。与此同时，在宫廷典章制度、宫中礼仪规范，以及宫廷审美趣味等诸多因素的共同作用下，清宫书法又具有自身模式与特色，表现在以下几方面。

首先，清宫十分重视书法学习，有一套完备的学习方法。皇子们在读书启蒙的同时，临帖写仿等书法训练也随之开始。现存顺治、乾隆二帝青少年时期的写仿习作，反映出他们对书法的用功学习与师傅的严谨点拨。宗室皇亲也非常注重书艺方面的培养，有的宗室成员还在宫中伴读，其书法学习自会与皇子们并进。另外，宫中后妃亦常以习字临帖怡情遣兴，清宫旧藏文物中，有专门用于临帖习字的字帖，法度严整，匀净光洁，供后妃学习书法之用。

其次，皇帝本人对书家与书风的偏好，具有示范和引领作用。清代诸帝大多擅长书法，即便是顺治、咸丰、同治、光绪等英年早逝的皇帝，也表现出良好的书法功底。康熙、雍正、乾隆三帝是清帝当中书法成就最为突出的。康熙帝被公认为优秀的董其昌书派书法家，对清初书坛董派书法的繁盛具有重要影响力。但他绝非一味学董，而是转益多师，融会贯通，既仿米芾，又师法黄庭坚，其传世作品为今人研究其书风的演变提供了实证。雍正帝受时代风气和父皇影响，仿学御书，创作具有董书秀逸韵致的作品。同时，泛学历代诸家，兼取众法，以培植古法根基，并逐渐形成遒劲爽健的个性书风。乾隆帝对书法的喜爱远超乃祖及乃父。从青少年直至暮年，数十年笔耕不辍，万几余暇，挥洒翰墨，用功至勤。楷、行、草诸体兼备，隶书、章草亦有所涉猎。师法钟繇、“二王”及颜真卿等历代诸家，尤其推崇赵孟頫、董其昌。在其艺术取向的影响之下，乾隆时期帖学昌盛，朝野上下馆阁体风气盛行，并由此成为清中期书坛主旋律。

第三，朝中诸臣是清宫书法的重要参与者。这些朝臣大多学识优长，具有极高的书法艺术造诣。像康熙朝的沈荃、姜宸英、汪士鋐、何焯、陈邦彦等，都是著名书法家；乾隆朝梁诗正、汪由敦、沈德潜、钱陈群、刘墉、铁保、翁方纲等，书名皆享誉当时；张照书法更是受到康、雍、乾三帝的称赏。只是在奉敕或应制创作，并署以“臣”字款时，这些书家往往拘泥于用笔平正、结字端庄、墨色鲜润、章法平和的程式，因此不免流于馆阁习气，书风较为拘谨和趋同，部分削弱了书家的个性表达。

另外，内府刻帖也是清宫书法艺术当中不可忽视的重要内容。有清一代，内府刻帖种类繁多，主要概括为三大类：一是皇帝御书法帖，如康熙帝《渊鉴斋法帖》，雍正帝《四宜堂法帖》、《朗吟阁法帖》，以及乾隆帝《敬胜斋法帖》等；二是摹古法帖，如《三希堂法帖》、《钦定重刻淳化阁帖》等；三是大臣书帖，如张照《钦定天瓶斋帖》、汪由敦《钦定时晴斋帖》。内府刻帖是对清宫所藏御笔书法、历代名家法帖及珍贵拓本的整理与总结，不仅对清代书法艺术的繁荣、发展发挥了重要作用，而且沾溉后世，影响深远。

一 帝后书法

062

楷书《千字文》页

年代　顺治十四年（1657）
作者　（清）福临
质地　纸本
尺寸　纵 31.8 厘米　横 51.8 厘米
收藏单位　故宫博物院

此为“顺治拾有肆年孟冬之月初壹日”，顺治帝 20 岁时临仿《千字文》的字课。篇中以小字标定，然后按照小字模样在其旁边仿学大字。虽书写稚拙，但笔笔用心，端正工整，表现出顺治帝对待书法学习的认真与严谨。

清世祖顺治帝福临（1638—1661），作为清代入主中原的首位皇帝，冲龄践祚，汉文化程度相对较弱，但在书法学习上刻苦用心。王士禛《池北偶谈》称，皇上“以武功定天下，万几之余，游艺翰墨，时以奎藻颁赐部院大臣”。

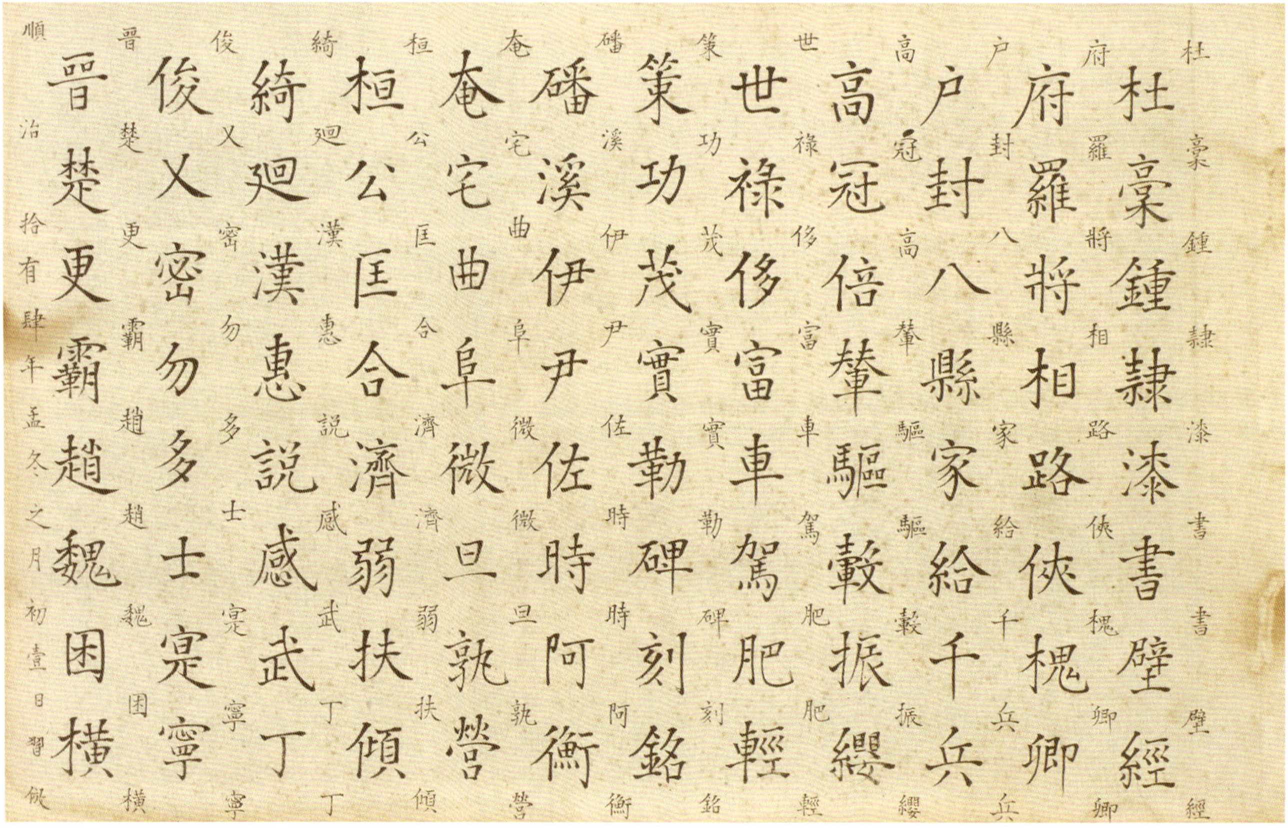

063

行楷书《竹里馆》诗轴

年代　顺治十七年（1660）
作者　（清）福临
质地　绫本
尺寸　纵 140.5 厘米　横 50.5 厘米
收藏单位　故宫博物院

此作书王维《竹里馆》诗。款署"庚子冬日书"，即顺治十七年（1660），顺治帝 23 岁。与之前相比，其在书艺上有明显进步，并逐渐形成自己的风格。结字开张挺拔，用笔率真朴拙，不假修饰，以自然天趣取胜。

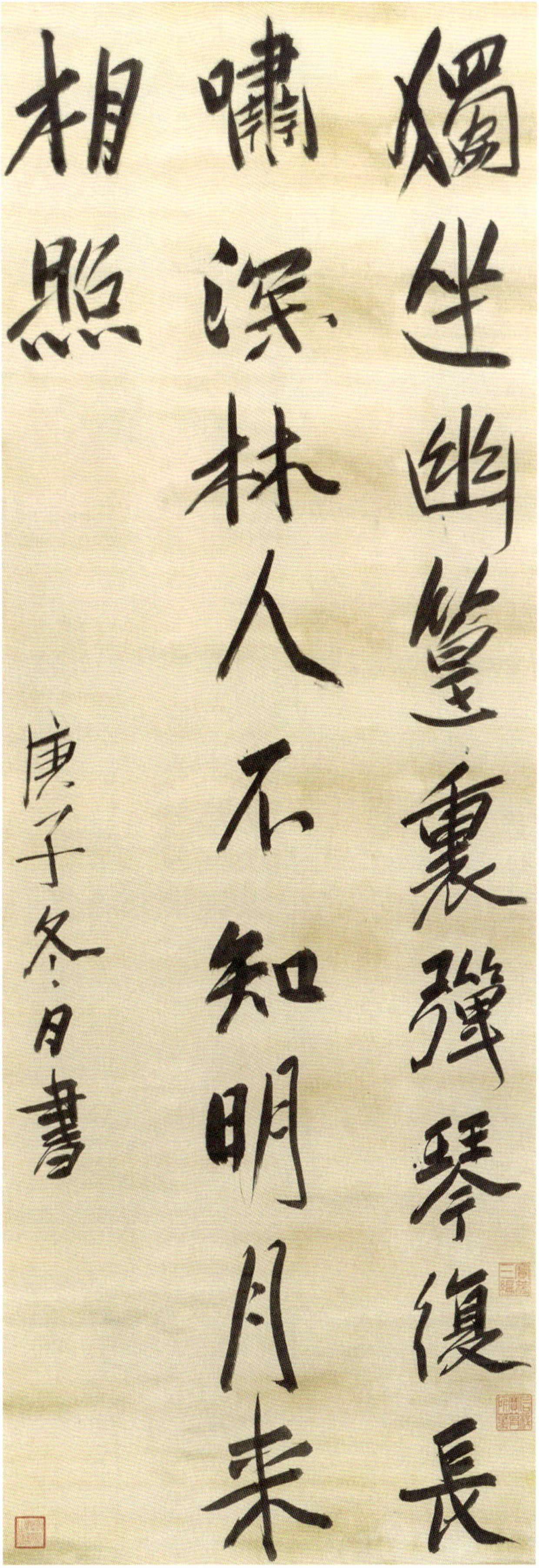

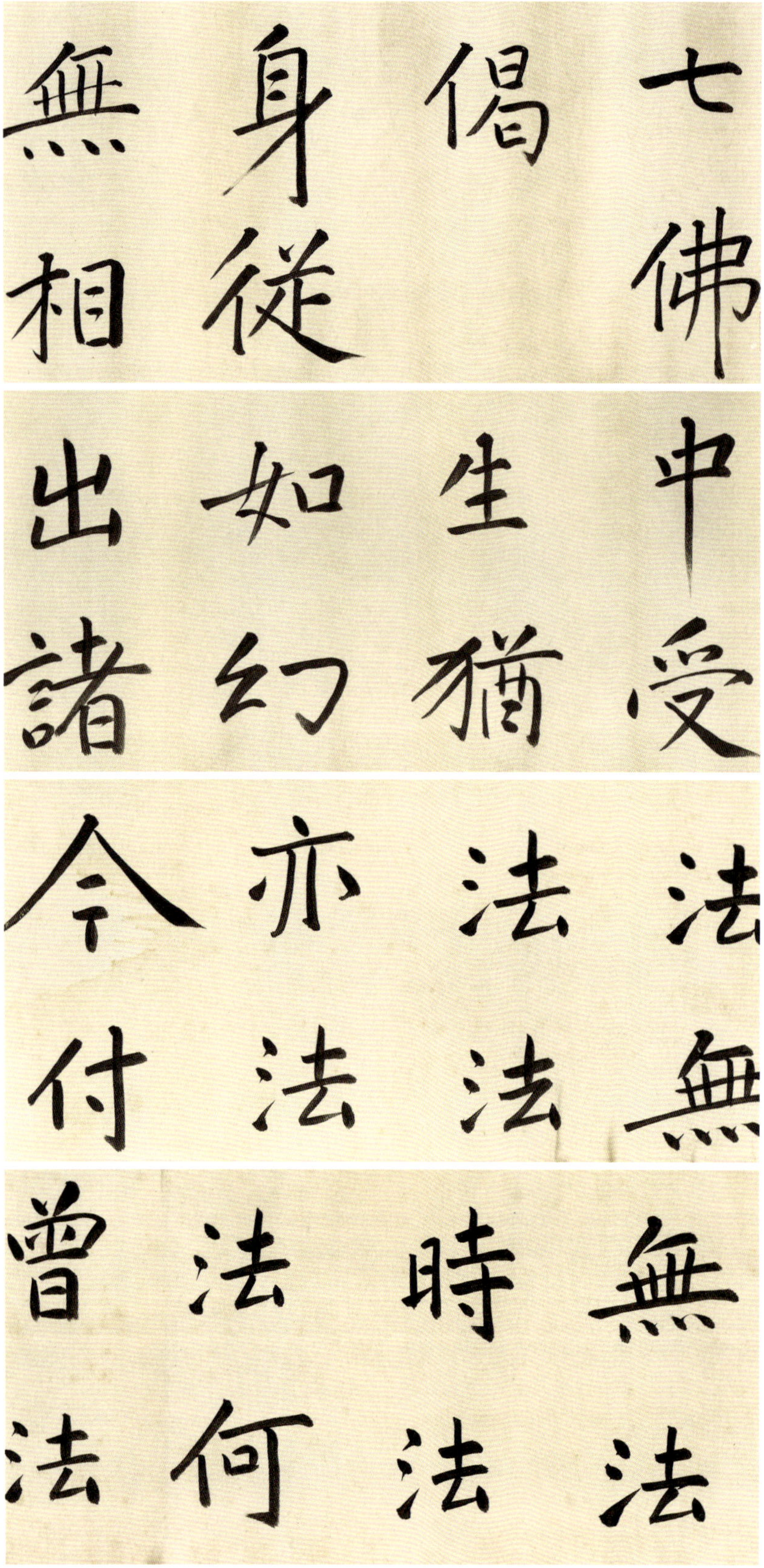

064

楷书《七佛偈》卷（局部）

年代　清顺治
作者　（清）福临
质地　纸本
尺寸　纵 30.5 厘米　横 1542.5 厘米
收藏单位　故宫博物院

《七佛偈》为佛偈经典，曾经黄庭坚、董其昌等书家以及雍正帝、乾隆帝书写，并著录于清内府编纂的《秘殿珠林》一书中。顺治帝此卷以大字楷书写就，骨力洞达，章法舒爽萧散，风度清逸出尘。不仅表现出顺治帝日渐成熟的书法造诣，同时也是其究心佛学的佐证。

065

行书《柳条边望月》诗轴

年代　清康熙
作者　（清）玄烨
质地　纸本
尺寸　纵 123.9 厘米　横 58.4 厘米
收藏单位　故宫博物院

《柳条边望月》为康熙帝御制诗，载《圣祖御制文初集》卷三十六。柳条边又名盛京边墙、柳墙、柳城、条子边，在奉天、吉林二省境内，有“老边”、“新边”之分。这首诗是康熙帝春天东巡祭祖，驻跸柳条边所作。作品楷行相间，师法董其昌，笔墨流畅质朴，以婉转姿媚胜出。

清圣祖康熙帝玄烨（1654—1722），自幼习书，寒暑无间，凡古名人墨迹、石刻，无不细心临摹体悟，是清初董派书法重要书家之一。

释文：雨过高天霁晚虹，关山迢递月明中。春风寂寂吹杨柳，摇曳寒光度远空。柳条边望月。

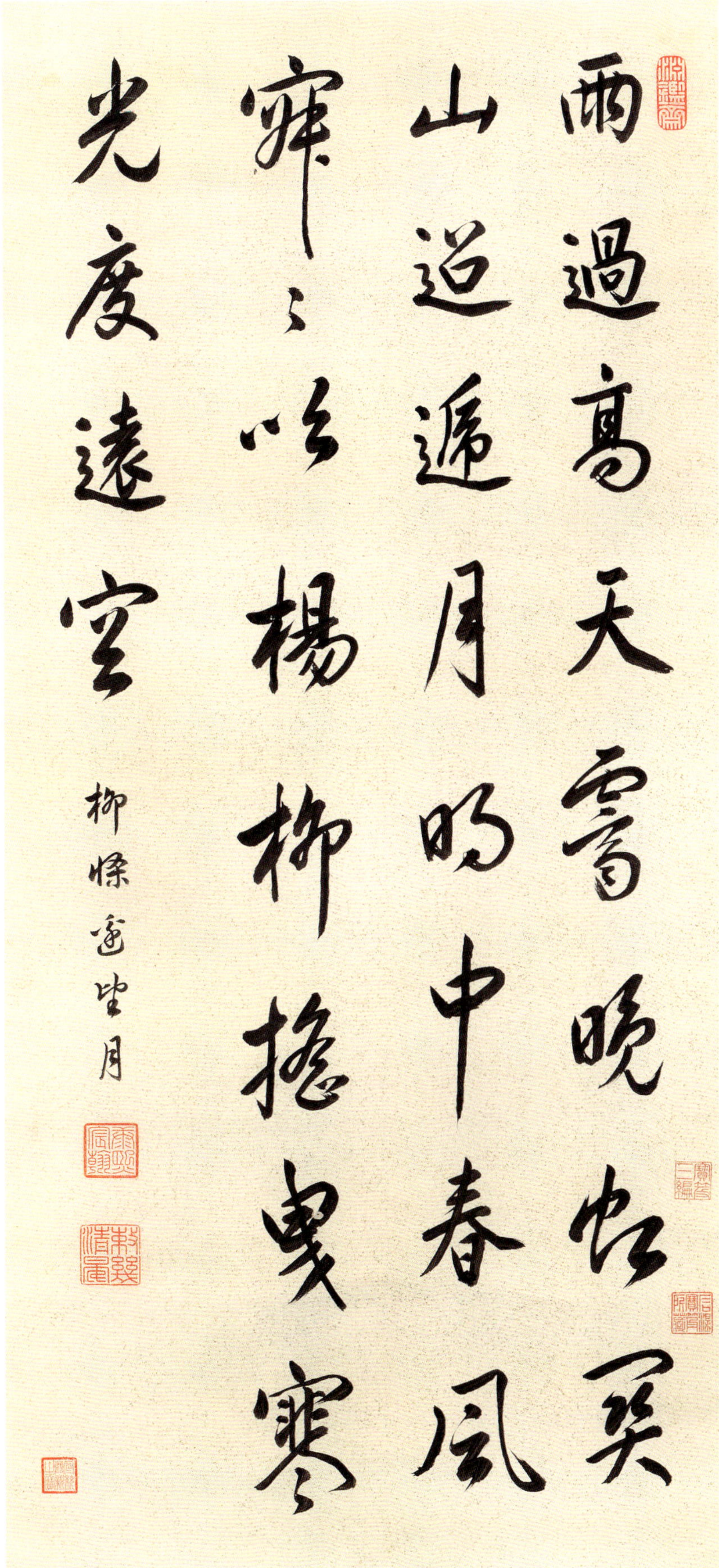

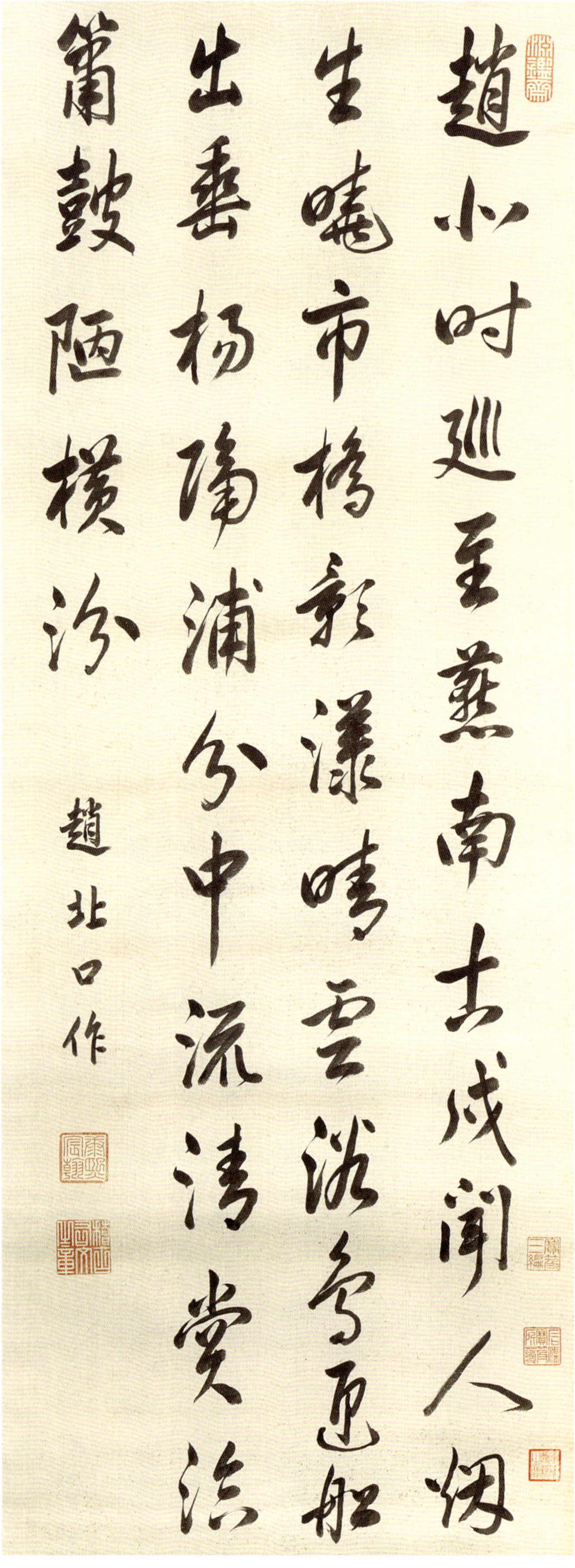

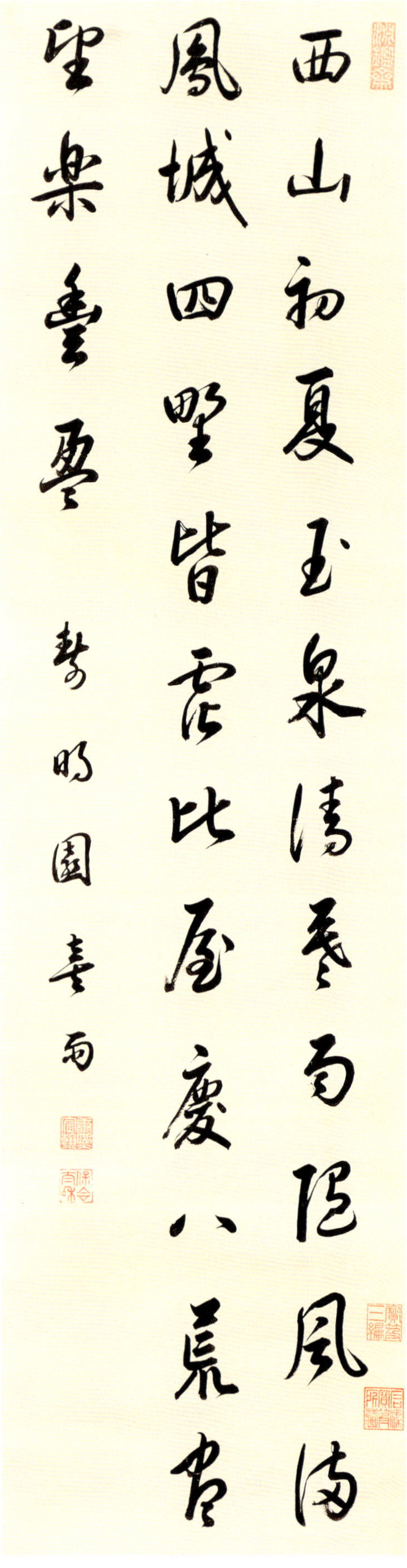

066

行书《静明园喜雨》诗轴

年代　清康熙
作者　（清）玄烨
质地　纸本
尺寸　纵 122.8 厘米　横 33.5 厘米
收藏单位　故宫博物院

《静明园喜雨》为康熙帝御制诗，载《圣祖御制文三集》卷四十五。静明园位于京西北玉泉山，金代始建，康熙年间建行宫，初名澄心园，后更名静明园，为“三山五园”之一。康熙帝在此避暑、处理军国政事。作品秀逸典雅，笔法含蓄精美，为康熙帝行书佳作。

释文：西山初夏玉泉清，暮雨随风满凤城。四野皆沾比屋庆，八荒尽望乐丰盈。静明园喜雨。

067

行书《赵北口作》诗轴

年代　清康熙
作者　（清）玄烨
质地　纸本
尺寸　纵 135.5 厘米　横 57.1 厘米
收藏单位　故宫博物院

《赵北口作》为康熙帝御制诗，载《圣祖御制文初集》卷三十七。赵北口在直隶任丘县北五十里，又称唐兴口、赵堡口，为诸淀之水所汇。旧有堤桥，通南北孔道，桥上题“燕南赵北”，康熙帝曾在此阅水围。作品结字扁方，笔画舒展外拓，具有黄庭坚书法特征。

释文：赵北时巡至，燕南古戍闻。人烟生晓市，桥影漾晴云。浴鸟迎船出，垂杨隔浦分。中流清赏洽，箫鼓陋横汾。赵北口作。

068

行书《初夏登楼临水》诗轴

年代　清康熙
作者　（清）玄烨
质地　纸本
尺寸　纵 121. 厘米　横 52.7 厘米
收藏单位　故宫博物院

《初夏登楼临水》为康熙帝御制诗，载《圣祖御制文初集》卷三十四。笔墨秀润，风格淡雅，是康熙帝书法典型面貌。

迎首钤“渊鉴斋”玺。渊鉴斋位于畅春园东路，为康熙帝书斋。康熙帝每年约有一半时间在园内居住，许多作品都在这里创作，并钤押“渊鉴斋”印玺。内府刻有《渊鉴斋法帖》十卷。

释文：澄潭澈底开心镜，柳絮轻飞近玉楼。处处晴花风拂起，莺啼四月绕芳洲。初夏登楼临水。

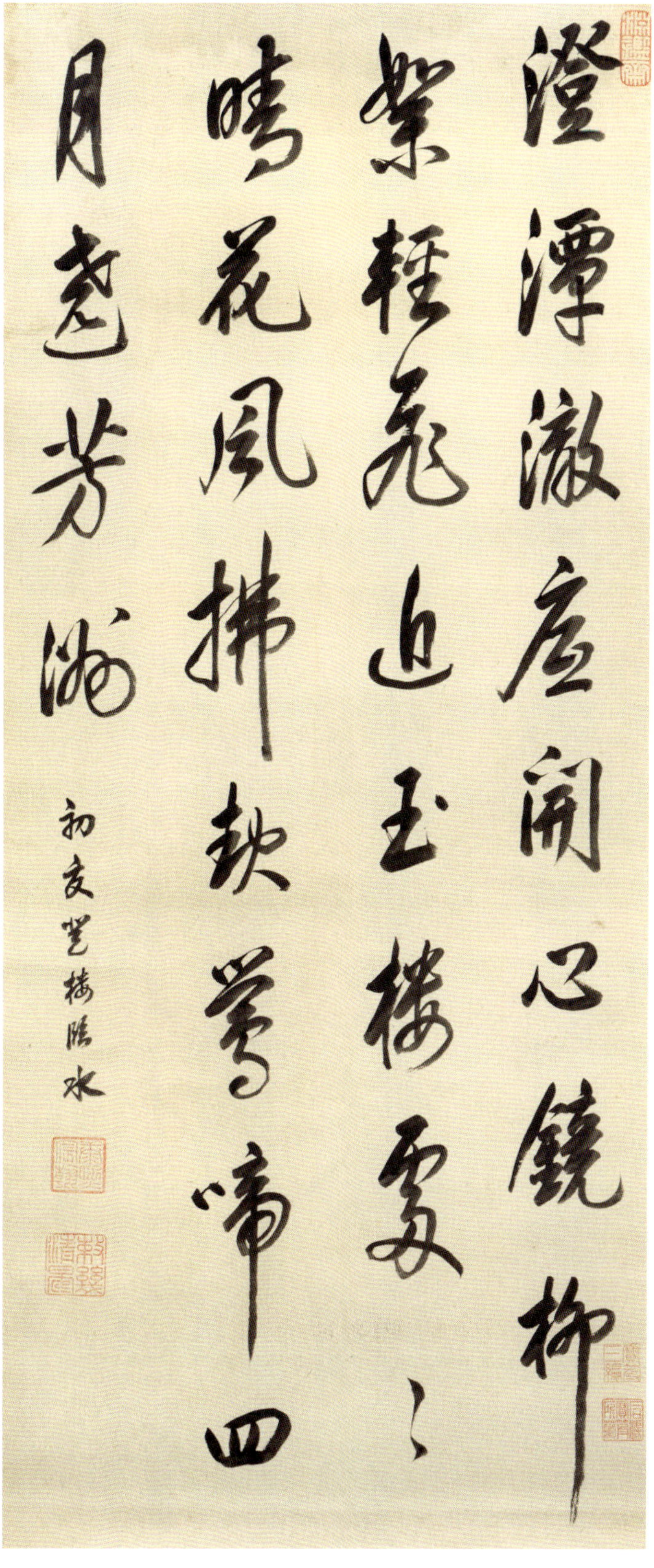

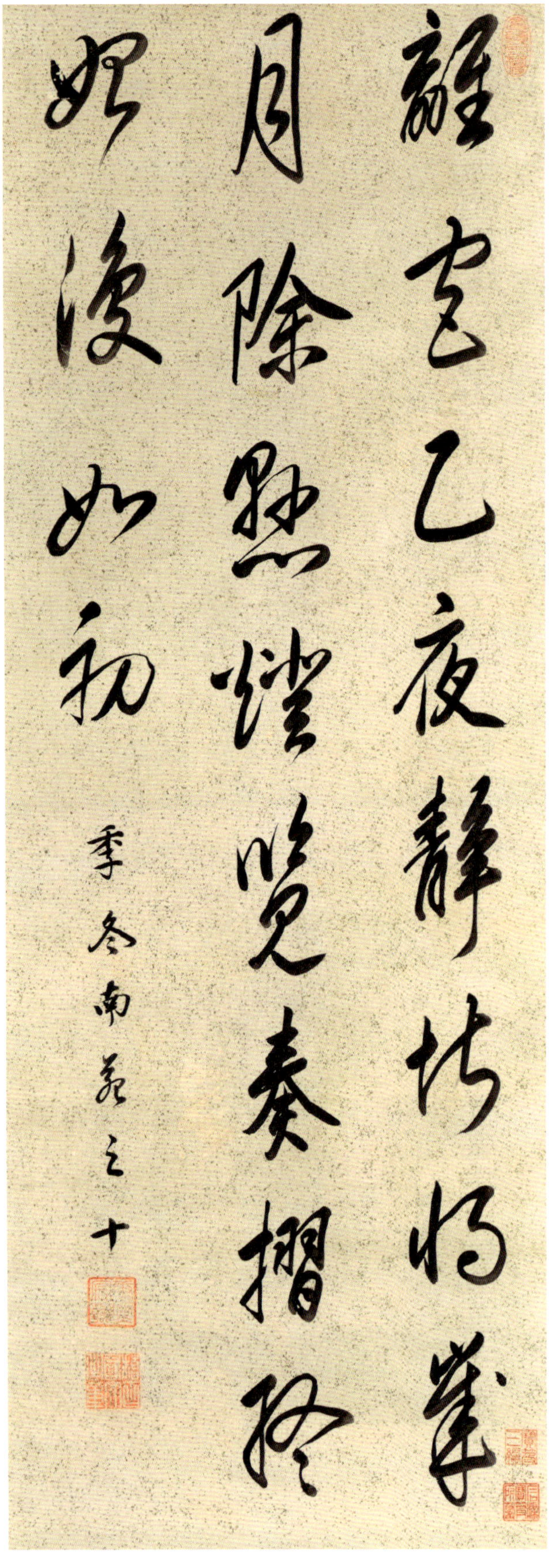

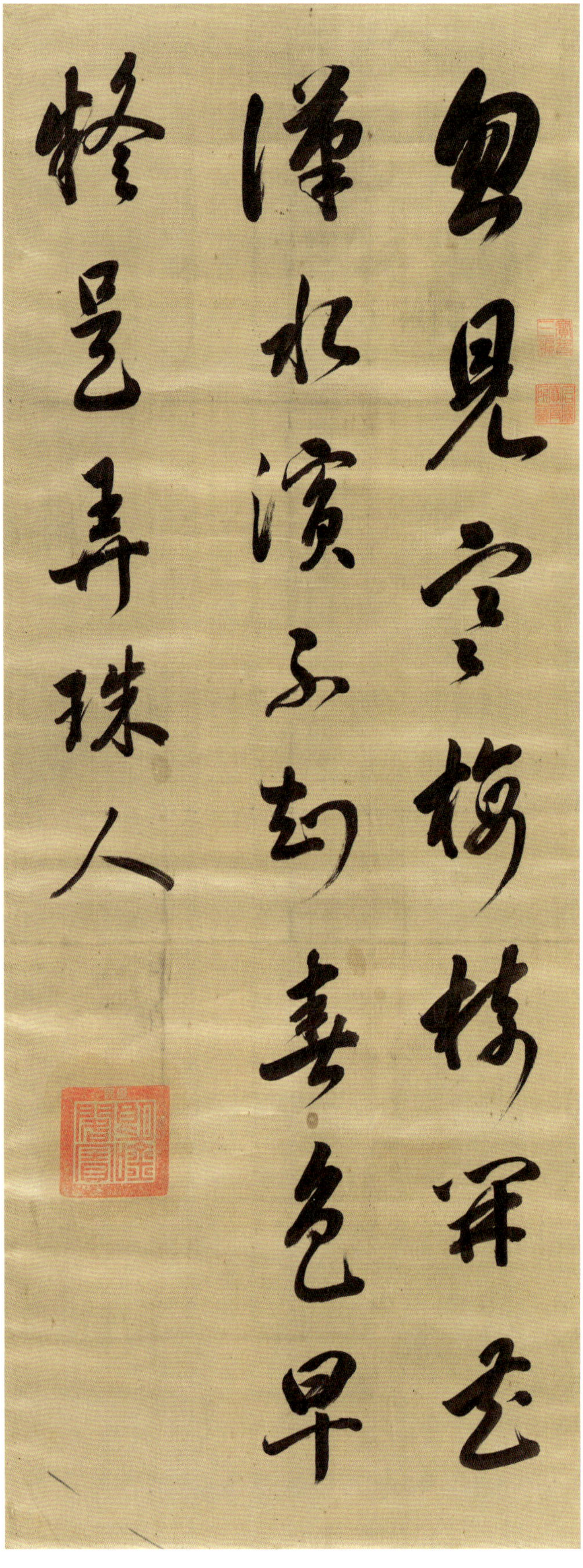

069

行书《季冬南苑之十》诗轴

年代　清康熙
作者　（清）玄烨
质地　纸本
尺寸　纵 134.9 厘米　横 49.5 厘米
收藏单位　故宫博物院

南苑位于北京城南郊，是元、明、清三代皇家苑囿。《季冬南苑十首》为康熙帝御制诗，载《圣祖御制文三集》卷四十八，此为第十首。作品师法黄庭坚，体势开张外拓，用笔舒展挺拔。

释文：离宫乙夜静，堪将岁月除。悬灯览奏折，终始复如初。季冬南苑之十。

070

行书《江滨梅》诗轴

年代　清康熙
作者　（清）胤禛
质地　绫本
尺寸　纵 125.7 厘米　横 48.5 厘米
收藏单位　故宫博物院

此作书唐代王适诗《江滨梅》，款钤“朗吟阁宝”。朗吟阁位于圆明园中，是雍正帝为皇子时的书斋。乾隆帝《朗吟阁诗》云：“画阁云楣圣藻书，题名犹在我生初。阁名犹皇考潜邸时所题也。”乾隆初年刻《朗吟阁法帖》，收雍正帝潜邸时所书各体诗文及临摹诸家名迹，此作也应是这一时期创作。

清世宗雍正帝胤禛（1678—1735），书法远师“二王”，泛临历代法帖，近法董其昌，且受到乃父康熙帝影响，具有较高的书法造诣，是一位功力深厚、风格独特的书家。

释文：忽见寒梅树，开花汉水滨。不知春色早，疑是弄珠人。

071

草书《夏日泛舟》诗轴

年代　清雍正
作者　（清）胤禛
质地　绢本
尺寸　纵 140.3 厘米　横 62.2 厘米
收藏单位　故宫博物院

《夏日泛舟》为雍正帝御制诗，载《世宗御制文集》卷二十一。作品草行相间，笔力遒劲，气韵贯通，风度雍容大气，其俊健之势可与馆阁高手相颉颃。款钤“朝乾夕惕”、“雍正宸翰”二玺，迎首钤“为君难”玺，据此可知此作乃胤禛临朝为君时的壮年之笔，为雍正帝御笔代表作。

此轴裱褙用料与制作极尽精美华丽，尽显皇家气派，堪称宫廷字画装裱典范。

释文：殿阁风生波面凉，溯洄徐泛芰荷香。柳阴深处停桡看，可爱纤鲦戏碧塘。夏日泛舟旧作。

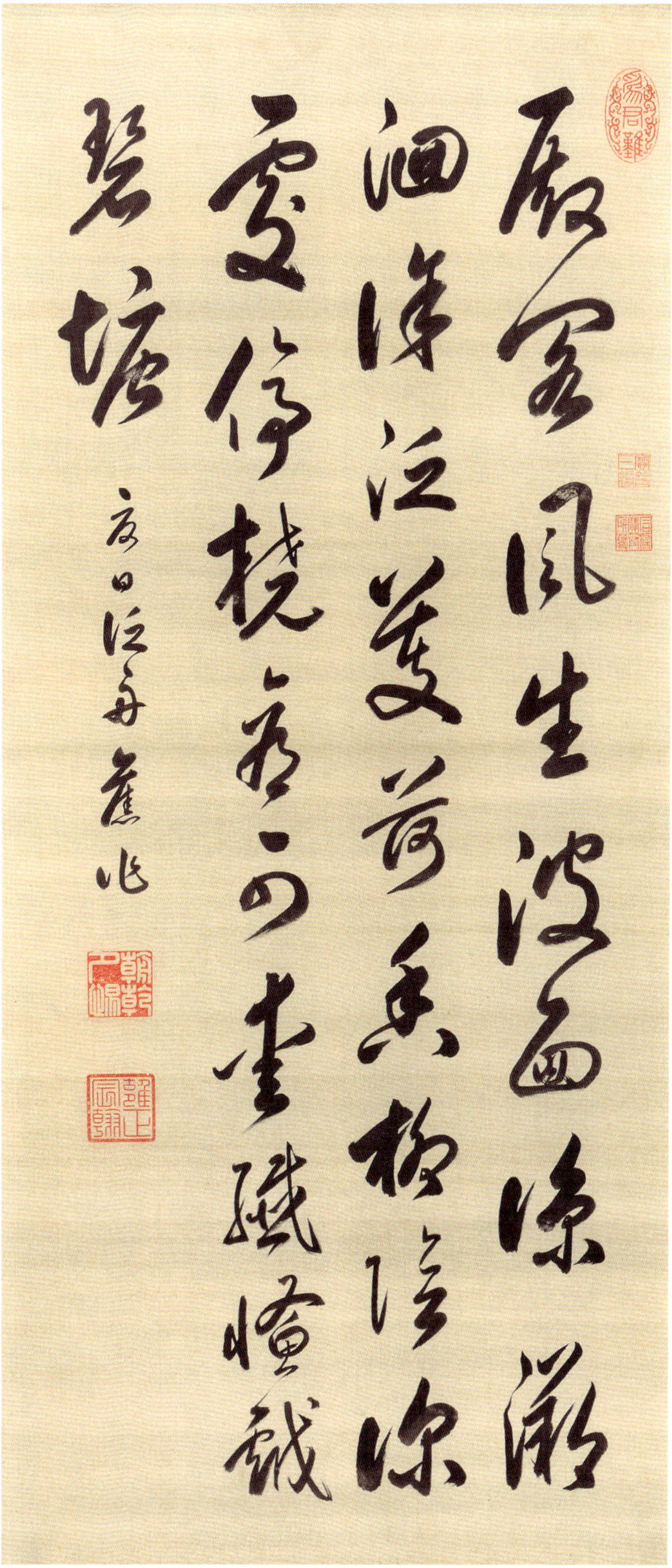

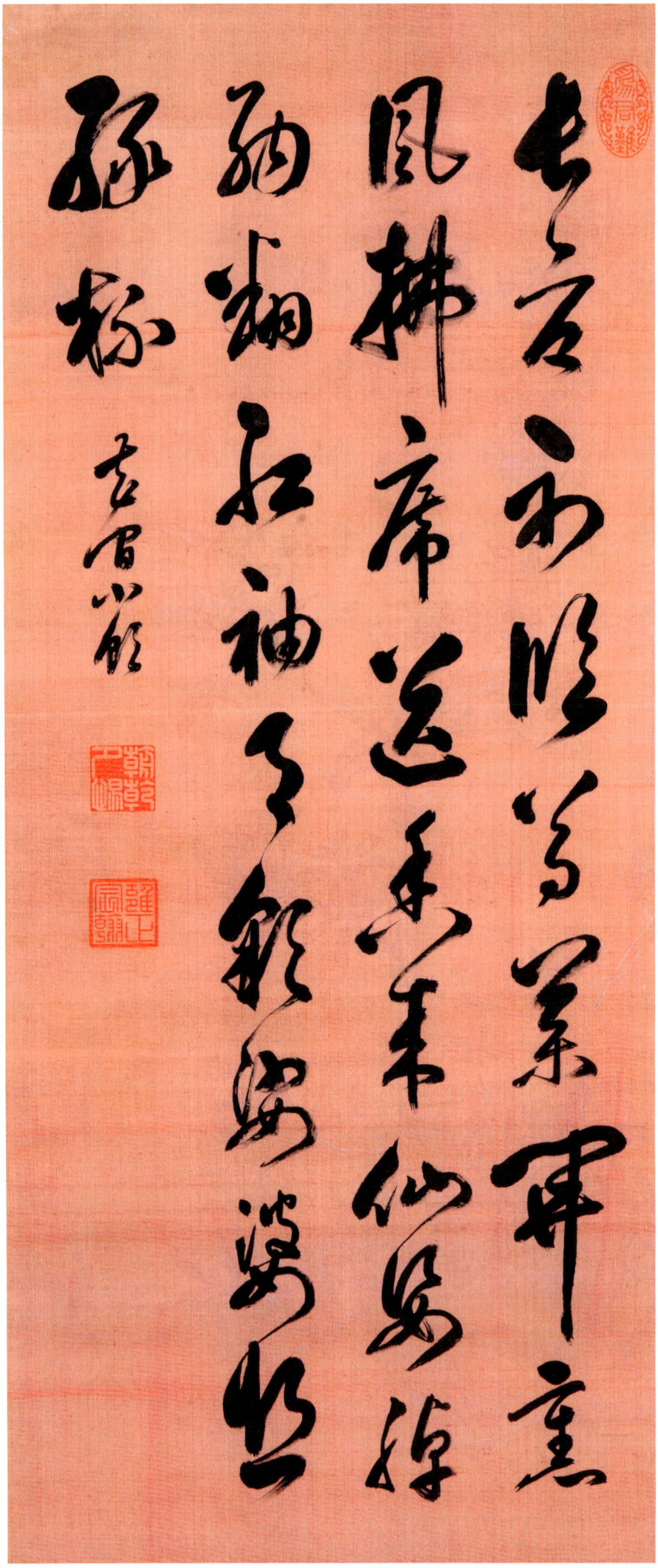

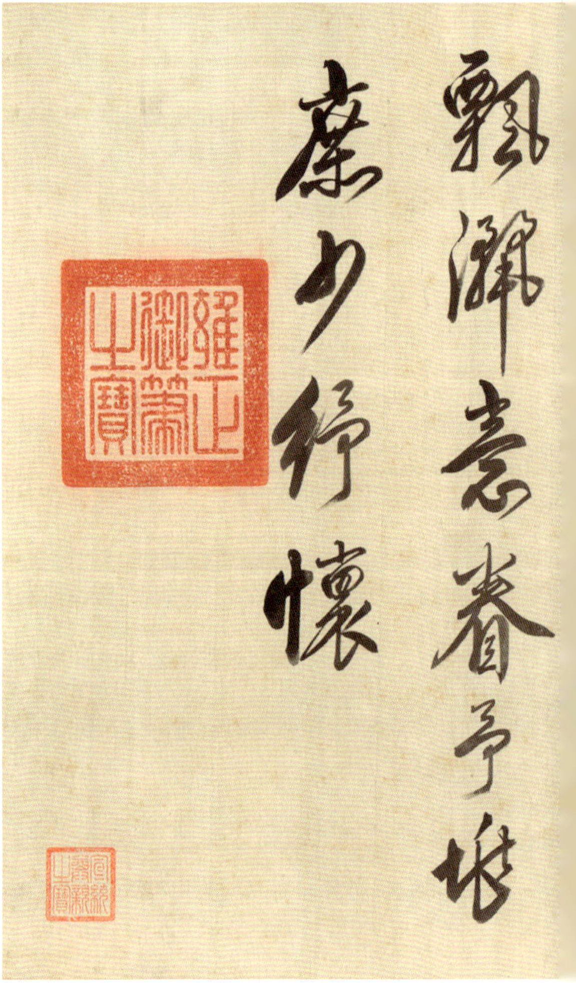

072

草书《花间小饮》诗轴

年代 清雍正
作者 （清）胤禛
质地 绢本
尺寸 纵 138.3 厘米 横 59.2 厘米
收藏单位 故宫博物院

《花间小饮》为雍正帝御制诗，载《世宗御制文集》卷二十一。书法墨气酣畅饱满，风度劲爽，与《夏日泛舟》诗轴风格相近，书写时间应相距不远，展示了雍正帝娴熟的笔墨功力。

释文：长夏初临芍药开，熏风拂席送香来。仙姿绰约翻红袖，月影婆娑照绿杯。花间小饮。

073

行书《三月三日得雨》诗卷

年代 清雍正
作者 （清）胤禛
质地 绢本
尺寸 纵 38.6 厘米 横 84.9 厘米
收藏单位 故宫博物院

《三月三日得雨》为雍正帝御制诗，载《世宗御制文集》卷二十八。乾隆帝《乐善堂全集》有《恭和御制三月三日得雨原韵》诗，称颂父皇“自是天心馨至治，嘉祥允慰一人怀”。此作书法结体修长紧结，用笔含蓄，与其草书风格有所不同，别具一种淡雅秀逸之姿。

释文：三月三日得雨。三春淑气动萌荄，膏雨知时四野皆。东作共看沾溉足，西成咸庆岁时谐。柔桑陌上青含秀，稚麦田间绿正佳。伫览霏霏飘洒意，眷予兆庶少纾怀。

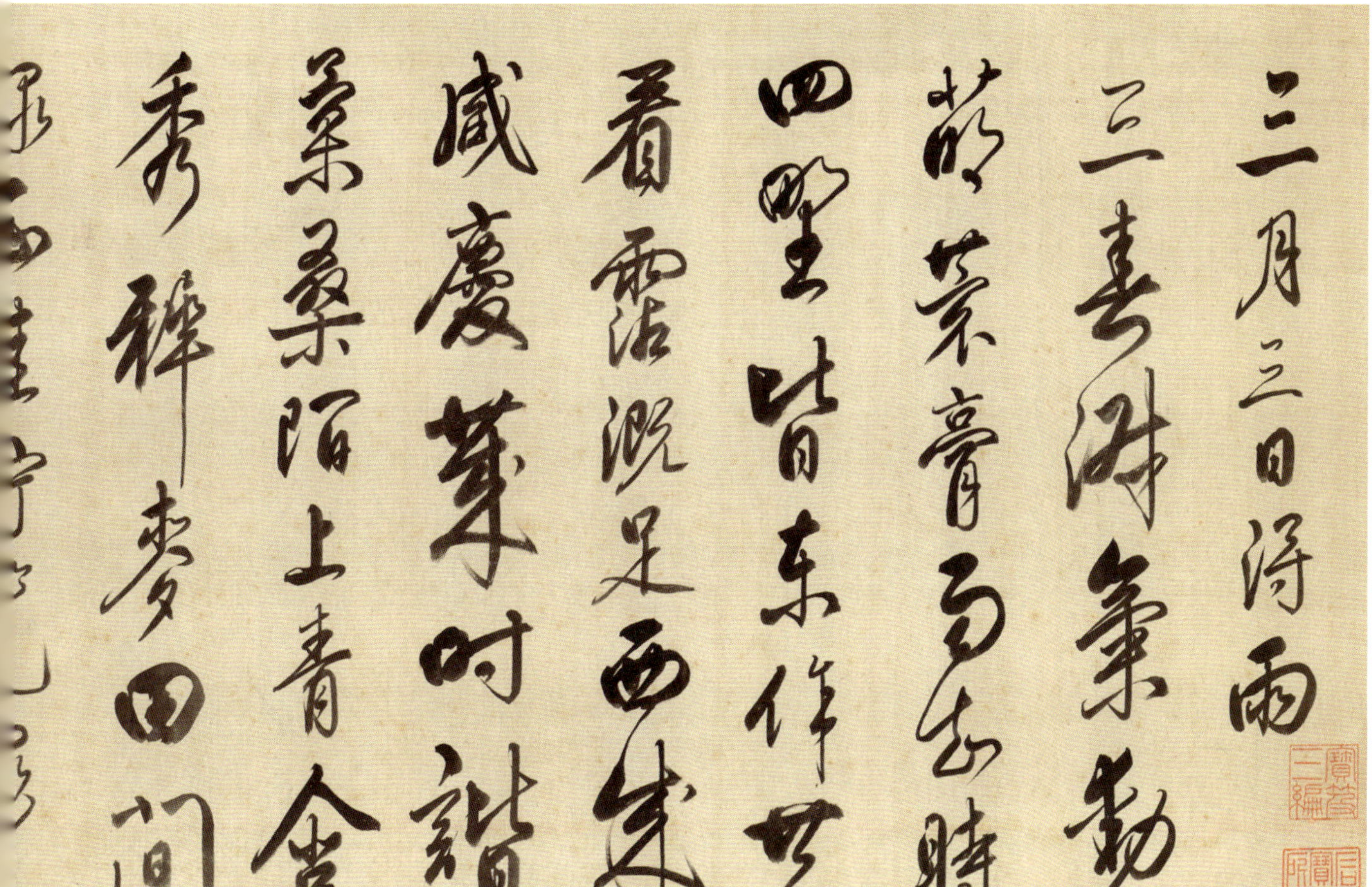

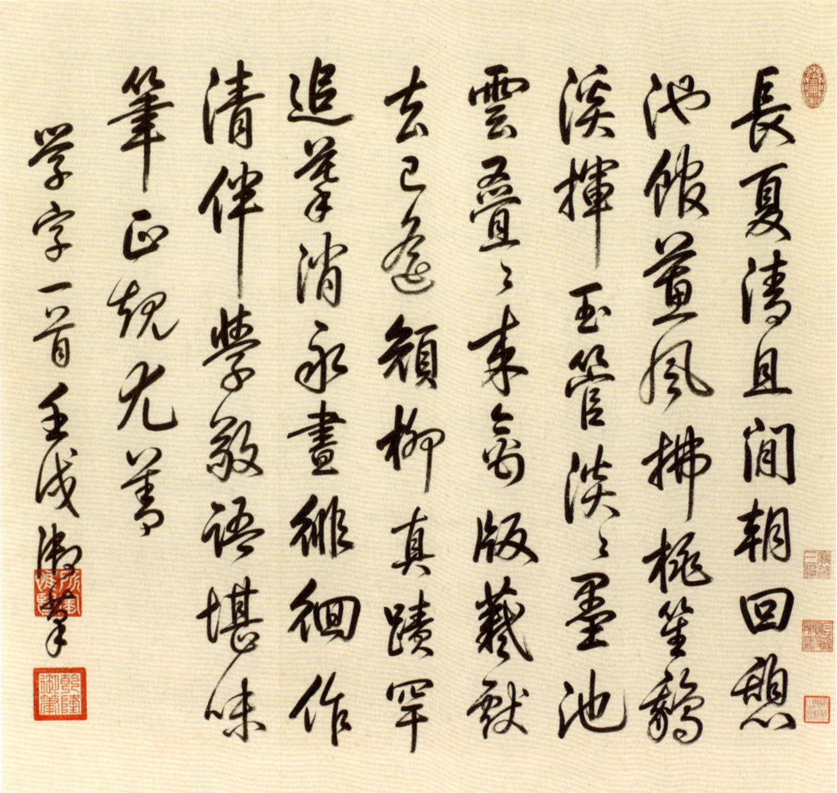

074

行书《学字》诗轴

年代　乾隆七年（1742）
作者　（清）弘历
质地　绢本
尺寸　纵 85 厘米　横 91.5 厘米
收藏单位　故宫博物院

《学字》为乾隆帝御制诗，载《高宗御制诗初集》卷九。诗中体现出乾隆帝对书法艺术的深刻体悟与不懈努力，是探究乾隆皇帝学书经历、书风源流与风格形成的重要文献资料。作品书于乾隆七年（1742），乾隆帝 32 岁。笔势劲健，流畅挥洒，堪称早期书作经典。

清高宗乾隆帝弘历（1711—1799），深谙汉文化，擅属文，喜赋诗，能绘画，尤怡情翰墨，历代名家均有涉猎。勤于临池，直到极晚年仍孜孜不倦。其存世御笔书法及诗文稿数量巨大，为历代帝王之冠。

释文：长夏清且闲，朝回憩池馆。蕙风拂桃笙，鹅溪挥玉管。淡淡墨池云，叠叠来禽版。羲献去已遥，颜柳真迹罕。追摹消永昼，徘徊作清伴。学敬语堪味，笔正规尤善。学字一首。壬戌御笔。

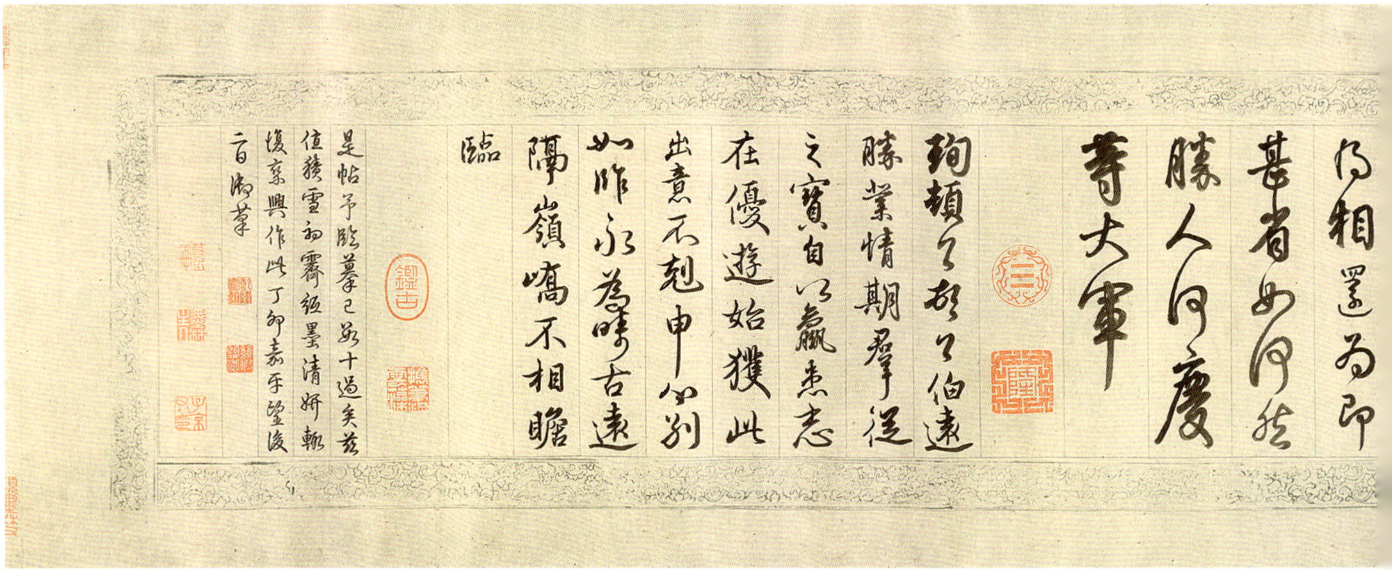

075

行书《三希文翰》卷

年代　乾隆十二年（1747）
作者　（清）弘历
质地　纸本
尺寸　纵 28.3 厘米　横 103.6 厘米
收藏单位　故宫博物院

“三希文翰”指王羲之《快雪时晴帖》、王献之《中秋帖》、王珣《伯远帖》三件晋人法书。乾隆帝平生于古人法帖最喜“三希”，将其收贮于养心殿西暖阁，称“三希堂”，心摹手追，自称曾数十次临写，此卷即其中之一。笔法沉着流畅，力追“三希”形神。书于乾隆十二年丁卯（1747），乾隆帝时年 37 岁，是其青年时期临习古法帖的用心之作。

076

行书《麦庄桥记》轴

年代　乾隆十四年（1749）
作者　（清）弘历
质地　纸本
尺寸　纵 144.7 厘米　横 62.4 厘米
收藏单位　故宫博物院

《麦庄桥记》为乾隆帝御制文，载《高宗御制文初集》卷四，书于乾隆十四年（1749），其时乾隆帝 39 岁。书法清劲俊秀，流畅多姿，既有赵孟頫书法的遒媚，又有馆阁体的饱满妍润，是乾隆帝青年时期书风趋于成熟的代表作。

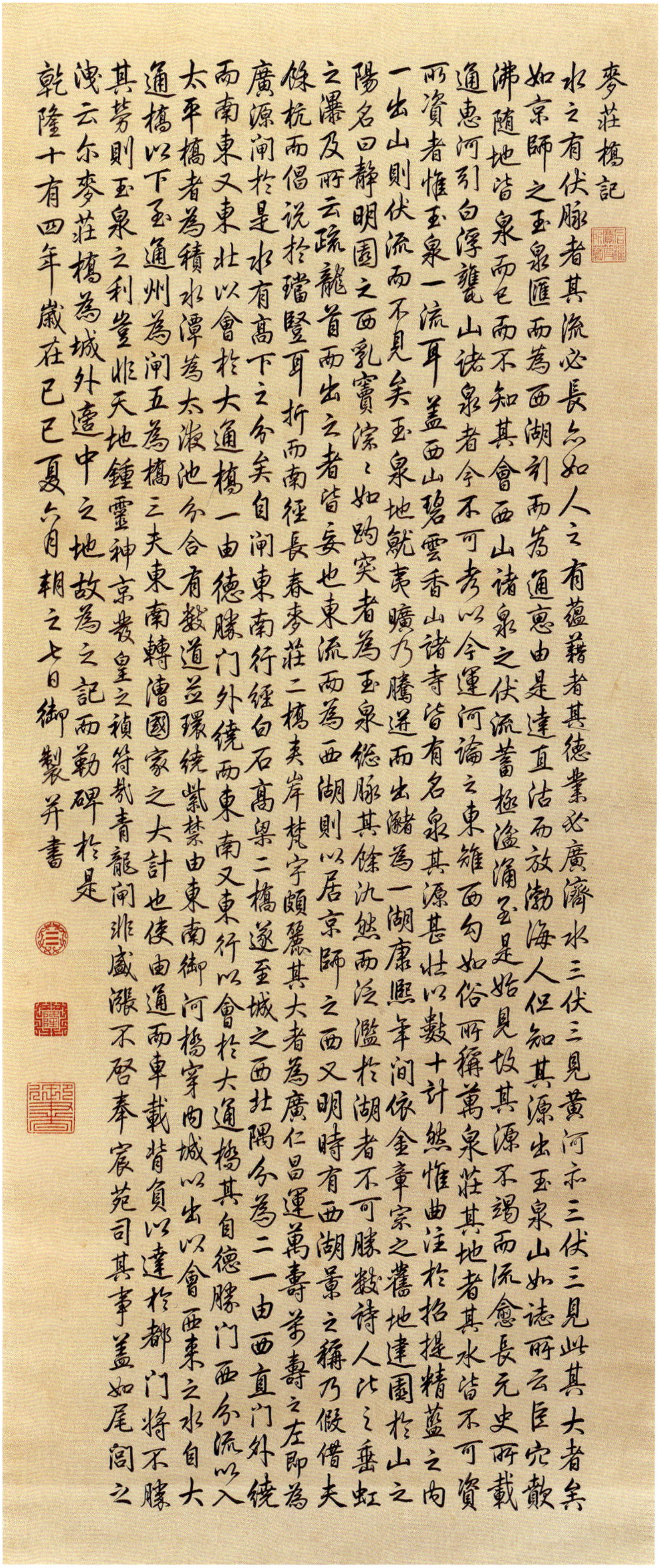

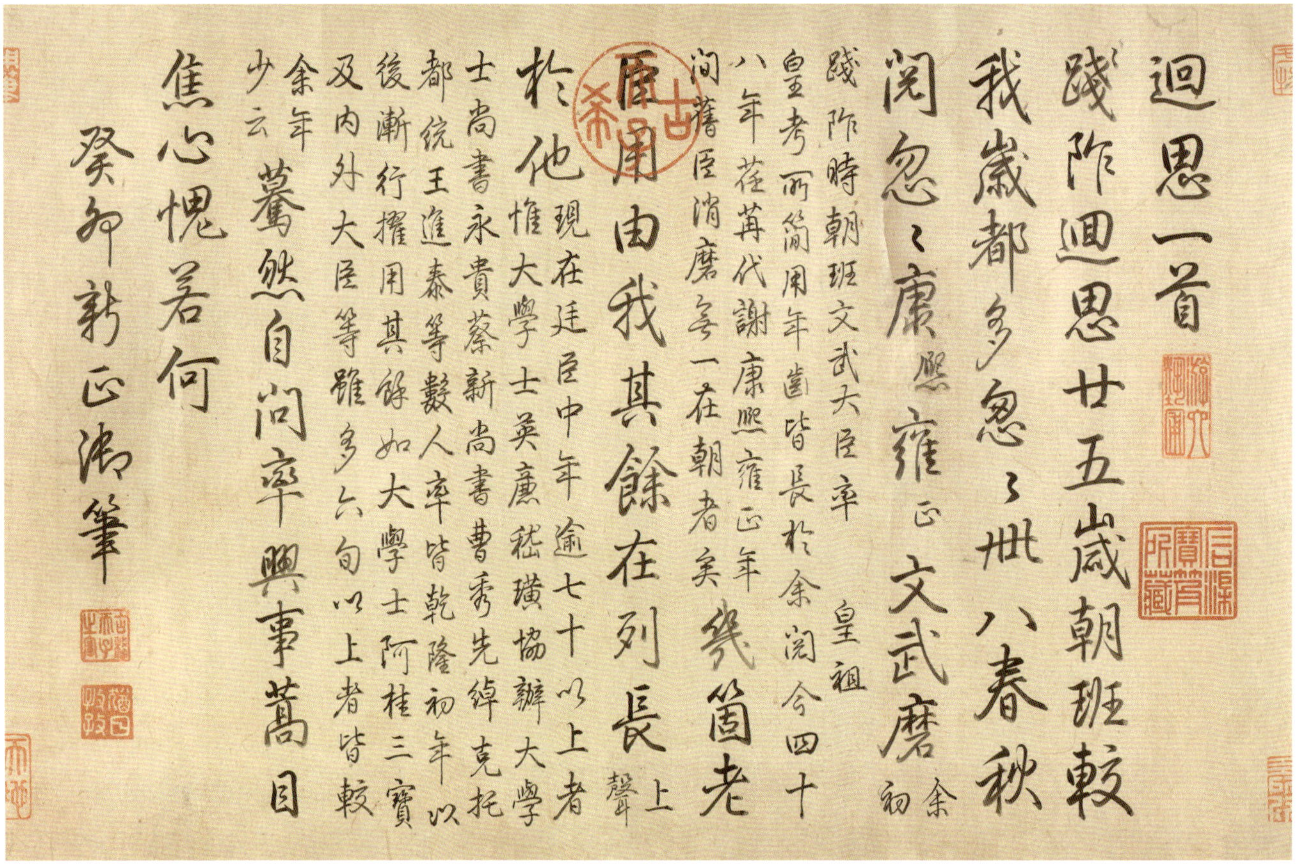

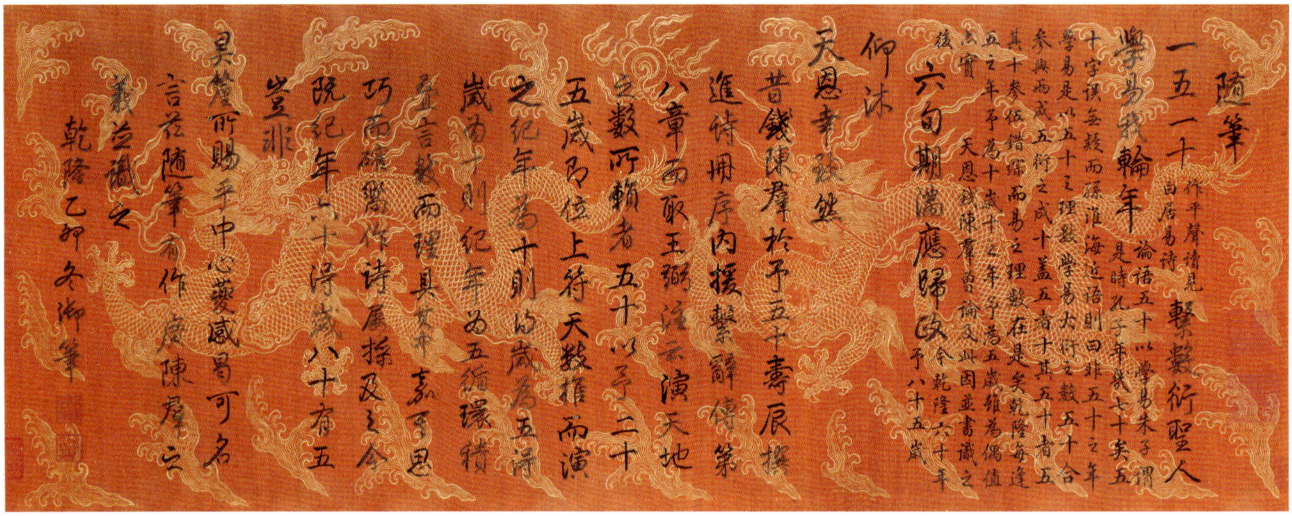

077

行书《回思一首》诗卷（局部）

年代　乾隆四十八年（1783）乾隆六十年（1795）
作者　（清）弘历
质地　纸本
尺寸　第一段纵 29.2 厘米　横 44 厘米
　　　第二段纵 29.2 厘米　横 67.5 厘米
收藏单位　故宫博物院

卷分两段，前段《回思一首》，载《高宗御制诗四集》卷九十四，书于乾隆四十八年癸卯（1783）；后段《偶阅旧诗本叠癸卯回思诗韵》，载《高宗御制诗五集》卷一百，书于乾隆六十年乙卯（1795）。两段均为晚年手笔，前后相差十二年。前者 73 岁，古稀天子笔力仍轻健爽利；后段已是 85 岁耄耋老人，书法更趋圆熟平和。此卷是研究乾隆帝晚年思想与书法风格的重要资料。

078

行书《随笔》诗卷

年代　乾隆六十年（1795）
作者　（清）弘历
质地　纸本
尺寸　纵 35.5 厘米　横 91 厘米
收藏单位　故宫博物院

《随笔》诗为乾隆帝御制诗，载《高宗御制诗五集》卷一百，书于乾隆六十年（1795），乾隆帝时年 85 岁。诗中表明了顺应天意，“六旬期满应归政”的心迹。作品笔法纯熟圆转，为乾隆帝晚年典型书风。

079

楷书《腊日游孤山访惠勤惠思二僧》诗轴

年代　嘉庆五年（1800）
作者　（清）颙琰
质地　纸本
尺寸　纵 44.5 厘米　横 11.2 厘米
收藏单位　故宫博物院

此作书苏轼诗《腊日游孤山访惠勤惠思二僧》。作品用笔方整沉着，风度精劲有法。款署“嘉庆庚申孟冬望日御笔”，即嘉庆五年（1800），嘉庆帝 41 岁，书风面貌已颇为成熟。

清仁宗嘉庆帝颙琰（1760—1820），乾隆帝第十五子，初名永琰。嘉庆帝擅诗文，书法成就上虽难与康、雍、乾三帝相较，但笔墨出规入矩，颇具个性。且勤于临池，存世御笔数量仅次于乾隆帝。

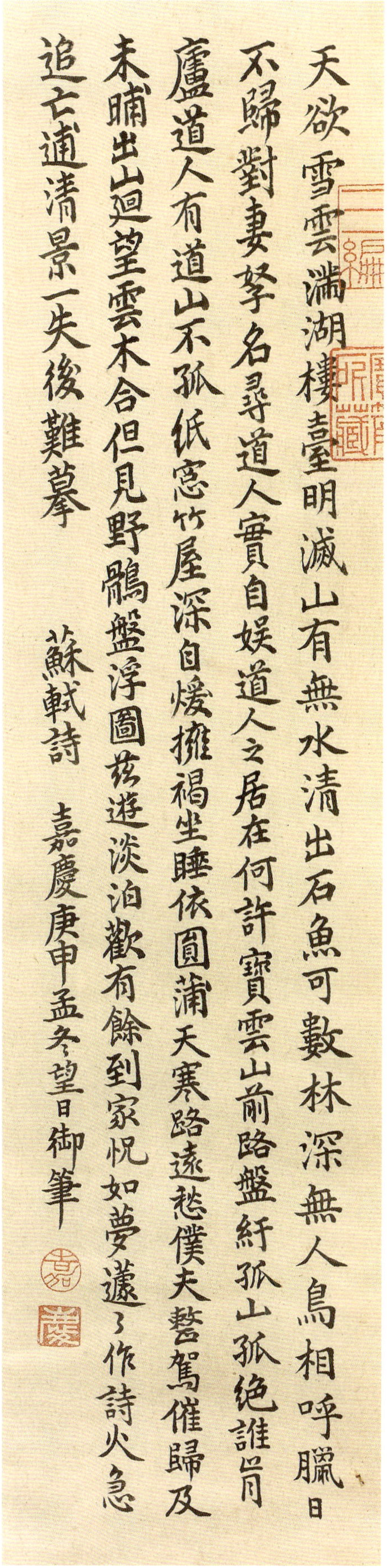

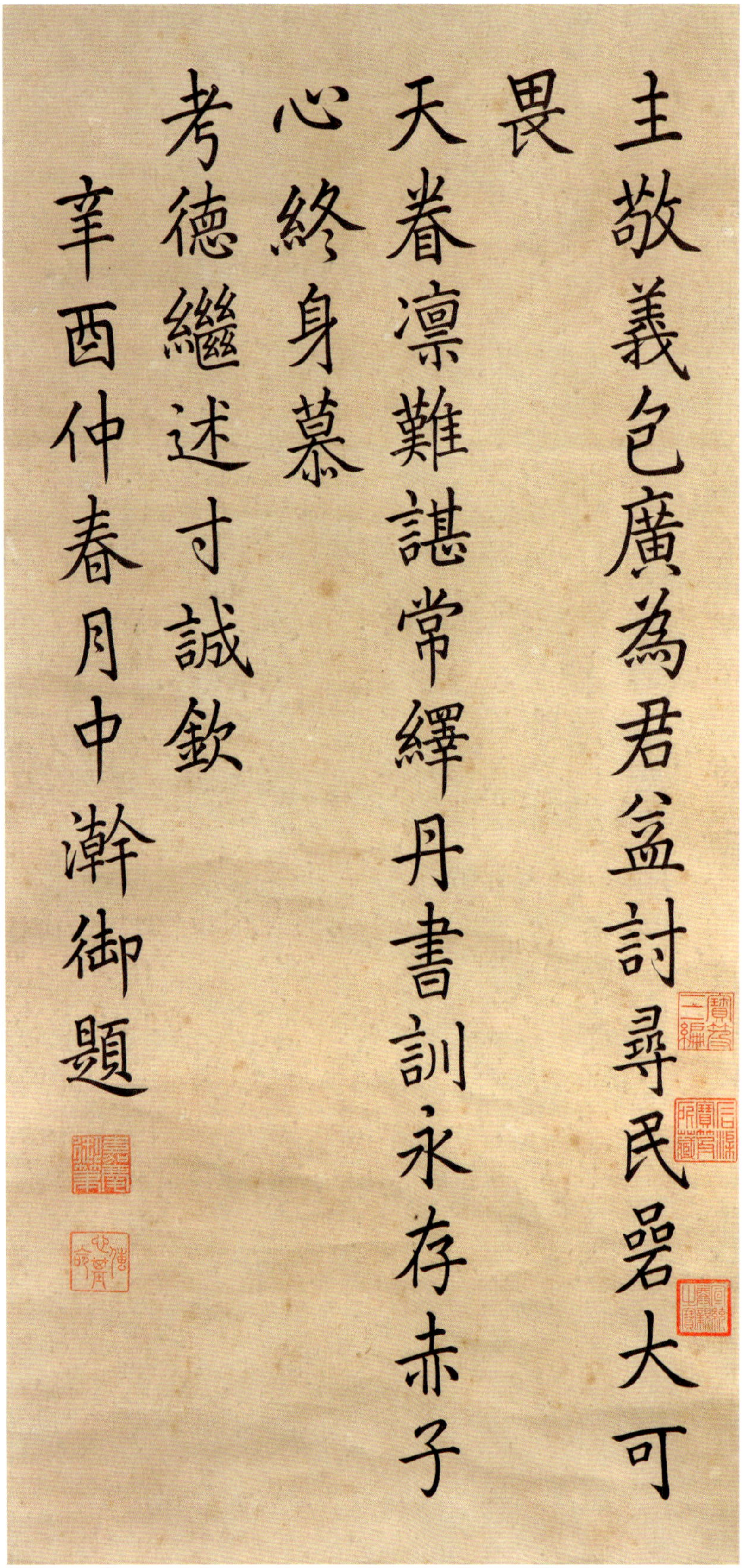

080

楷书《题敬胜斋》诗轴

年代　嘉庆六年（1801）
作者　（清）颙琰
质地　纸本
尺寸　纵 185 厘米　横 68 厘米
收藏单位　故宫博物院

《题敬胜斋》为嘉庆帝御制诗，载《仁宗御制诗初集》卷二十九，书于嘉庆六年（1801），嘉庆帝时年 42 岁。用笔沉实劲利，结体方正，师唐人楷法，具有体势严整、法度谨饬、神清骨健的特征，为嘉庆帝御笔宸翰经典之作。

081

楷书“慎静斋”匾

年代　道光元年（1821）
作者　（清）旻宁
质地　绢本
尺寸　纵 32.2 厘米　横 84.8 厘米
收藏单位　故宫博物院

慎静斋位于养心殿，是道光帝的寝宫，也是道光帝御用斋号。道光帝曾多次书写“慎静斋”匾，另有“慎静斋宝”玉玺、“慎静斋”款瓷器等道光帝御用之物传世。此“慎静斋”匾额书于道光元年（1821），道光帝即位之初，书法圆融浑厚，雄浑大气，颇有新君践祚气象。

清宣宗道光皇帝旻宁（1782—1850），初名绵宁，在位 30 年。道光帝擅书法，楷书端稳凝重，行、草二体流畅洒脱，且勤勉用功，存世墨迹数量亦称可观。

082

楷书七绝诗成扇

年代　清道光
作者　（清）奕詝
质地　纸本
尺寸　纵 28.5 厘米　横 42 厘米
收藏单位　故宫博物院

此件成扇书唐、宋、金、元、明诸家七绝诗共计八首，结字工整紧致，笔法匀净平稳。唯行气安排略显拥塞，缺少变化。款署“孙臣奕詝敬书”，是奕詝进献给孝和皇太后的作品。

清文宗咸丰帝奕詝（1831—1861），道光帝第四子，在位 11 年。咸丰帝传世书迹罕见，从现存作品看，师法唐人楷法，风格接近乃祖嘉庆帝，平正有余，稍乏韵致。

道光辛巳
慎靜齋
御筆

083

楷书《心经》册

年代 同治十年（1871）
作者 （清）载淳
质地 纸本
尺寸 纵 22.3 厘米 横 19.3 厘米
收藏单位 故宫博物院

从署款“同治辛未元旦沐手敬书并书梵文”可知，同治帝此册书于同治十年（1871）正月初一，同治帝时年 16 岁。书法结体疏朗，意态端庄谨饬。元旦为一年初始，同治帝在此日恭敬沐手书写《心经》，具有仪式感和象征意义。

清穆宗同治帝载淳（1856—1874），幼年即位，先后由李鸿藻、祁寯藻、翁心存等师傅授读。从现存墨迹来看，其书法受到帝师指导及宫中馆阁体的影响，结字与用笔中规中矩，但个性书风尚未形成。

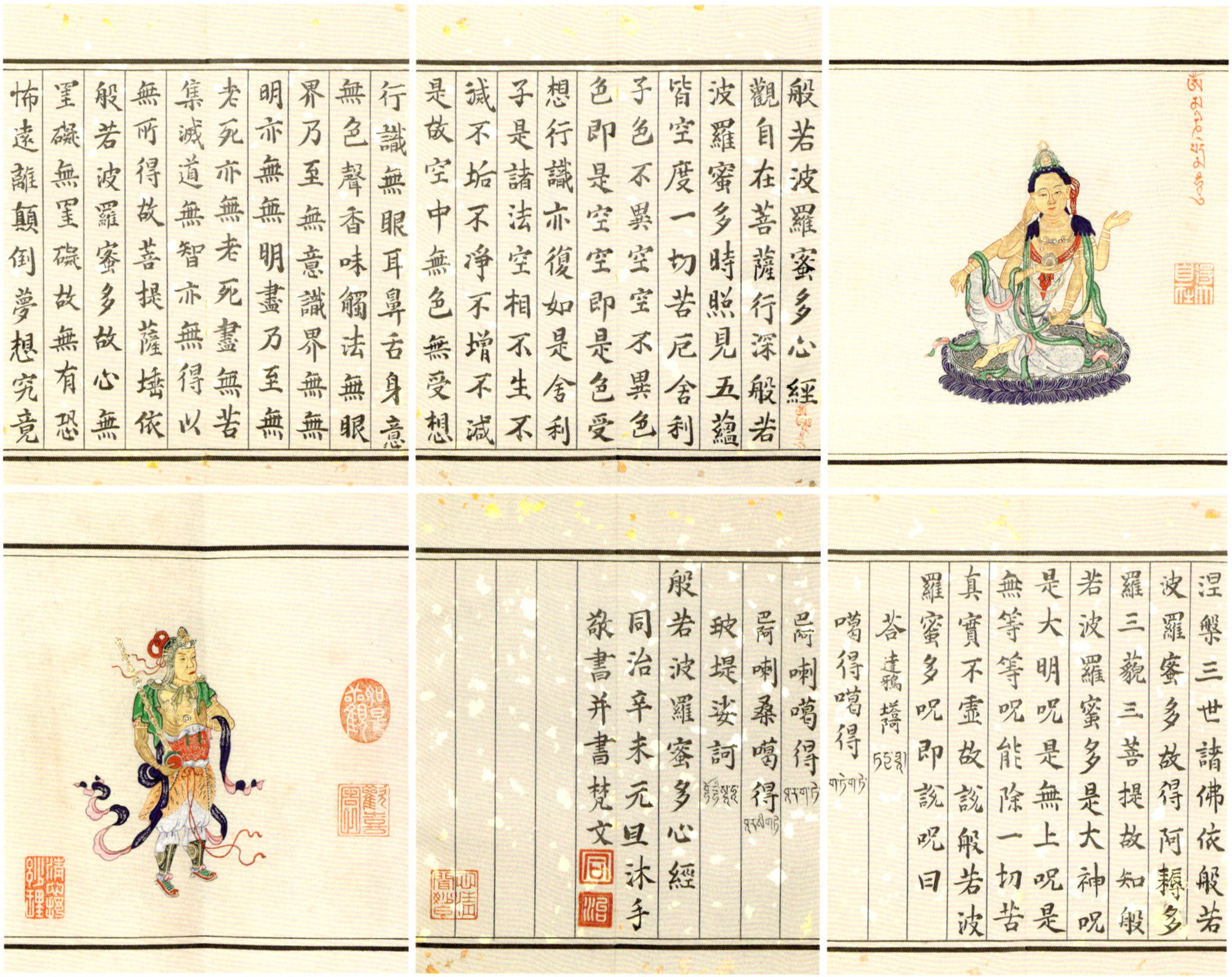

084

篆书寿字轴

年代　清光绪
作者　（清）载湉
质地　纸本
尺寸　纵 151.4 厘米　横 75 厘米
收藏单位　故宫博物院

此作以篆书书“寿”字，正上方钤“光绪御笔之宝”朱文玺。作品风格独特，以楷法入篆，破圆为方，结体紧峭挺拔。史料记载，光绪帝嗜翰墨，能书善画，擅作擘窠大字，笔力遒劲。朝臣王文韶称：“帝书法雄劲，规模柳诚悬，与篆籀文相仿佛。”

清德宗光绪帝载湉（1871—1908），4 岁登基，在位 34 年。师从翁同龢，受其熏染，书法亦浑穆劲健。

085

草书喜字轴

年代　清同光时期
作者　（清）慈禧皇太后
质地　纸本
尺寸　纵 180 厘米　横 89.5 厘米
收藏单位　故宫博物院

此作以草书书“喜”字，正上方钤“慈禧皇太后御笔之宝”朱文大玺。笔法娴熟，浑厚有力，气魄宏大。其存世单字大幅御笔作品大多与此作相类。

慈禧皇太后（1835—1908），叶赫那拉氏，同治帝生母。同治帝即位，尊为圣母皇太后，徽号“慈禧”。慈禧皇太后喜爱书画，怡情翰墨，擅作擘窠大字，常书福、禄、寿、喜等字赐内外大臣，以示恩宠。也有相关文献记载称，慈禧皇太后的书法作品多为供奉宫中的女书法家代笔。

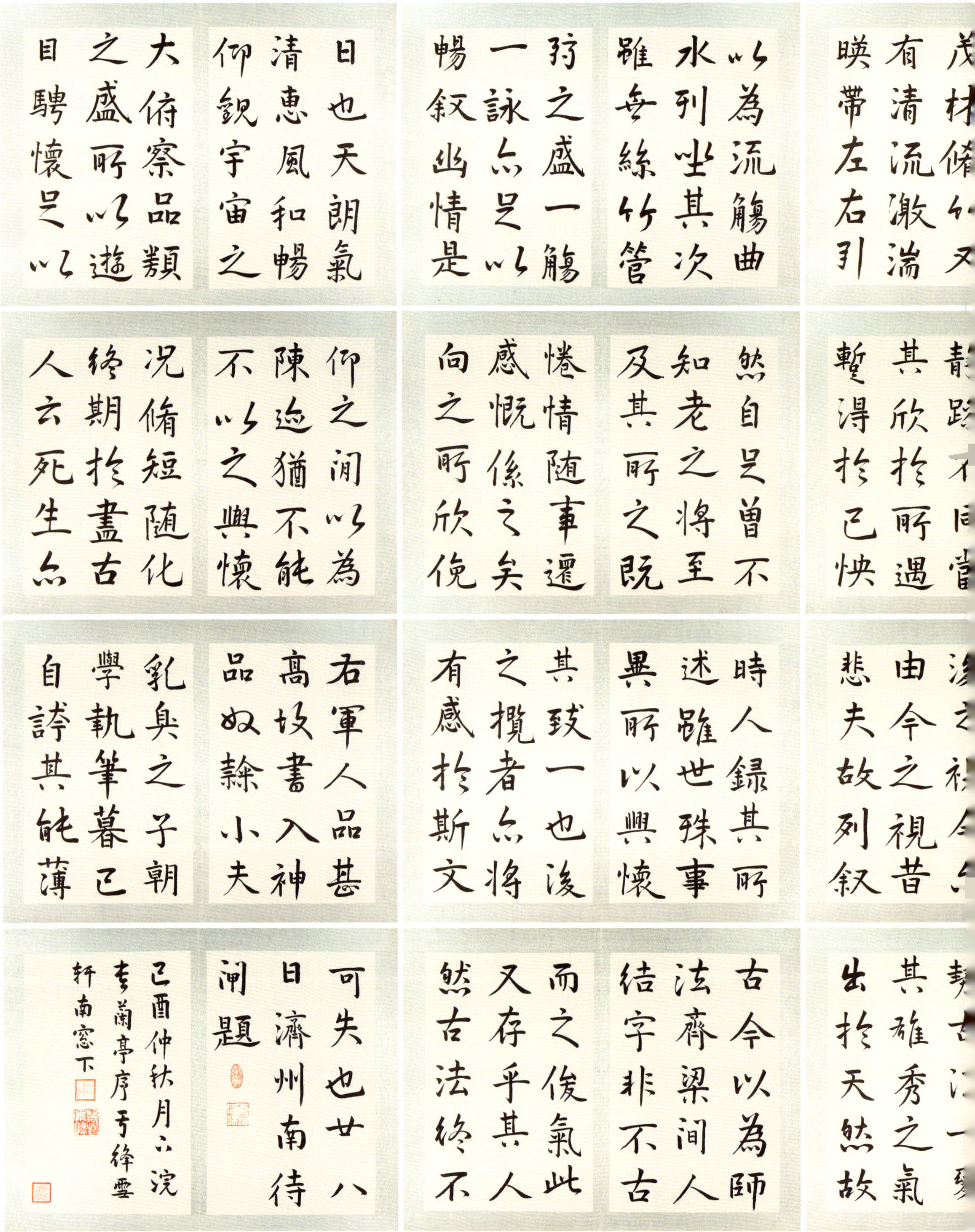
茂林脩竹又有清流激湍暎帶左右引以為流觴曲水列坐其次雖無絲竹管弦之盛一觴一詠亦足以暢敘幽情是日也天朗氣清惠風和暢仰觀宇宙之大俯察品類之盛所以遊目騁懷足以
靜躁不同當其欣於所遇暫得於己快然自足曾不知老之將至及其所之既倦情隨事遷感慨係之矣向之所欣俛仰之間以為陳迹猶不能不以之興懷況脩短隨化終期於盡古人云死生亦
後之視今亦由今之視昔悲夫故列敘時人錄其所述雖世殊事異所以興懷其致一也後之覽者亦將有感於斯文右軍人品甚高故書入神品奴隸小夫乳臭之子朝學執筆暮已自詡其能薄
勢古今一變其雄秀之氣出於天然故古今以為師法齊梁間人結字非不古而乏俊氣此又存乎其人然古法終不可失也廿八日濟州南待閘題
己酉仲秋月六浣書蘭亭序于絳雲軒南窗下

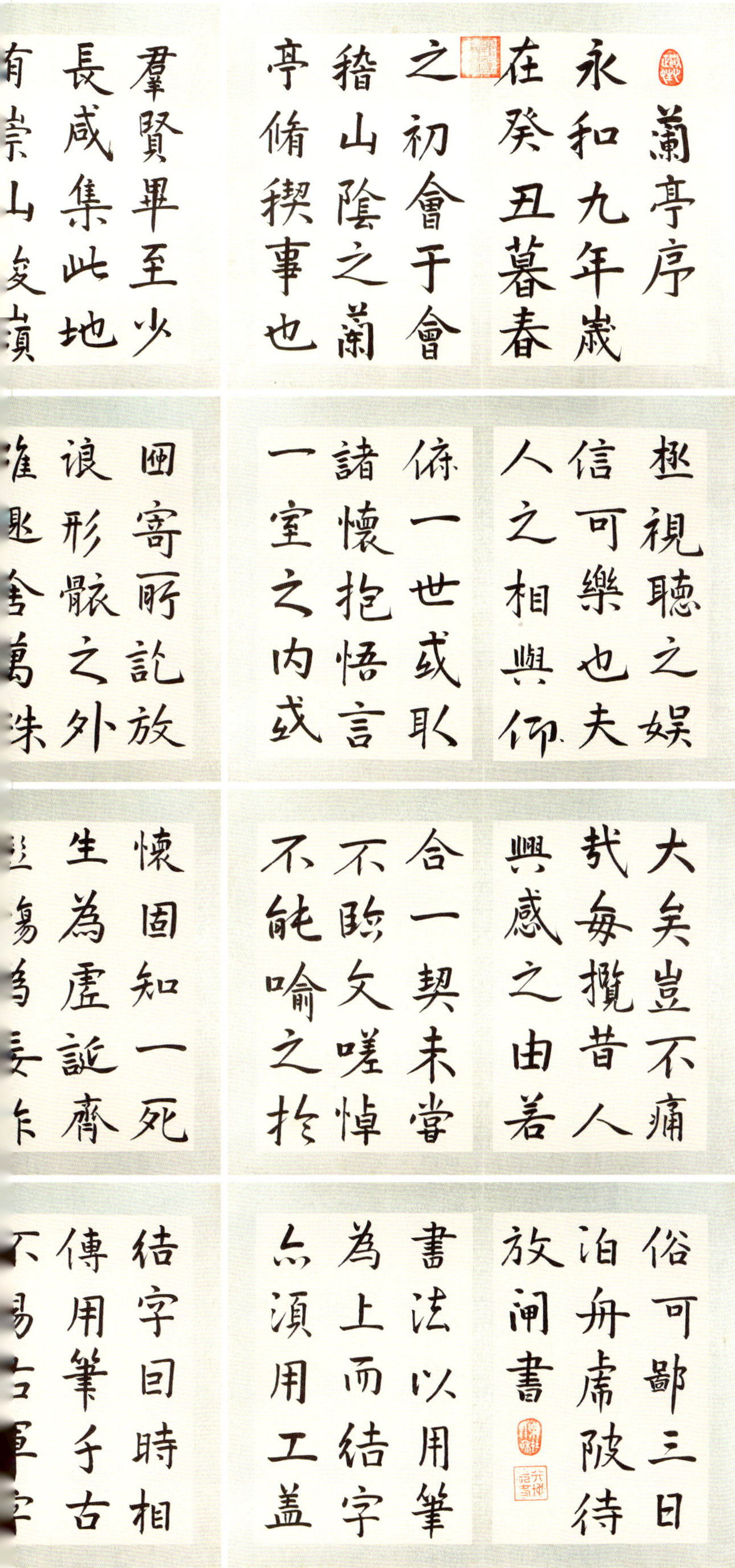

086

行楷书《兰亭序》册

年代　宣统元年（1909）
作者　（清）隆裕皇太后
质地　纸本
尺寸　纵 37.8 厘米　横 25.3 厘米
收藏单位　故宫博物院

作品书《兰亭序》全篇并摘录赵孟頫《兰亭十三跋》二则。款署“己酉仲秋月下浣书兰亭序于绛雪轩南窗下”，己酉为宣统元年（1909），隆裕皇太后 42 岁。作品用笔沉着平和，结字宽绰疏朗，确有一家风范。

隆裕皇太后（1868—1913），叶赫那拉氏，慈禧皇太后之弟桂祥之女，光绪帝皇后。宣统帝即位，尊为皇太后。隆裕皇太后擅书法，常临写古法帖，传世亦不乏用心之作。

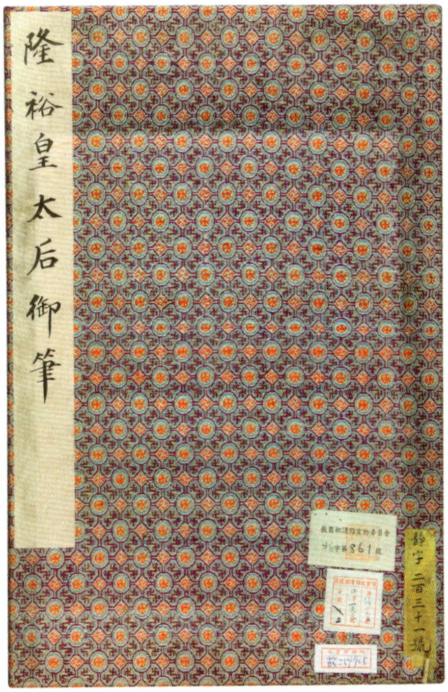

二

宗室与词臣

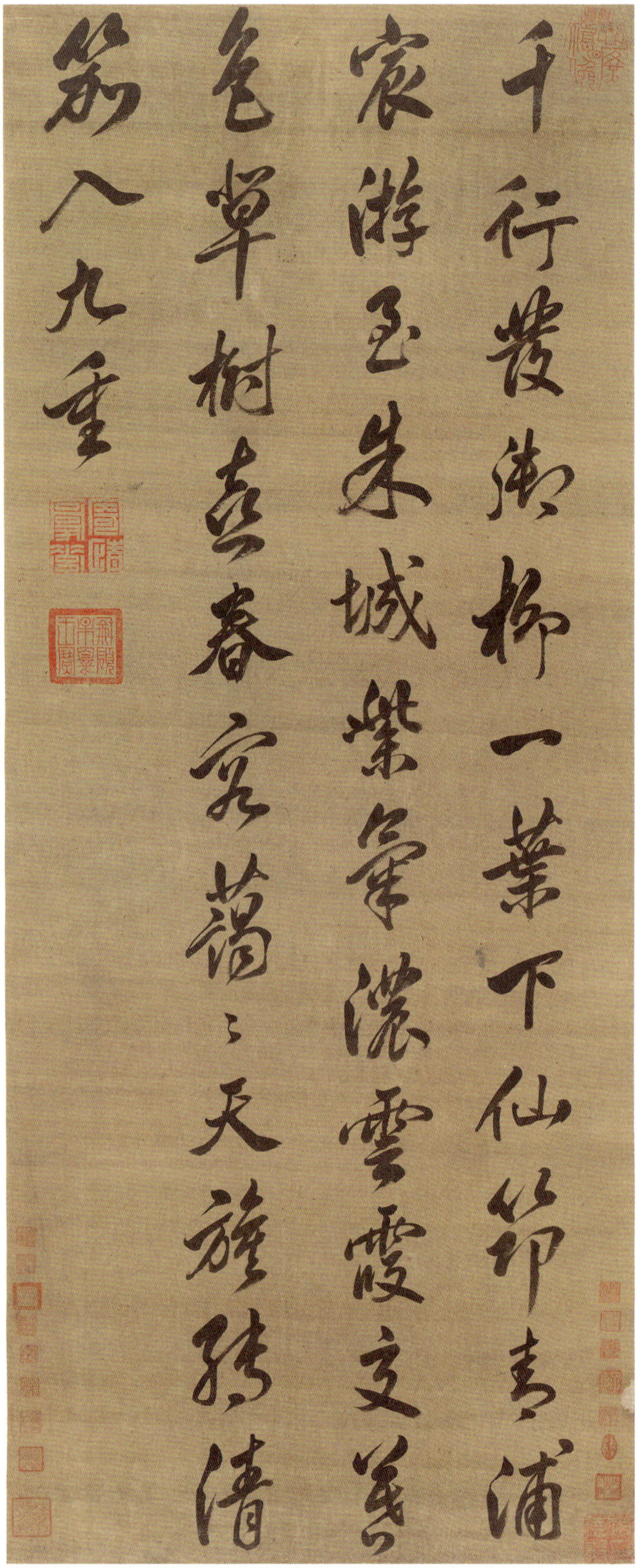

087

行书《侍宴浐水赋得浓字》诗轴

年代 清雍乾时期
作者 （清）允礼
质地 绢本
尺寸 纵 159 厘米 横 65.5 厘米
收藏单位 故宫博物院

该作书唐代诗人张说诗《侍宴浐水赋得浓字》。笔势舒展，结字紧结挺健，略呈攲侧之势，与雍正帝行书风格颇为相近。款钤“寄情豪素”、“和硕果亲王宝”二印。

允礼（1697—1738），康熙帝第十七子，雍正六年（1728）封果亲王，卒谥毅。幼从学沈德潜，熟悉经书，聪明持重。工书法，擅诗词，有《春和堂集》、《静远斋集》等。

释文：千行发御柳，一叶下仙筇。青浦宸游至，朱城紫气浓。云霞交暮色，草树喜春容。蔼蔼天旗转，清笳入九重。

088

楷书《御制续纂词林典故序》轴

年代　清嘉庆

作者　（清）永瑆

质地　纸本

尺寸　纵 186.4 厘米　横 81.8 厘米

收藏单位　故宫博物院

此作结体紧致工稳、用笔工致、风度端庄恭谨，为永瑆“臣”字款楷书代表作。《词林典故》一书编成于乾隆十三年（1748），嘉庆九年（1804）续编修纂完成，嘉庆帝作《御制续纂词林典故序》，即为此篇。

永瑆（1752—1823），字镜泉，号少庵，别号诒晋斋主人，乾隆帝第十一子，封成亲王，卒谥哲。工诗文，书法精楷、行二体，兼及篆、隶，名重当时，与刘墉、翁方纲、铁保并称“乾隆四大家”。

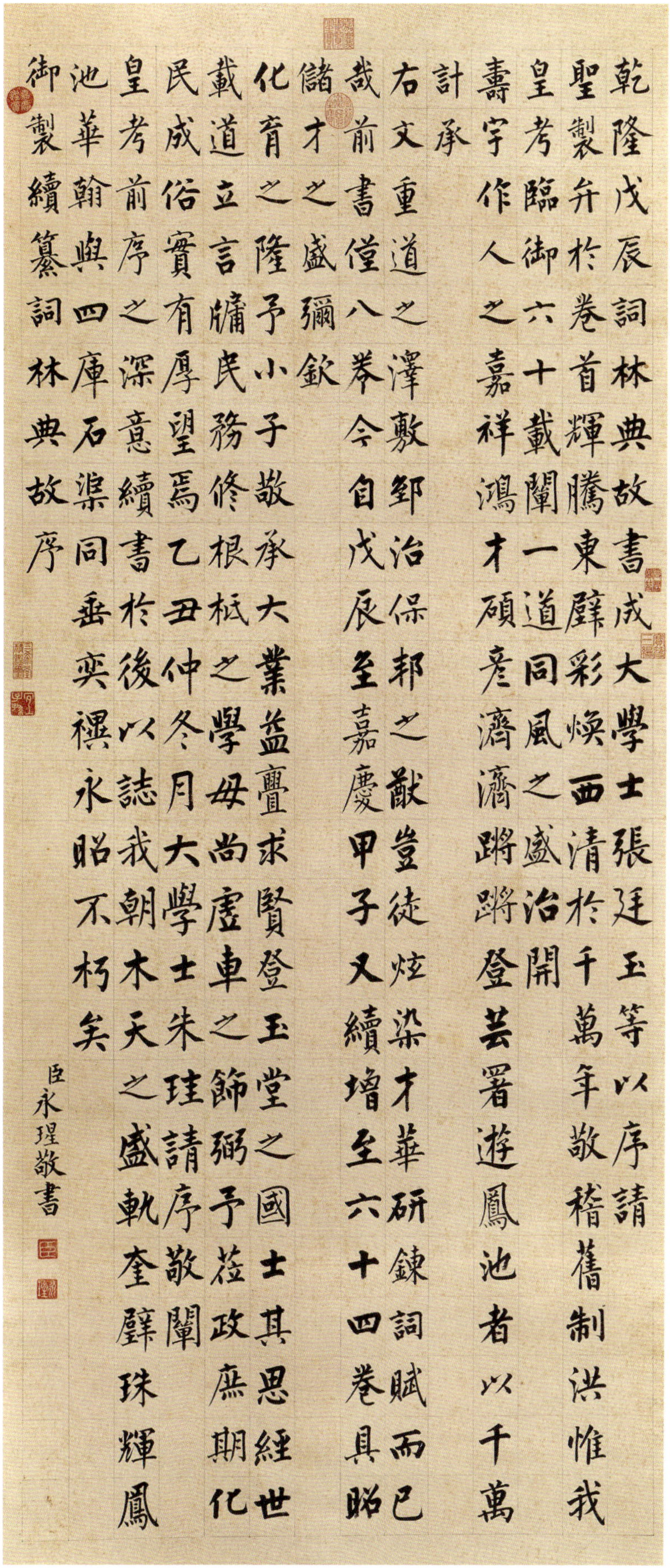

089

行楷七律诗卷（局部）

年代　清乾隆
作者　（清）永瑢
质地　纸本
尺寸　纵 27.3 厘米　横 116 厘米
收藏单位　故宫博物院

此卷为永瑢步瑶华道人弘旿《盆桂对吟四律》原韵，书自作七律四首，并《戏咏严山圭木》七律一首，呈请弘旿指正。笔法精妙秀美，结字舒展飘逸，是永瑢书法上佳之作。卷后附绵恩书《偶至大觉寺有作》五言诗一首，书法平正稳健，为馆阁体典型风格。绵恩为乾隆帝孙，永璜子。此卷体现了两代宗室贵胄优长的书法造诣。

永瑢（1743—1790），号九思主人、西园主人，乾隆帝第六子，封质亲王。曾充任《四库全书》玉牒馆总裁。长于诗文，有《九思堂集》。擅画山水、花木，工书法。

090

楷书《御制诗》册（局部）

年代　清嘉庆
作者　（清）永璇
质地　纸本
尺寸　纵 10.6 厘米　横 28 厘米
收藏单位　故宫博物院

此册共八开，书嘉庆帝御制诗《至避暑山庄作》、《继德堂》、《水心榭》、《临芳墅晚坐》、《登烟雨楼即景》、《山堂晴眺》、《万树园试马》等，共七首，载《仁宗御制诗二集》卷三十九。书法工稳端庄，用笔婉转匀净，为典型馆阁体面目。

永璇（1746—1832），乾隆帝第八子，封仪郡王，嘉庆四年（1799）进封亲王，卒谥慎，享年 87 岁，是清朝最长寿的皇子。

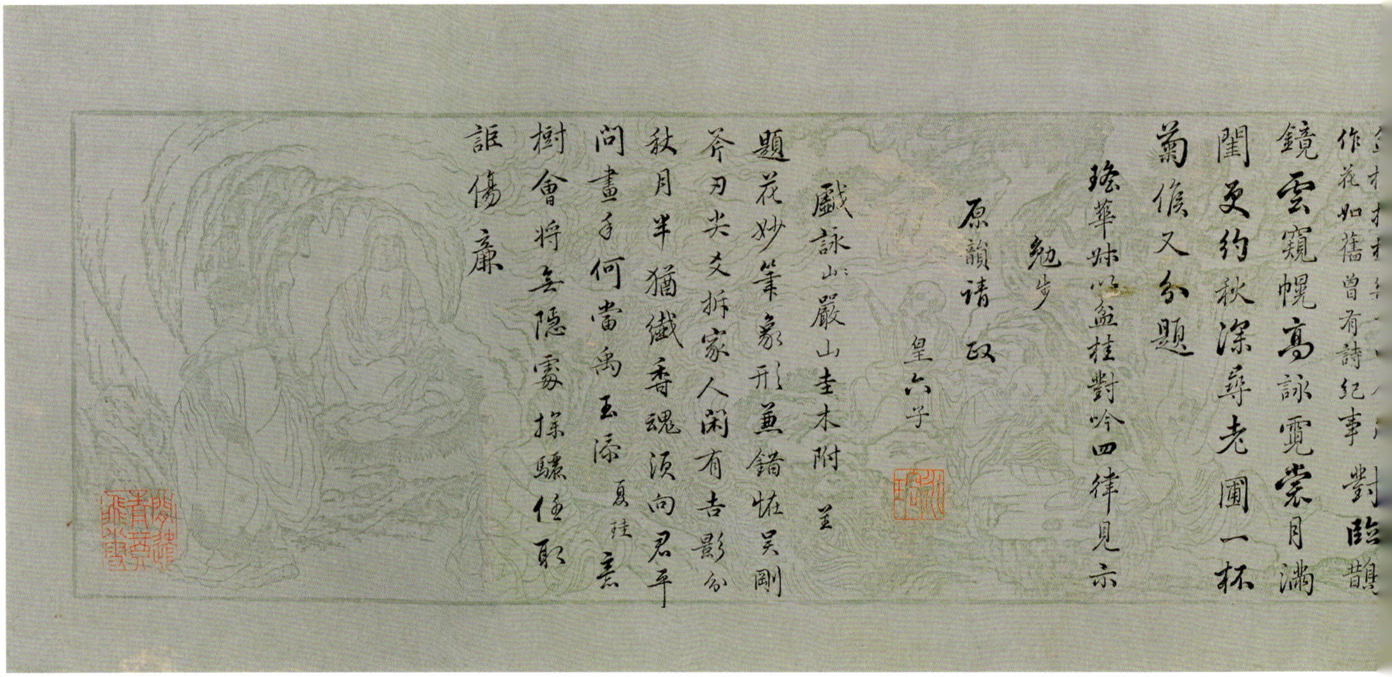

御製詩
至避暑山莊
作
山莊福地萬春
延清夏承
恩憶昔年念切
綏懷舊章守化
成中外
考慈宣上蘭諏
吉行秋獮玉塞
授時稔大田灝
景澄鮮暑全滌

水心榭
虛榭界波心內
外湖分兩秋潭
印塞空清暉涵
漭流峯影滴翠
螺鏡光互摩盪
林表彩霞明天
末飛鴻響省歛
望西成山田沐
豐穰佳境漫悅
心物外契真賞
臨芳墅晚坐

秋花錦石置紛紜秋信蒼
茫報鴈聲留向山中栢舊
隱飄來雲外播清芬珍名
采冠桐君籙直餘修成郢
氏斤束縛不辭盆盎示絕
勝攀折語空聞
蹤々密々萬星攢涼露非霜
也染丹金界布成無住相
玉樓高處不勝寒霏㵝灝
氣侵眉宇領略清光入肺
肝榭紫薑紅殊臭味秋行
正色獨留看
斷取樛枝別故林冬榮端
合伴冬心溫磨爐爐風初
定寐應簾波月有陰首還
獨全香味色指彈頓悟去
來々年々載自南船至蹤
迹淮山尚可尋
判年芳訊未全迷青李函
封異會稽居不不留雪

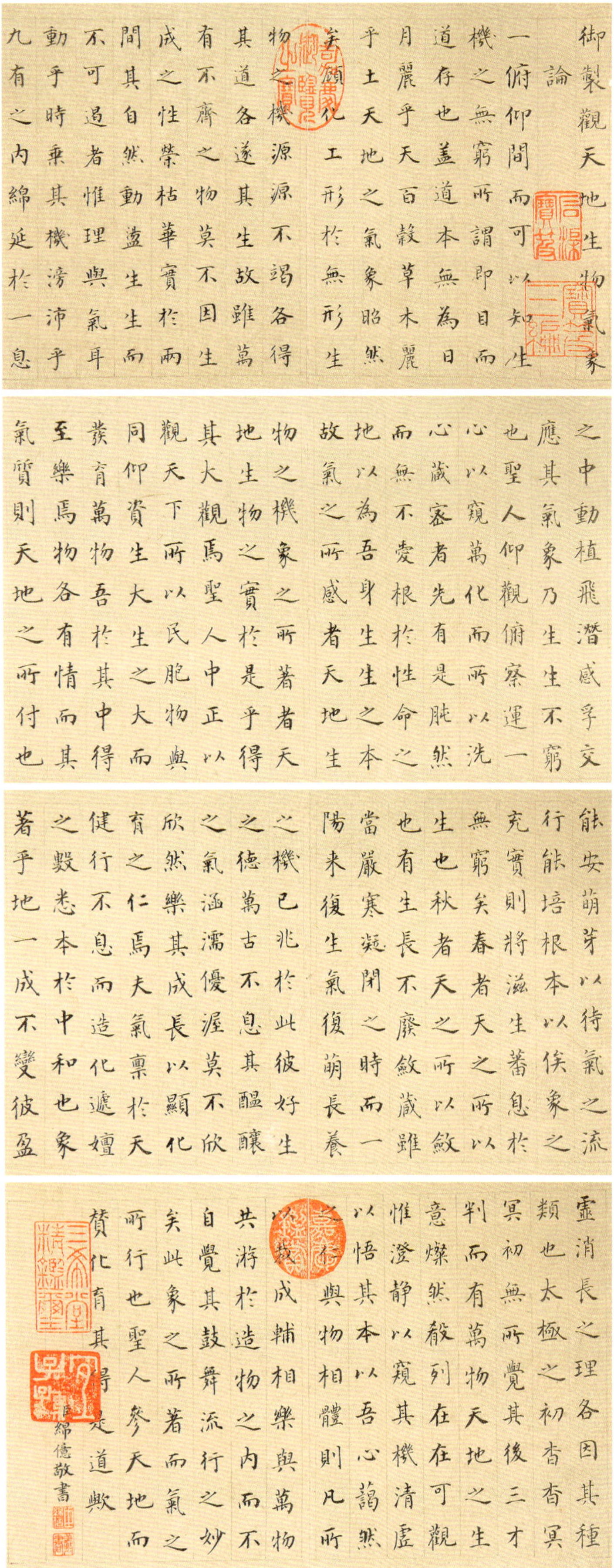

091

楷书《御制观天地生物气象论》册

年代 清嘉庆

作者 （清）绵亿

质地 纸本

尺寸 纵 15.4 厘米 横 25.2 厘米

收藏单位 故宫博物院

此册共 4 开，书嘉庆帝御制文，载仁宗《味余书室全集》卷三十八。书法结字疏朗，笔致秀逸典雅，师法董其昌，又融入颜字风规。作为绵亿代表作，由《石渠宝笈》三编著录。

绵亿（1764—1815），乾隆帝第五子荣纯亲王永琪之子，封贝勒，嘉庆四年（1799）袭荣郡王，卒谥恪。绵亿聪敏，熟经史，少时为嘉庆帝伴读。工书法，精谨有法度。

092

行书《浪淘沙》词轴

年代　清康熙
作者　（清）沈荃
质地　绫本
尺寸　纵 178.2 厘米　横 44.3 厘米
收藏单位　故宫博物院

作品书南宋词人周密《浪淘沙》词。用笔流畅，章法疏爽，得董其昌书法神韵，结字体势略参米芾风格，具清雅劲爽之美。

沈荃（1624—1684），字贞蕤，号绎堂，别号充斋，华亭（今上海松江）人。顺治九年（1652）探花。工书法，宗法米芾、董其昌，深得康熙帝赏识，尝召至内廷论书。

释文：芳草碧茸茸，染恨无穷，一春心事雨声中。窄素宫罗寒尚峭，闲倚薰笼。犹记粉阑东。仝醉香丛。金鞍何处骤花骢。袅袅绿窗残梦断，红杏东风。弁阳啸翁填词，雅矜独步，其《草窗》一集，足令姜史让席。此阕调浪淘沙，更见（此字点去）多幽致。充斋沈荃。

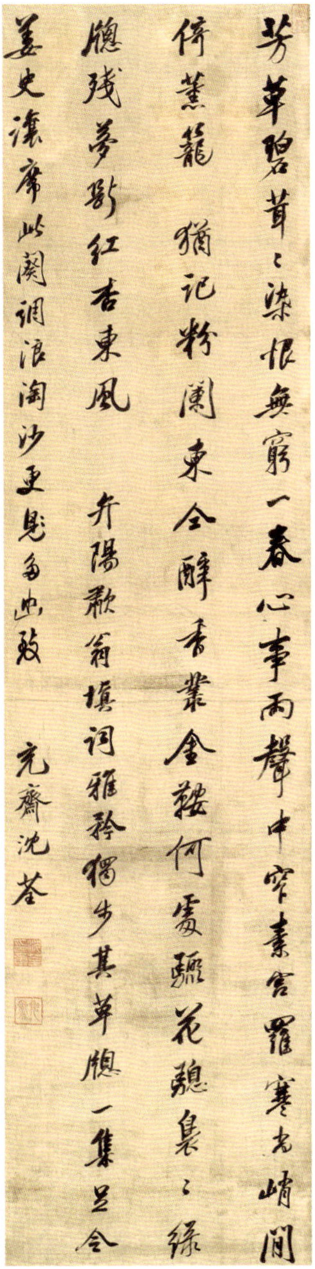

093

行书自书诗轴

年代　乾隆十九年（1754）
作者　（清）沈德潜
质地　纸本
尺寸　纵 99.5 厘米　横 38.2 厘米
收藏单位　故宫博物院

此轴录自作七言律一首，奉寄友人子兼，表达对友人的称赏与怀想之情。书于乾隆十九年（1754）孟春，沈德潜时年 82 岁。笔画婉转圆柔，风度端庄朴实，所谓平淡静穆，人书俱老。

沈德潜（1673—1769），字确士，号归愚。乾隆进士。学识渊博，为帝赏识，命值尚书房。年老告归，乾隆帝赐诗怀旧，与钱陈群并称"江浙二老"，为"五词臣"之一。卒赠太子太师，谥文悫。著有《五朝诗别裁》、《古诗源》、《归愚诗文钞》等。

释文：生平道脉宗徽国（先生正学一宗朱子），出守宜来古歙州。癞旱频仍勤补救，哀鸿安宅免迁流。清同婺水江中汇，高并天都云外求。千里相逢旋相别，采萧何止咏三秋（辛未岁，潜游黄山，晤先生于官斋，今别去四载矣）。甲戌孟春，小诗奉寄子兼老公祖老先生并祈教正。邻治侍生沈德潜。时年八十有二。

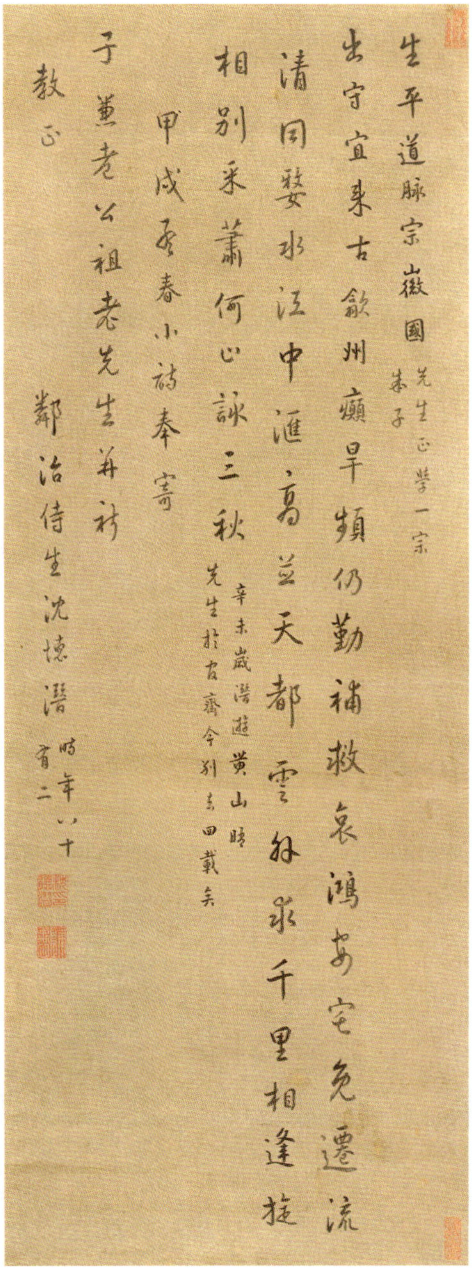

094

行书《癸巳春帖子词》卷

年代　乾隆三十八年（1773）
作者　（清）钱陈群
质地　纸本
尺寸　纵 17.2 厘米　横 107.6 厘米
收藏单位　故宫博物院

帖子词，一作贴子词，是古代臣子于节日敬献给皇宫的诗，大多为五言、七言绝句。清宫节庆日，除词臣进呈帖子词外，皇帝本人也亲自撰写帖子词，词臣纷纷录呈、唱和，以润饰升平。此卷即钱陈群于乾隆三十八年（1773）进献给乾隆帝的帖子词三首。这一年钱陈群已 88 岁，点画仍劲健浑厚。诗后有自识一则，表达颂圣祝祷之情。

钱陈群（1686—1774），字主敬，号香树，嘉兴人。康熙进士。雍正、乾隆时久值南书房，充经筵讲官，"五词臣"之一，被乾隆帝赞为"齿爵学问足为搢绅领袖者"。卒谥文端。著《香树斋集》。

释文：癸巳春帖子词

元日开丰象（元日得卯，为十分丰稔之占），韶华应摄提（寅为摄提格，立春恰逢寅日，正协孟陬之吉）。昌明千载会，仁寿八方跻。巡河畿甸奏宣防，疏瀹功成圣泽长。翔凤亲扶金母驾，遥瞻瀛鄗有祥光。敷文自治昭阳序，保泰弥殷已盛时。帝治长如春日丽，闰年春日更迟迟。

臣于昨岁冬祝釐入觐，礼成后陛辞出都。积十年而仰近天颜，才浃月而即违禁御。涂次将届元辰，恰迎令节，曾恭进帖子，少申依恋微忱。自返里门，更周年籥。际始和之布令，欣已盛之纪年。春较迟而愈长，岁逢闰而自稔。我皇上对时茂育，爱日舒长。巡玉甸而恩浃省耕，奉金根而欢胪掖辇。臣望云瞻候，倍切心驰。仿故事于欧苏，呈好音于殿阁。喜报檐前之雀，香传岭上之梅。敬缀春词，仰祈乙览，可胜抃跃之至。臣钱陈群敬书并识。时年八十有八。

095

行书《访颜鲁公八关碑近作》轴

年代　清康熙
作者　（清）汪士鋐
质地　纸本
尺寸　纵 134.5 厘米　横 44 厘米
收藏单位　故宫博物院

此轴书五律一首，点画瘦劲挺拔，分行布置疏朗有致，充分展示汪士鋐书法的爽健风格。《八关碑》全称《八关斋会报德记》，刻于唐大历七年（772），颜真卿撰并书，字体于方正遒劲中别具姿态，为颜氏晚年代表作，备受世人推崇。

汪士鋐（1658—1723），字文升，号退谷，又号秋泉，长洲（今江苏苏州）人。康熙进士，授翰林院修撰，入值南书房。工书法，师褚遂良、颜真卿、赵孟頫诸家，晚年尚慕篆隶，以"书绝瘦硬"、"老劲"而著称于时。与姜宸英齐名，人称"姜汪"。又与笪重光、姜宸英、何焯并称为"康熙四家"。

释文：为访唐贤迹，吟鞭共出郊。碑穹云暗护，石压土微坳。面面关青嶂，纷纷走翠蛟。八关名自古，学佛不须嘲。访颜鲁公八关碑近作。汪士鋐。

096

行书《张膳郎席上》诗轴

年代　清康熙
作者　（清）何焯
质地　纸本
尺寸　纵 117.8 厘米　横 60.3 厘米
收藏单位　故宫博物院

此作节录明代蔡羽诗《张膳郎席上》。书法笔力劲健，布局舒阔明朗，有学者风致。

何焯（1661—1722），字屺瞻，号茶仙，学者称义门先生，长洲（今江苏苏州）人。康熙四十一年（1702）入值南书房。博学，通经史百家，富藏书，长于雠校。工书法，书名极盛，与姜宸英、笪重光、汪士鋐并称"康熙四家"。学者传录其说为《义门读书记》。

释文：官舍回深巷，频来识苑墙。缓吟春草秀，静语晚卮香。沙柳初藏鹊，溪云复满堂。似东发尊兄。何焯。

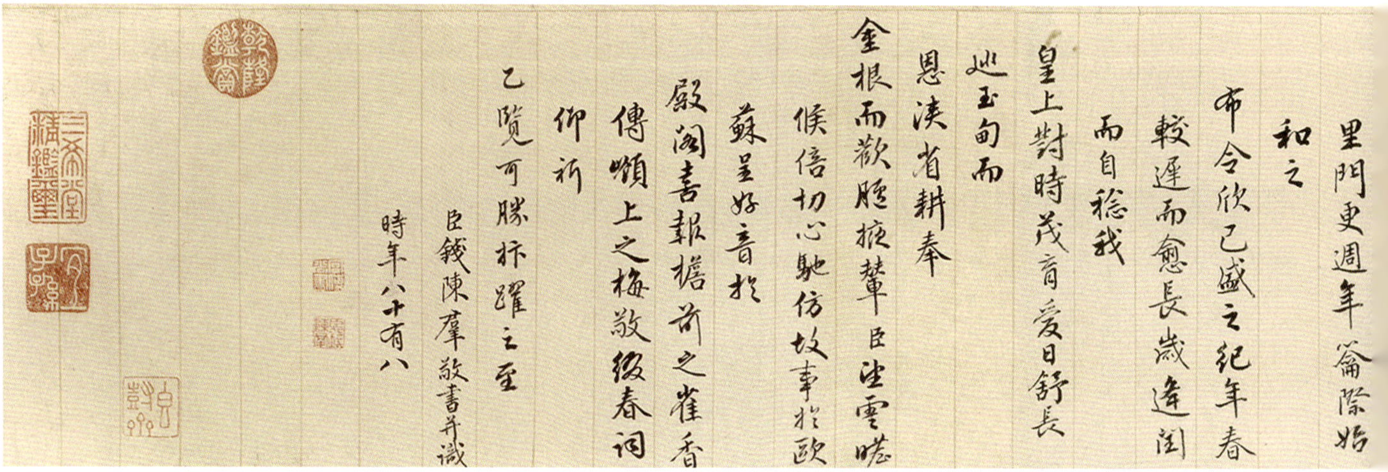

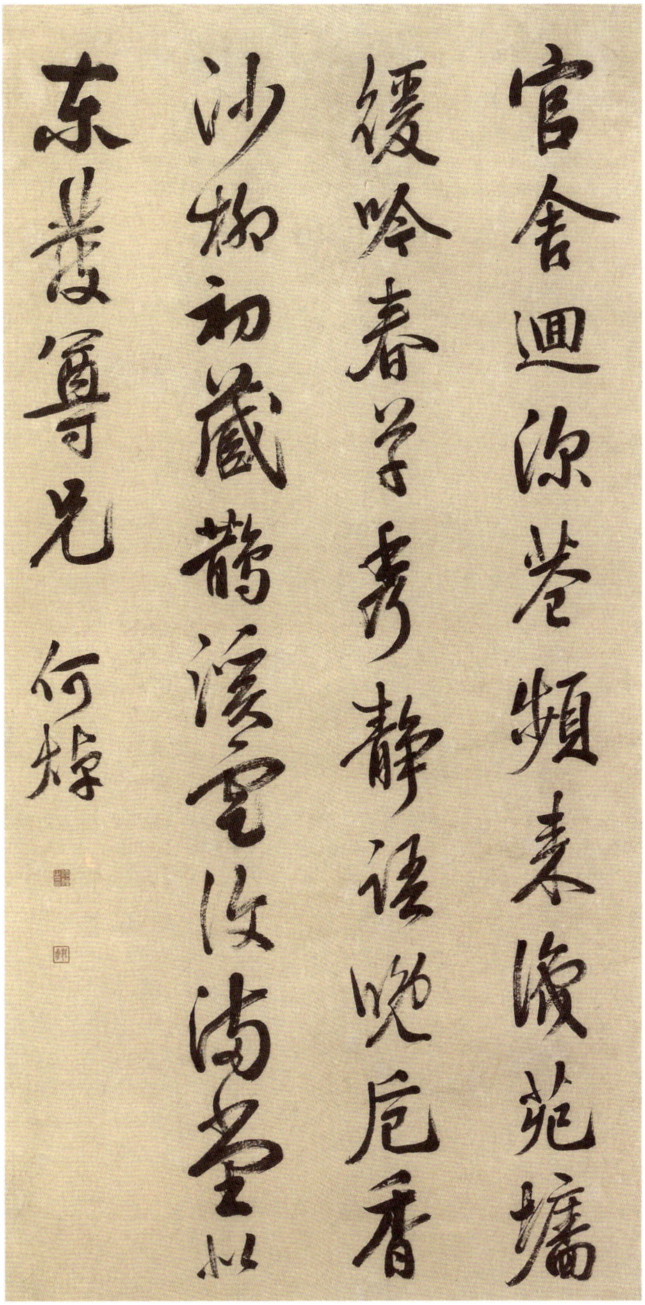

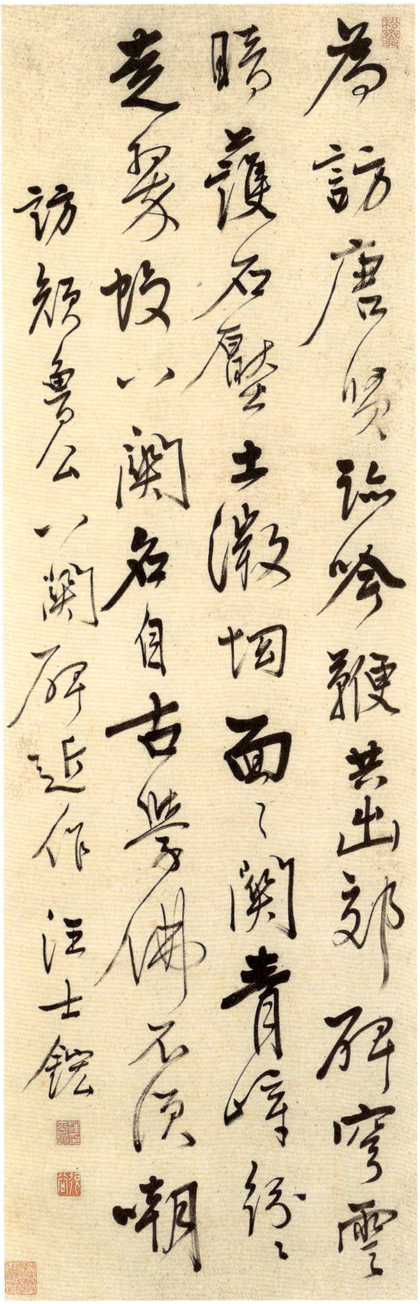

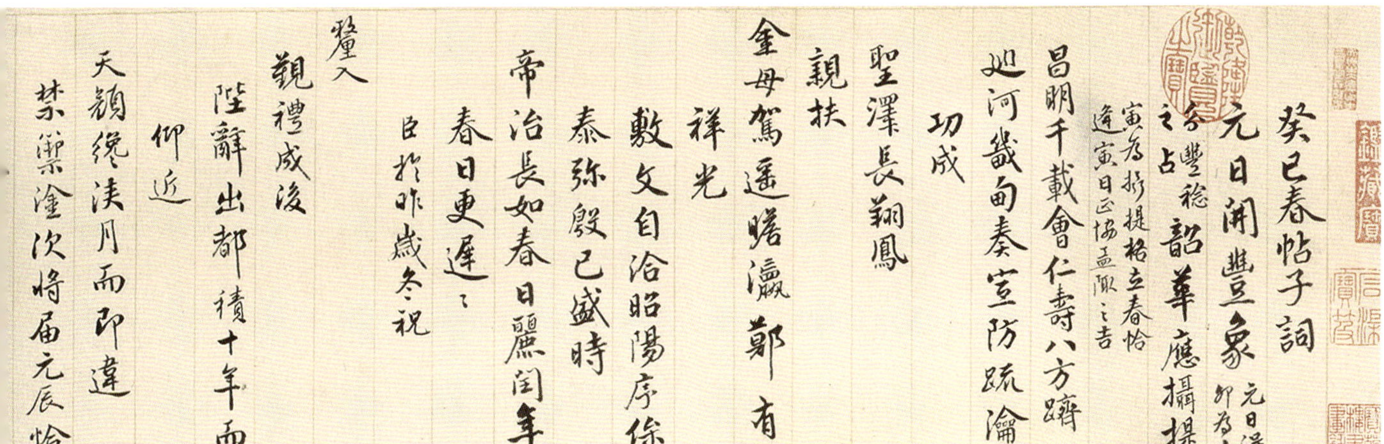

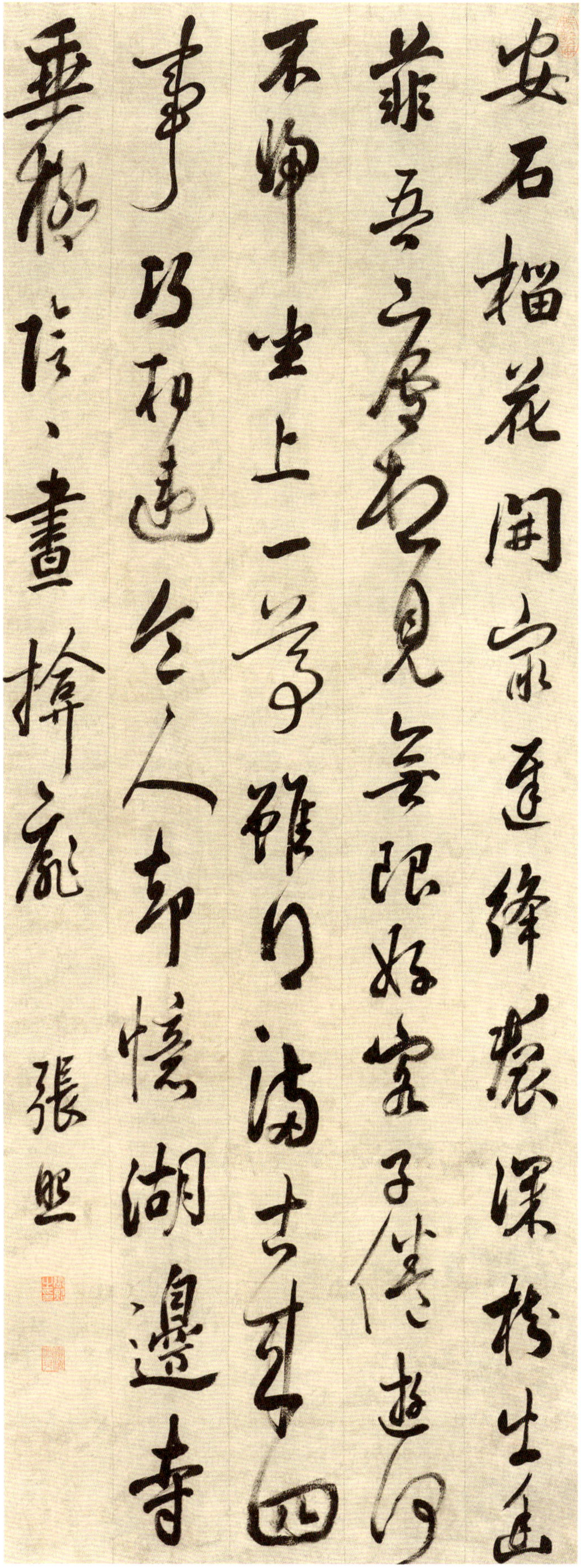
張照

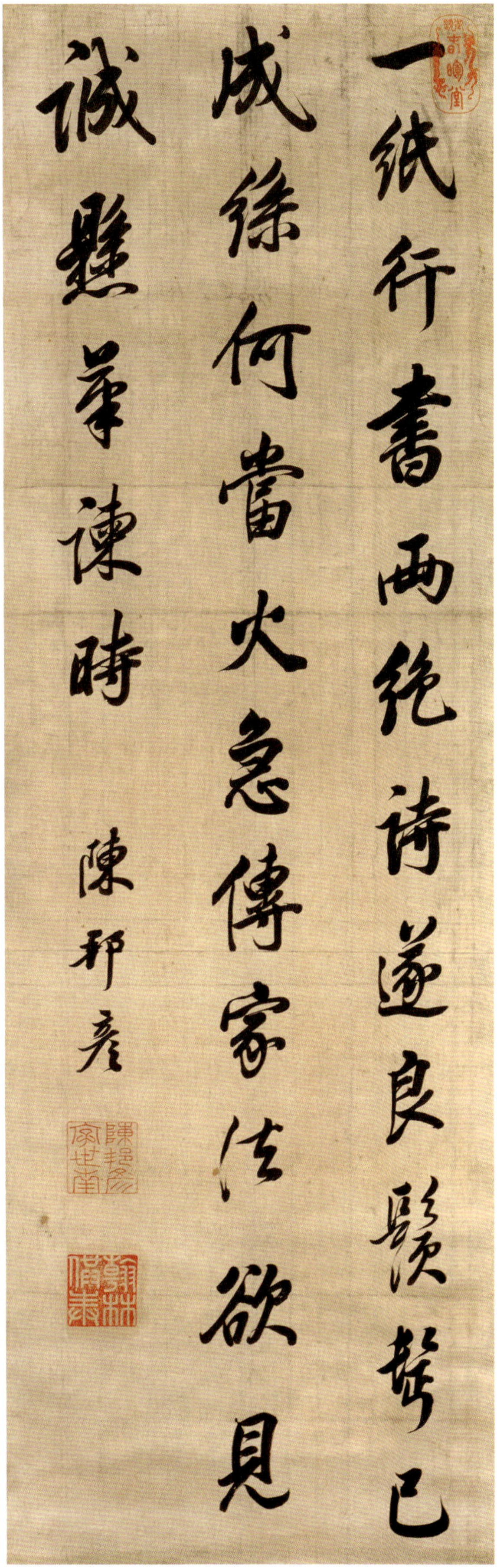
一紙行書兩絕詩遂良鬚髮已
成絲何當火急傳家法欲見
誠懸筆諫時
陳邦彥

097

行书《柳氏二外甥求笔迹》诗轴

年代　清康雍乾时期
作者　（清）陈邦彦
质地　绫本
尺寸　纵 145.7 厘米　横 47.6 厘米
收藏单位　故宫博物院

陈邦彦书法以董其昌为宗，又得颜鲁公沉着之笔，融端凝与疏秀于一体。此作为陈邦彦书法佳作。

陈邦彦（1678—1752），字世南，号春晖、匏庐，浙江海宁人。康熙四十二年（1703）进士，官礼部侍郎。擅书法，深受康熙帝赏识。

释文：一纸行书两绝诗，遂良须鬓已成丝。何当火急传家法，欲见诚悬笔谏时。陈邦彦。

098

行书《首夏官舍即事》诗轴

年代　清康雍乾时期
作者　（清）张照
质地　纸本
尺寸　纵 143.7 厘米　横 54.8 厘米
收藏单位　故宫博物院

作品书宋苏轼诗《和子由四首》之三《首夏官舍即事》。书法融董字的秀逸、颜字的朴厚及米字的欹侧于一体，雍容俊健，自具家风。

张照（1691—1745），字得天，号泾南、天瓶居士，华亭（今上海松江）人。康熙四十八年（1709）进士，仕康、雍、乾三朝。敏于学，富文藻，为“乾隆五词臣”之一，尤工书，初学董其昌，中年出入颜、米，以擅书著称。乾隆帝称其“书法精工，为海内所共推”。刻有《天瓶斋帖》。

释文：安石榴花开最迟，绛裙深树出幽菲。吾庐想见无限好，客子倦游何不归。坐上一尊虽得满，古来四事巧相违。令人却忆湖边寺，垂柳阴阴昼掩扉。张照。

099

楷书《苏轼春帖子词》轴

年代　清雍乾时期
作者　（清）汪由敦
质地　纸本
尺寸　纵 115.5 厘米　横 59.7 厘米
收藏单位　故宫博物院

该作点画工整，用笔光洁平直，字形大小整齐，表现出馆阁体书法的诸多特征。装裱形式也具有宫廷风尚，是汪由敦署“臣”字款的应制之作。

汪由敦（1692—1758），字师苕，号谨堂，安徽休宁人。雍正二年（1724）进士，值上书房，授侍读学士，累迁工部、刑部、吏部尚书，协办大学士，“乾隆五词臣”之一。擅书法，师法晋唐。卒后，乾隆帝命集其书为《时晴斋帖》十卷，并勒石内廷。

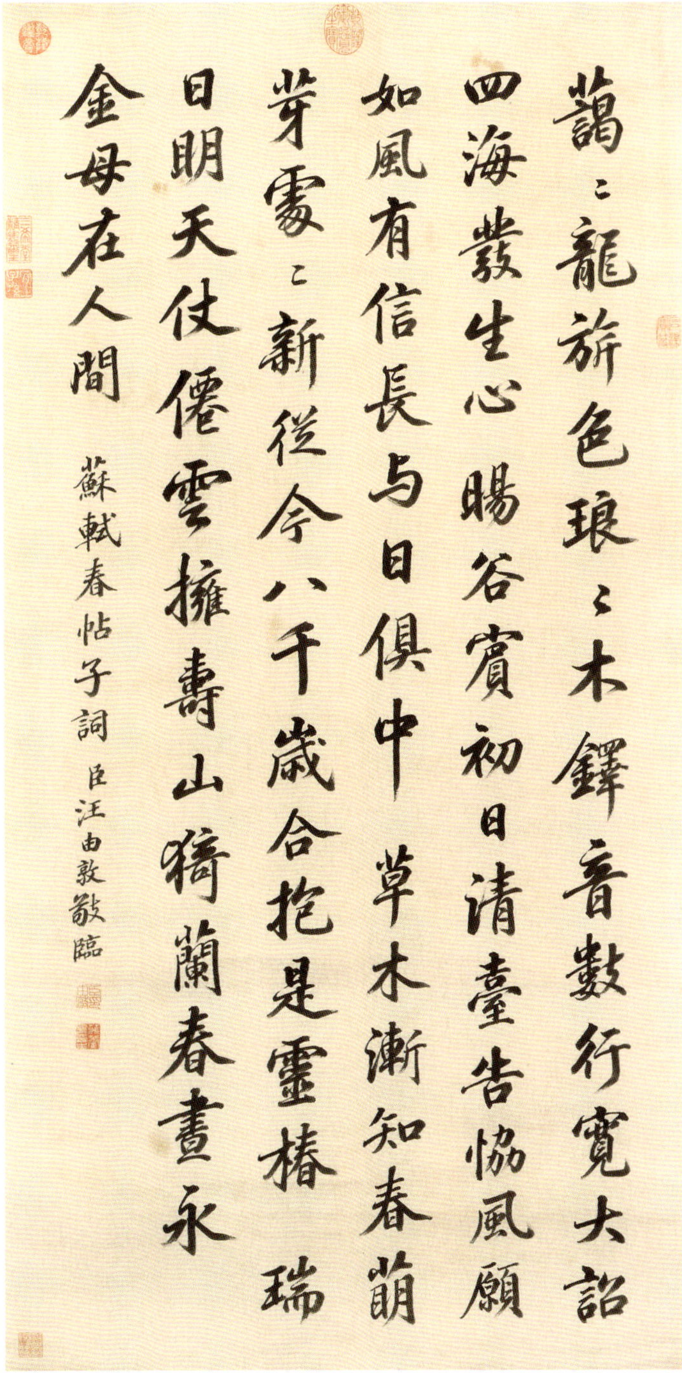

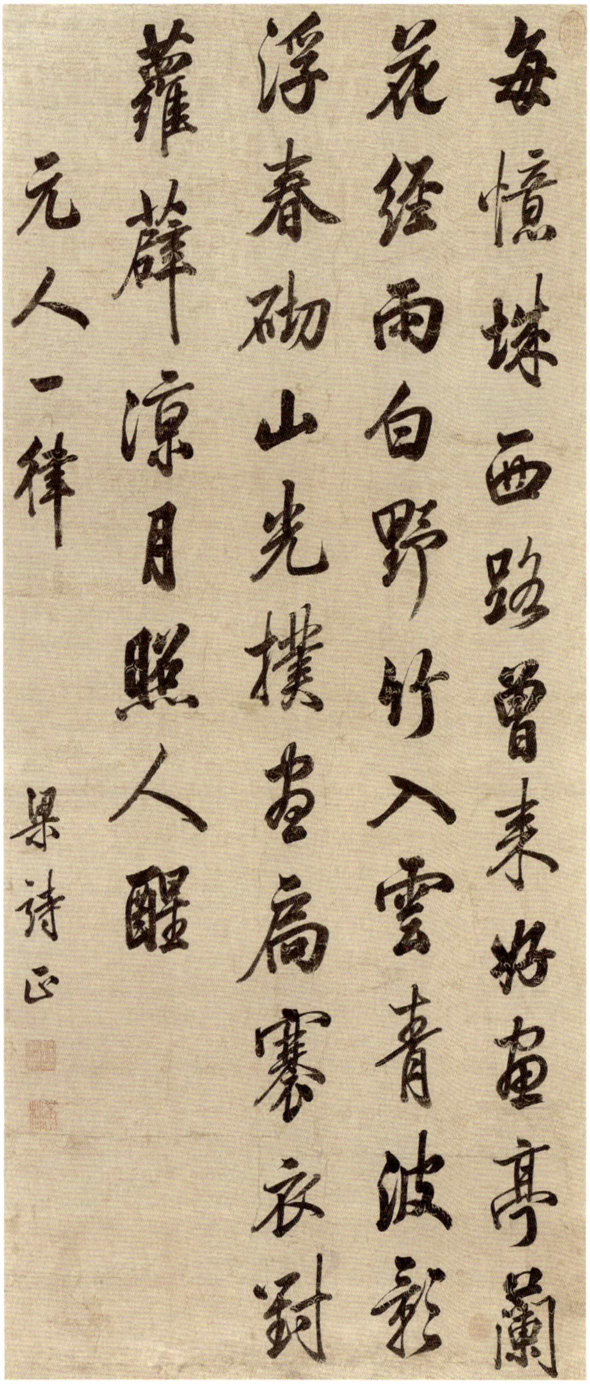

100

行书《题玩芳亭五首》诗轴

年代　清康雍乾时期
作者　（清）梁诗正
质地　纸本
尺寸　纵 129 厘米　横 56.8 厘米
收藏单位　故宫博物院

作品书元代王士熙诗《题玩芳亭五首》之一。梁诗正书法初学柳公权，后参以赵孟頫、文徵明，晚年师法颜真卿、李邕。此作结字严紧，姿态矫健，集众家之长，得雍容俊拔之态。

梁诗正（1697—1763），字养仲，号芗林，钱塘（今浙江杭州）人。雍正八年（1730）探花，官至吏部尚书、大学士，深得乾隆帝信赖。精诗文，擅书法，名重当世。

释文：每忆城西路，曾来好画亭。兰花经雨白，野竹入云青。波影浮春砌，山光扑昼扃。褰衣对萝薜，凉月照人醒。元人一律。梁诗正。

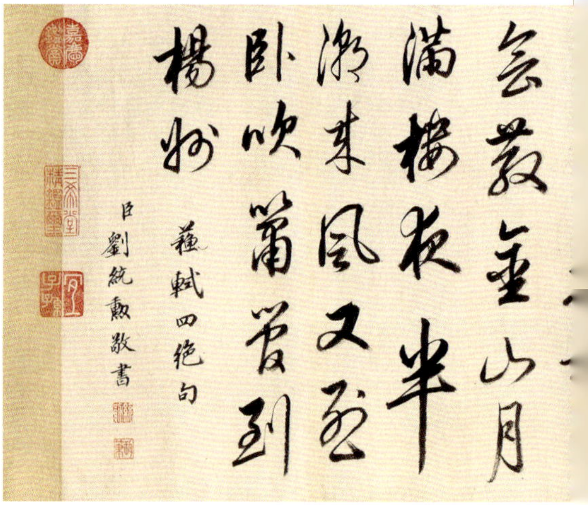

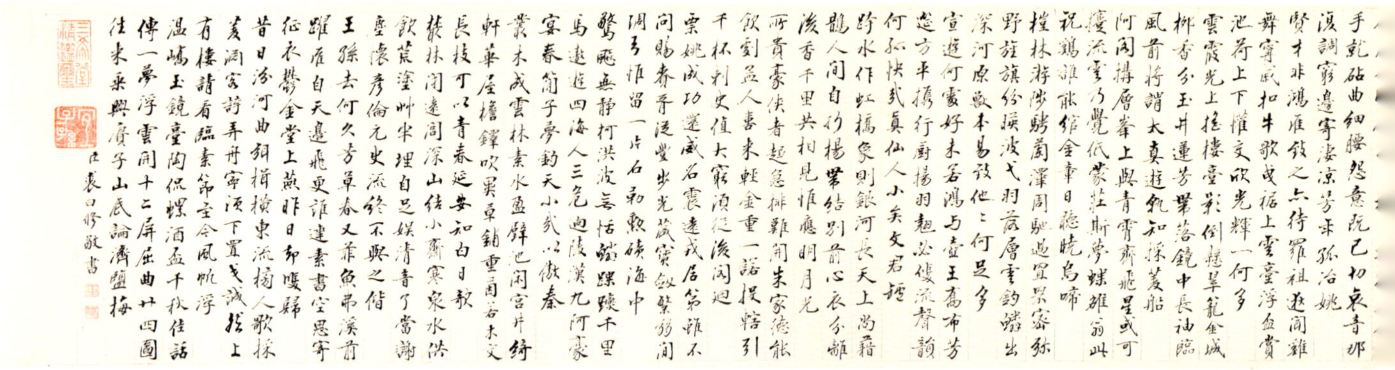

101

行书《苏轼四绝句》卷

年代　清乾隆
作者　（清）刘统勋
质地　纸本
尺寸　纵 31.8 厘米　横 131 厘米
收藏单位　故宫博物院

此卷书苏轼七绝四首。书法丰厚秀润，行笔娴熟稳健，于馆阁体势中融入文人笔墨情趣，是难得的具有书家个性风格的“臣”字款作品。《石渠宝笈》三编著录。

刘统勋（1699—1773），字延清，山东诸城人。雍正二年（1724）中进士，乾隆时累官至东阁大学士兼军机大臣，先后主管刑部、工部、吏部、礼部、兵部事务。担任《四库全书》总裁。秉性耿直，为官清正廉洁，终身不失其正。

释文：目尽孤鸿落照边，遥知风雨不同川。此间有意无人会，送与襄阳孟浩然。云山烟水苦难亲，野草幽花各自春。赖有高楼能聚远，一时收拾与闲人。无数青山散不收，云奔浪卷入帘钩。直将眼力为疆界，何啻人间万户侯。江东贾客木棉裘，会散金山月满楼。夜半潮来风又熟，卧吹箫管到扬州。苏轼四绝句。臣刘统勋敬书。

102

楷书御制咏画屏风二十四首诗卷

年代　清乾隆
作者　（清）裘曰修
质地　纸本
尺寸　纵 25 厘米　横 191.5 厘米
收藏单位　故宫博物院

此卷书乾隆帝御制诗《用庾信咏画屏风二十四首元韵即效其体并命金廷标为图各题其上》，载《高宗御制诗三集》卷三十八。以馆阁体书写，工稳整饬的同时，亦可见书写者苍劲沉厚的用笔风格。

裘曰修（1712—1773），字叔度，江西新建人。乾隆朝进士，历官兵、吏、户诸部。曾任《清会典》、《四库全书》总裁，并奉敕编纂《热河志》等多种大型图书。

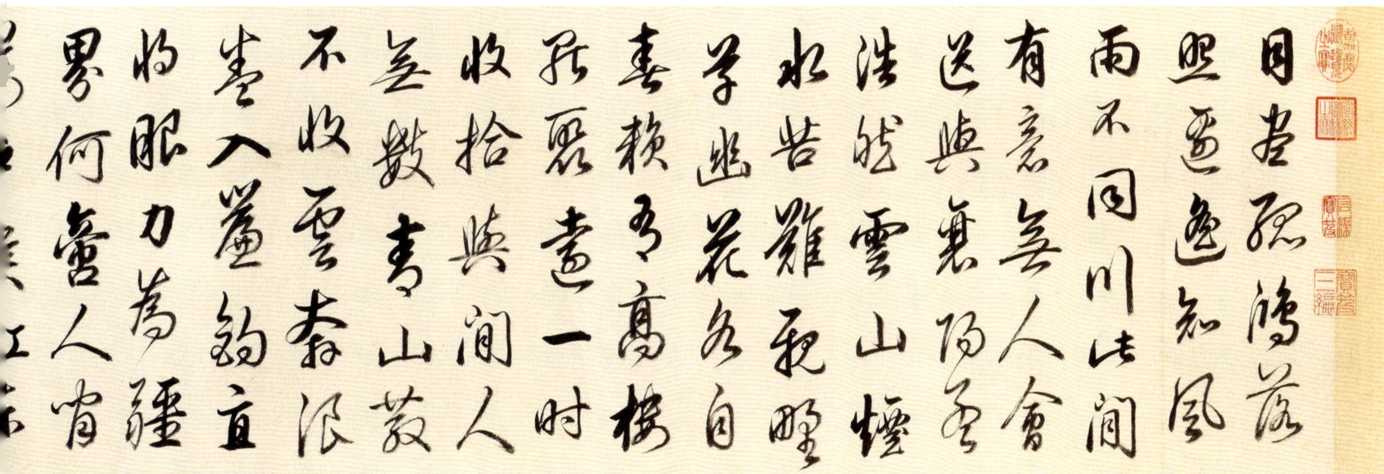

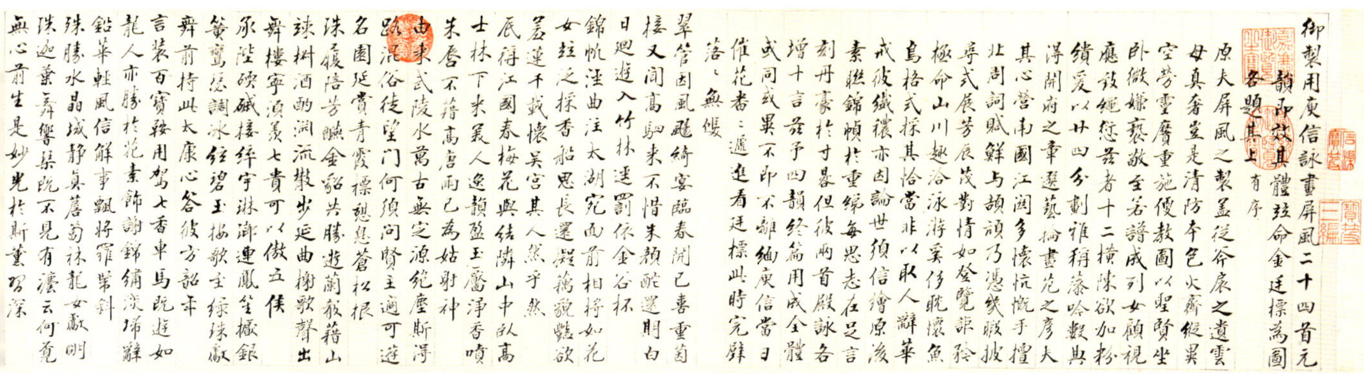

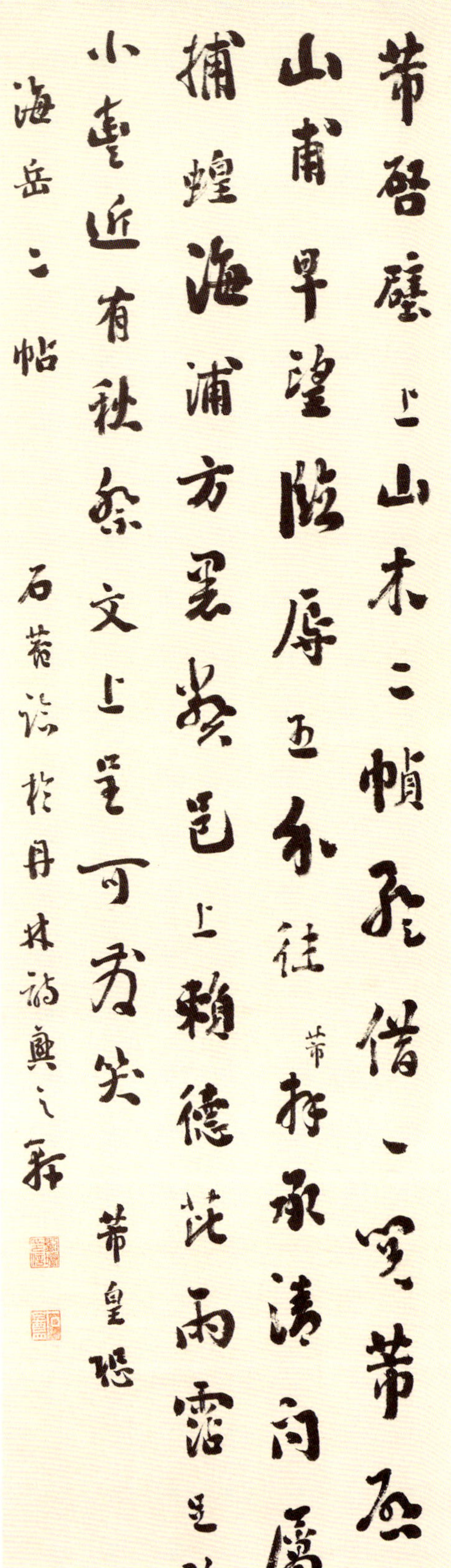

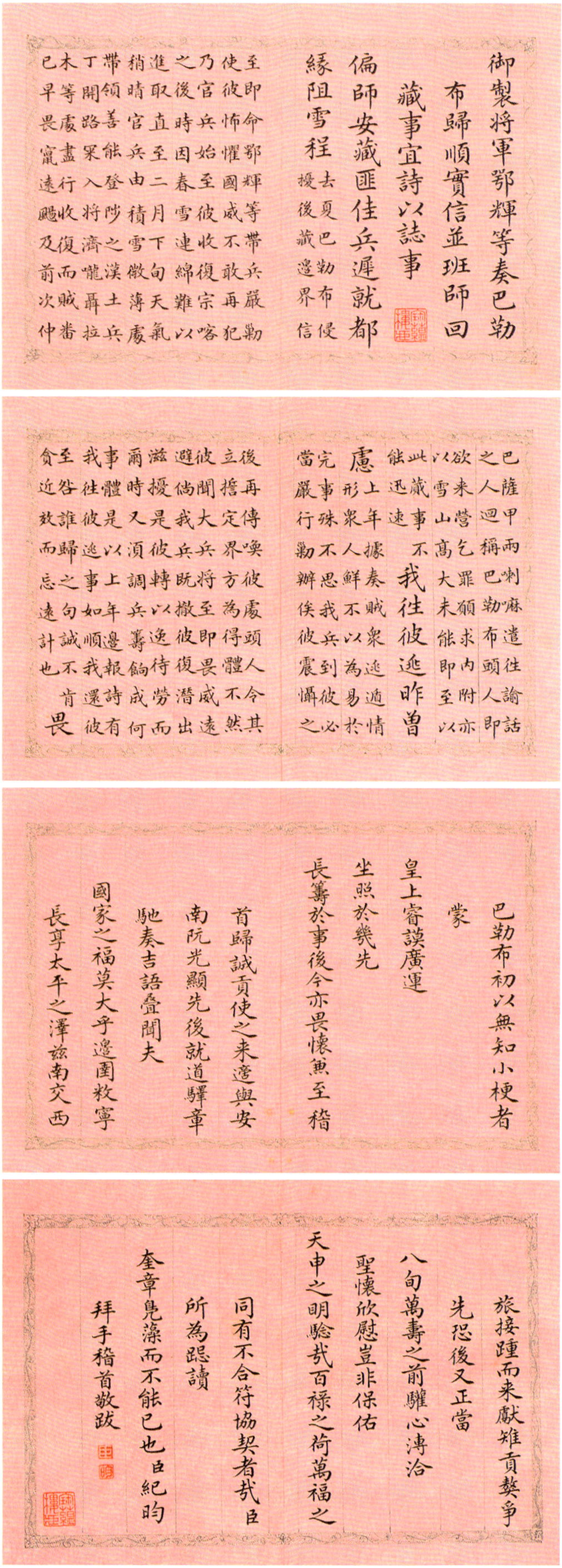
御製将軍鄂輝等奏巴勒
布歸順實信並班師回
藏事宜詩以誌事
偏師安藏匪佳兵遲就都
緣阻雪程
去夏巴勒布侵擾後藏邊界信
至即命鄂輝等帶兵嚴勒使彼怖懼國威不敢再犯
乃官兵始至彼收復宗喀之後時因春雪連綿難以
進取直至二月下旬天氣稍晴官兵由積雪微薄處
帶領善能登陟之漢土兵丁開路冞入將濟嚨聶拉
木等處盡行收復而賊番已早畏竄遠颺及前次仲
巴薩甲爾喇嘛遣往諭話之人迴稱巴勒布頭人即
欲來營乞罪懇求內附亦以雪山高大未能即至以
此藏事不能迅速
我往彼逃昨曾
慮
上年據奏賊衆逃遁情形衆人鮮不以為易於
完事殊不思我兵到彼必當嚴行勦辦俟彼震懾之
後再傳喚彼處頭人令其立摺定界方為得體不然
彼聞大兵將至即畏威遠避倘我兵既撤彼復潛出
滋擾是彼轉以逸待勞而爾時又須調兵籌餉成何
事體是以上年邊報詩有我往彼逃事如順我還彼
至昝誰歸之句誠不肯貪近致而忘遠計也
畏
巴勒布初以無知小梗者
蒙
皇上睿謨廣運
坐照於幾先
長籌於事後今亦畏懷兼至稽
首歸誠貢使之來遵與安
南阮光顯先後就道驛章
馳奏吉語疊聞夫
國家之福莫大乎邊圉敉寧
長享太平之澤該南交西
旅接踵而來獻雉貢獒爭
先恐後又正當
八旬萬壽之前騰心溥洽
聖懷欣慰豈非保佑
天申之明驗哉百祿之荷萬福之
同有不合符協契者哉臣
所為跽讀
奎章晃漾而不能已也臣紀昀
拜手稽首敬跋

103

行书临米帖轴

年代　清乾隆
作者　（清）刘墉
质地　纸本
尺寸　纵 144.5 厘米　横 38.4 厘米
收藏单位　故宫博物院

此作节临米芾《与山甫帖》、《捕蝗帖》。以意临米，故多呈现出自家面目。笔致圆拙厚重、墨色干湿浓淡变化多样，并伴有渴笔飞白，具有刘墉书法笔厚貌丰、骨力苍劲的风格特征。

刘墉（1720—1804），字崇如，号石庵，山东诸城人。乾隆进士，官至体仁阁大学士。书法初学赵孟頫、董其昌，泛学魏晋唐宋诸家，晚年潜心北碑，书风貌丰骨劲、味厚神藏，被后人评为“集帖学之成”，与翁方纲、成亲王永瑆、铁保并称乾隆四大家。

释文：芾启。壁上山木二帧。暂借一阅。芾启上。山甫。早望临辱五介往。芾拜。承清问属邑捕蝗。海浦方暑。弊邑上赖德芘。雨霈足。必遂小丰。近有秋祭文上呈。可发笑。芾皇恐。海岳二帖。石庵临于丹林诗兴之轩。

104

楷书御制诗册（局部）

年代　乾隆五十五年（1790）
作者　（清）纪昀
质地　纸本
尺寸　纵 12 厘米　横 17.8 厘米
收藏单位　故宫博物院

册共九开，书乾隆帝御制诗《将军鄂辉等奏巴勒布归顺实信并班师回藏事宜诗以志事》一首，载《高宗御制诗五集》卷四十九。诗后有纪昀跋语一则，赞美皇帝的卓越武功。作品书于乾隆五十五年（1790），点画遒美，结字规整，为馆阁体书法佳作。

纪昀（1724—1805），字晓岚，一字春帆，晚号石云。乾隆朝进士，官至礼部尚书、协办大学士。纪昀富才学，贯澈儒籍，旁通百家。曾任《四库全书》馆总纂官，又修《四库全书总目提要》等书。有《阅微草堂笔记》，后人集其诗文为《纪文达公遗集》。

105

楷书《御制纳景堂诗》贴落

年代　嘉庆三年（1798）
作者　（清）朱珪
质地　纸本
尺寸　纵 69.5 厘米　横 67.8 厘米
收藏单位　故宫博物院

纳景堂分别位于长春园和避暑山庄，为狮子林十六景之一，乾隆、嘉庆、道光诸帝均有御制诗咏此景，朱珪所书为嘉庆帝御制诗。书法结体平和稳健，骨肉亭匀，笔墨朴厚，是朱珪馆阁体书法佳作。

朱珪（1731—1807），字石君，号南崖、盘陀老人，顺天府大兴人。乾隆十三年（1748）进士，四十一年（1776）命上书房行走，为嘉庆帝师。官至体仁阁大学士。气宇醇厚，经术淹通，所撰雅颂诗文为乾隆帝嘉赏。著有《知不足斋诗文集》。

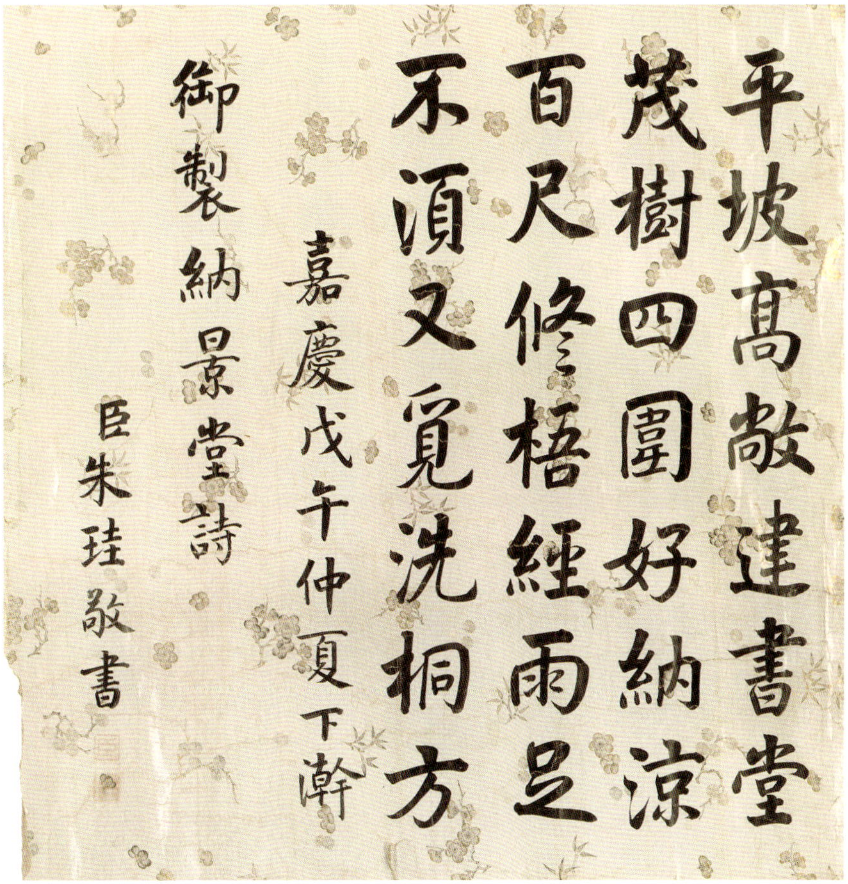

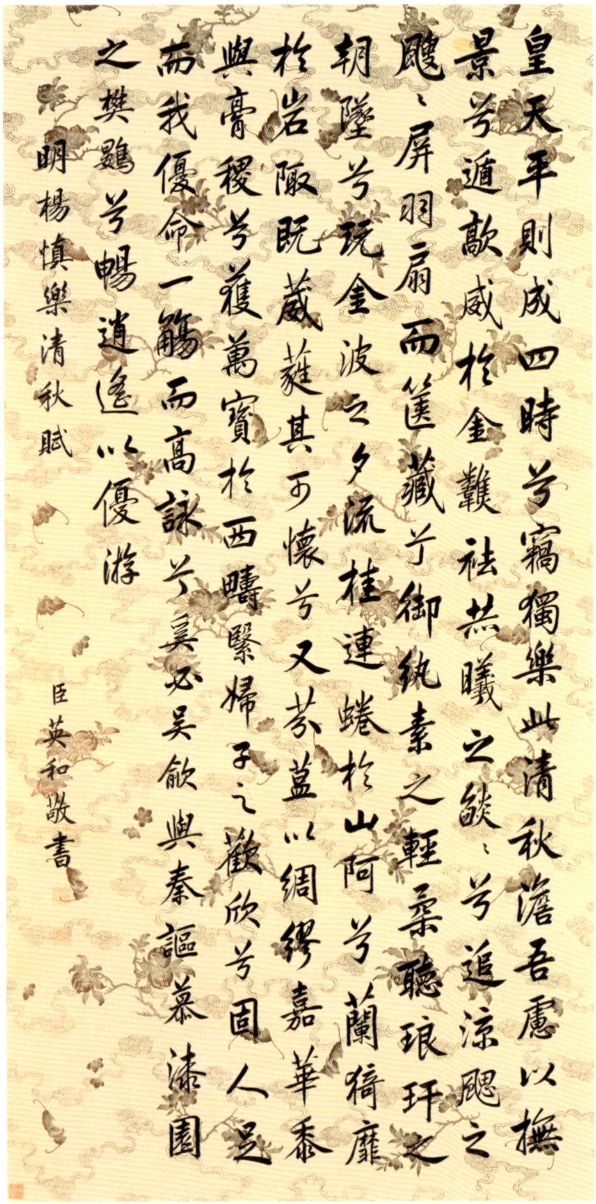

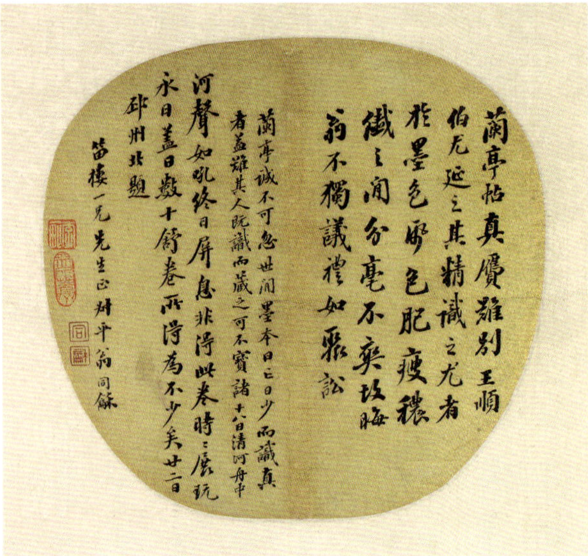

106

楷书《乐清秋赋》轴

年代　清嘉道时期
作者　（清）英和
质地　纸本
尺寸　纵 175.5 厘米　横 89.3 厘米
收藏单位　故宫博物院

作品书明代杨慎《乐清秋赋》，载《升庵集》卷一。书法结字匀整平和，笔致潇洒俊朗，是“臣”字款馆阁体书风经典之作。所用描金笺绘有象征瑞意吉祥的云蝠花卉图案，与承平应制的创作主题颇为契合。

英和（1771—1840），字树琴、定圃，号煦斋，索绰络氏，满洲正白旗人。乾隆五十八年（1793）进士，官至户部尚书、协办大学士。工诗文，有《恩福堂笔记》。书法初学颜真卿、赵孟頫，后师刘墉，晚年兼学欧、柳，自成一家。

107

行书《兰亭十三跋》团扇

年代　清光绪
作者　（清）翁同龢
质地　绢本
尺寸　纵 23.5 厘米　横 25.3 厘米
收藏单位　故宫博物院

本幅摘录赵孟頫《兰亭十三跋》中三则跋语。笔墨沉着苍健，体势稍斜欹，体现了翁同龢书法淳厚大气的个性特征。

翁同龢（1830—1904），字叔平，号松禅、瓶庵居士，江苏常熟人。咸丰六年（1856）状元，同治、光绪两朝帝师。历官刑部、户部尚书、协办大学士、总理各国事务大臣等。工诗，间作画，尤以书法名世。

释文：兰亭帖真赝难别。王顺伯、尤延之，其精识之尤者，于墨色纸色、肥瘦秾纤之间，分毫不爽。故晦翁不独议礼如聚讼。兰亭诚不可忽。世间墨本日亡日少，而识真者益难。其人既识而藏之，可不宝诸。十八日，清河舟中。河声如吼，终日屏息。非得此卷，时时展玩永日。盖日数十舒卷，所得为不少矣。廿二日，邳州北题。笛楼一兄先生正。叔平翁同龢。

108

行书七言联

年代　清后期

作者　（清）潘祖荫

质地　纸本

尺寸　纵 124.3 厘米　横 28.6 厘米

收藏单位　故宫博物院

此联结体舒展遒美，笔法纯熟，别具优雅韵致。

潘祖荫（1830—1890），字在钟，小字凤笙，号伯寅、少棠、郑庵，吴县（今江苏苏州）人，潘世恩孙。咸丰朝进士，与翁同龢并称“翁潘”。通经史，擅诗文，藏金石图籍甚富。著有《滂喜斋丛书》、《郑庵诗文存》、《攀古楼彝器款识》等多种。

释文：清风遇竹有生趣，流水娱人无尽期。潘祖荫。

三 清宫刻帖

109

《懋勤殿法帖》

年代　康熙二十九年（1690）
作者　清内府
质地　纸本
每开尺寸　纵 30 厘米　横 35.5 厘米
收藏单位　故宫博物院

懋勤殿位于乾清宫，为皇帝书斋、殿中贮存御用图书翰墨、文房四宝等。《懋勤殿法帖》始刻于康熙二十九年（1690），是在北宋《淳化阁帖》的基础上，由沈荃等奉旨增删编次，摹勒上石。此帖收录历代帝王、名人法书及康熙帝御书御临法帖，共计 24 卷，为清宫所刻的第一部丛帖，是研究书法艺术的重要资料。其初拓本，用御用纸墨精拓，墨色光亮，字口如新，毫芒毕现，神采焕然，堪称珍品。

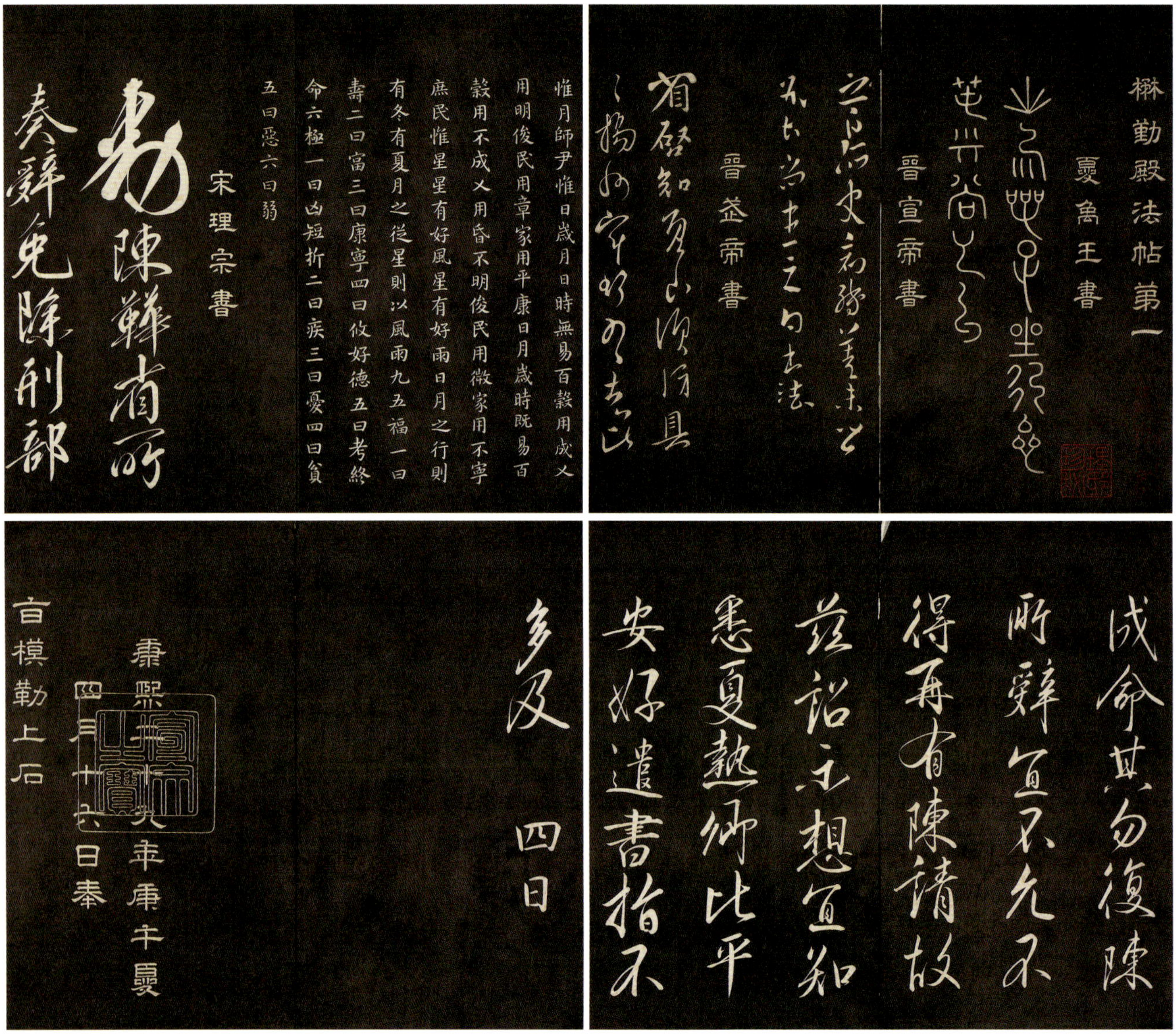

110

《朗吟阁法帖》

年代　乾隆元年至三年（1736—1738）
作者　清内府
质地　纸本
每开尺寸　纵 30.5 厘米　横 35.5 厘米
收藏单位　故宫博物院

朗吟阁位于圆明园天然图画楼之北，康熙四十八年（1709）被赐予雍亲王胤禛。雍正帝居潜邸时，雅好临池，常以图史翰墨自娱。《朗吟阁法帖》收录其所书各体诗文及临摹诸家名迹等，共 16 卷。乾隆元年（1736）冬十月二十六日奉乾隆帝旨，摹勒上石，乾隆三年（1738）完成。此帖精刻细拓，忠实原作，从中可见雍正帝书法功力与风格变化，对研究其早期书法具有重要参考价值。

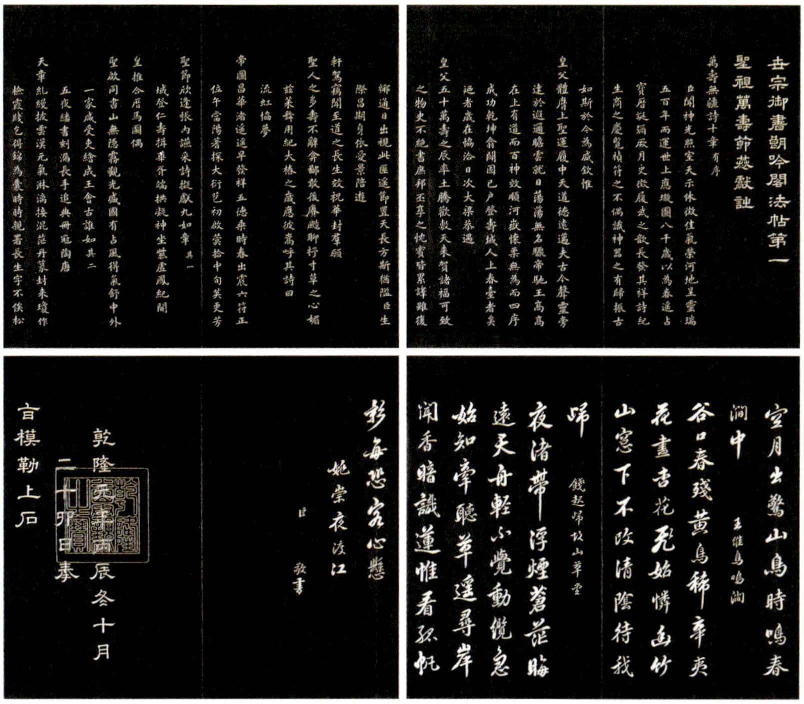

111

《三希堂法帖》

年代　乾隆十二年（1747）
作者　清内府
质地　纸本
每开尺寸　纵 27.5 厘米　横 35.4 厘米
收藏单位　故宫博物院

三希堂位于养心殿西暖阁，以贮藏“三希”（王羲之《快雪时晴帖》、王献之《中秋帖》、王珣《伯远帖》）而得名。《三希堂法帖》刻于乾隆十二年（1747），萃集了《石渠宝笈》初编著录的 300 余件法书名品。全帖共 32 册，纸墨精良，摹、刻、拓俱为天下良工，故笔墨的润燥、笔锋转折牵带，以及笔意神态等，皆能惟妙惟肖地再现出来。此帖是清宫所刻最重要的丛帖，集中反映了乾隆内府法帖收藏的盛况。

乾隆十八年（1753），在北海建造阅古楼收藏《三希堂法帖》刻石。

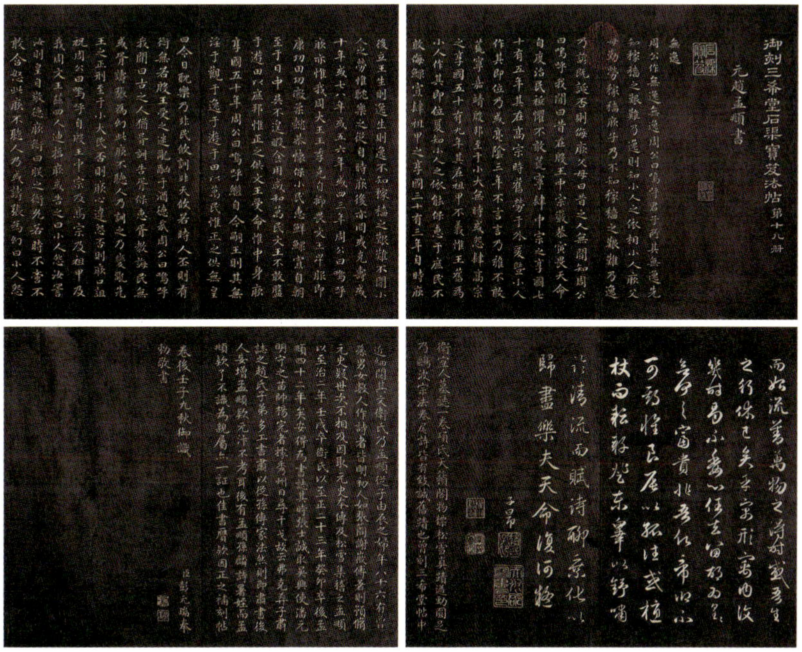

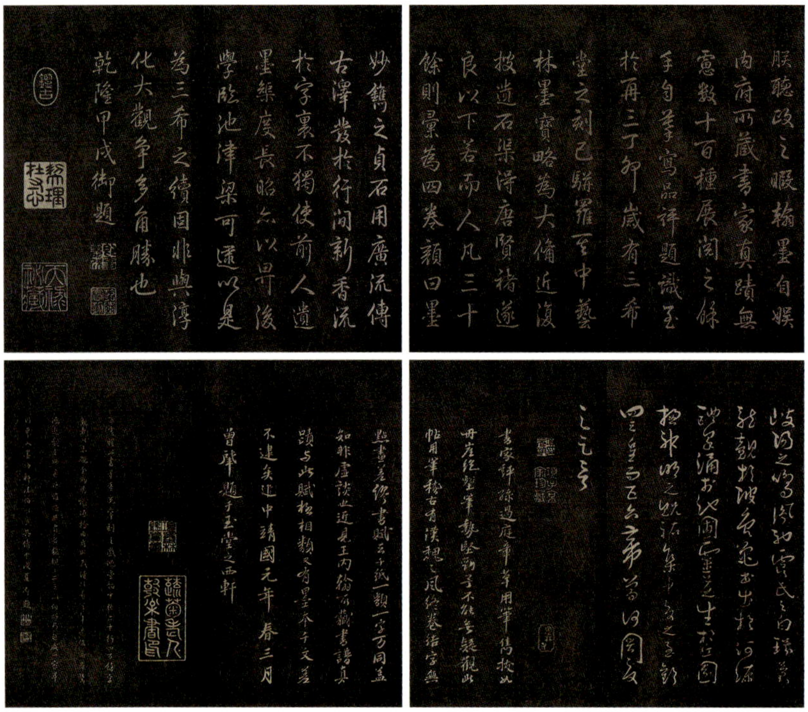

112

《墨妙轩法帖》

年代　乾隆十九年（1754）
作者　清内府
质地　纸本
每开尺寸　纵 30.5 厘米　横 35 厘米
收藏单位　故宫博物院

《三希堂法帖》刻成后，蒋溥、汪由敦等奉敕于乾隆十九年（1754）将内府所藏、自褚遂良以下唐、宋、元十六家30余种墨迹，汇为四卷，“镌之贞石，用广流传”。二十年（1755）完成，于万寿山惠山园建墨妙轩贮存刻石，故称《墨妙轩法帖》。因其款式大小悉同《三希堂法帖》，故又称《三希堂续帖》。此帖摹刻精良，拓工精湛，与《三希堂法帖》一道堪称法帖双璧。

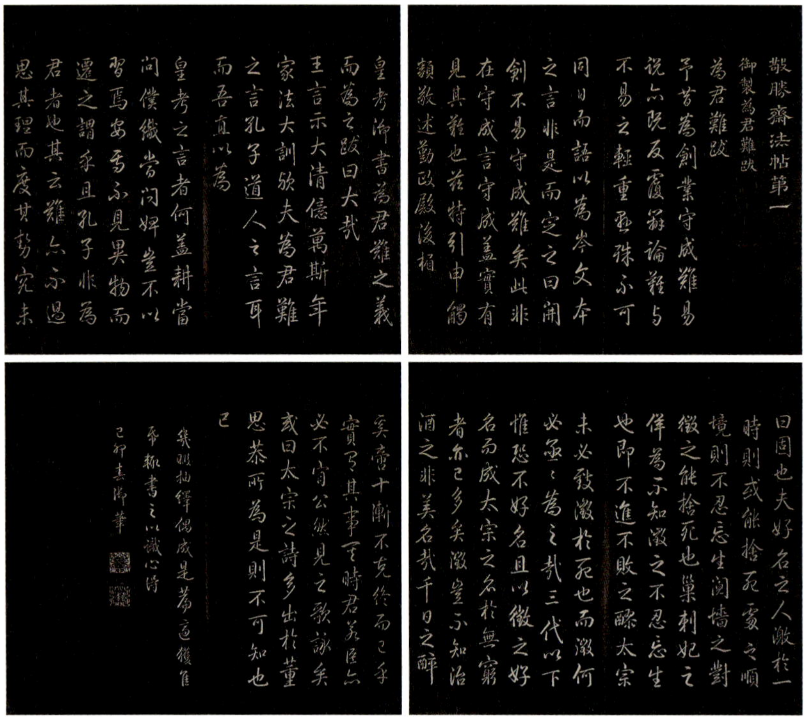

113

《敬胜斋法帖》

年代　乾隆二十四年（1759）
作者　清内府
质地　纸本
每开尺寸　纵 30 厘米　横 35 厘米
收藏单位　故宫博物院

敬胜斋位于紫禁城建福宫花园西北。《敬胜斋法帖》始摹刻于乾隆二十四年（1759），共计40卷，系统展示了乾隆帝即位前期的书学成就。其中一至四卷为御制文，五至十二卷为御制诗，十三至二十卷为御书四书五经及古人诗文，二十一至四十卷为临摹古法帖。《敬胜斋法帖》由内廷督办，各道工序精益求精，拓本墨色黝亮，装帧华丽，体现了皇家刻帖不惜工本、唯求精美传神的宫廷特色。

《敬胜斋法帖》刻石现镶嵌于乐寿堂、颐和轩两廊。

114

《兰亭八柱帖》

年代　乾隆四十四年（1779）
作者　清内府
质地　纸本
每开尺寸　纵 29.8 厘米　横 34.2 厘米
收藏单位　故宫博物院

《兰亭八柱帖》，乾隆四十四年（1779）由内府摹勒，共八册，集八种有关兰亭的墨迹，摹刻于八根石柱之上，每柱刻帖一册，谓之“兰亭八柱”。以八卦“乾、坎、艮、震、巽、离、坤、兑”为序，依次为：《虞世南摹兰亭序》、《褚遂良摹兰亭序》、《冯承素摹兰亭序》、《柳公权书兰亭诗》、《戏鸿堂刻柳公权书兰亭诗原本》、《于敏中补戏鸿堂刻柳公权书兰亭诗阙笔》、《董其昌仿柳公权书兰亭诗》、《御临董其昌仿柳公权书兰亭诗》。此帖镌刻、传拓及纸墨用料俱佳，完美地再现了兰亭诸帖的笔墨神韵。

“兰亭八柱”石刻原存圆明园，宣统二年（1910）移至颐和园，后又移至中山公园，现为唐花坞西侧“景自天成”重檐八角亭的组成部分。

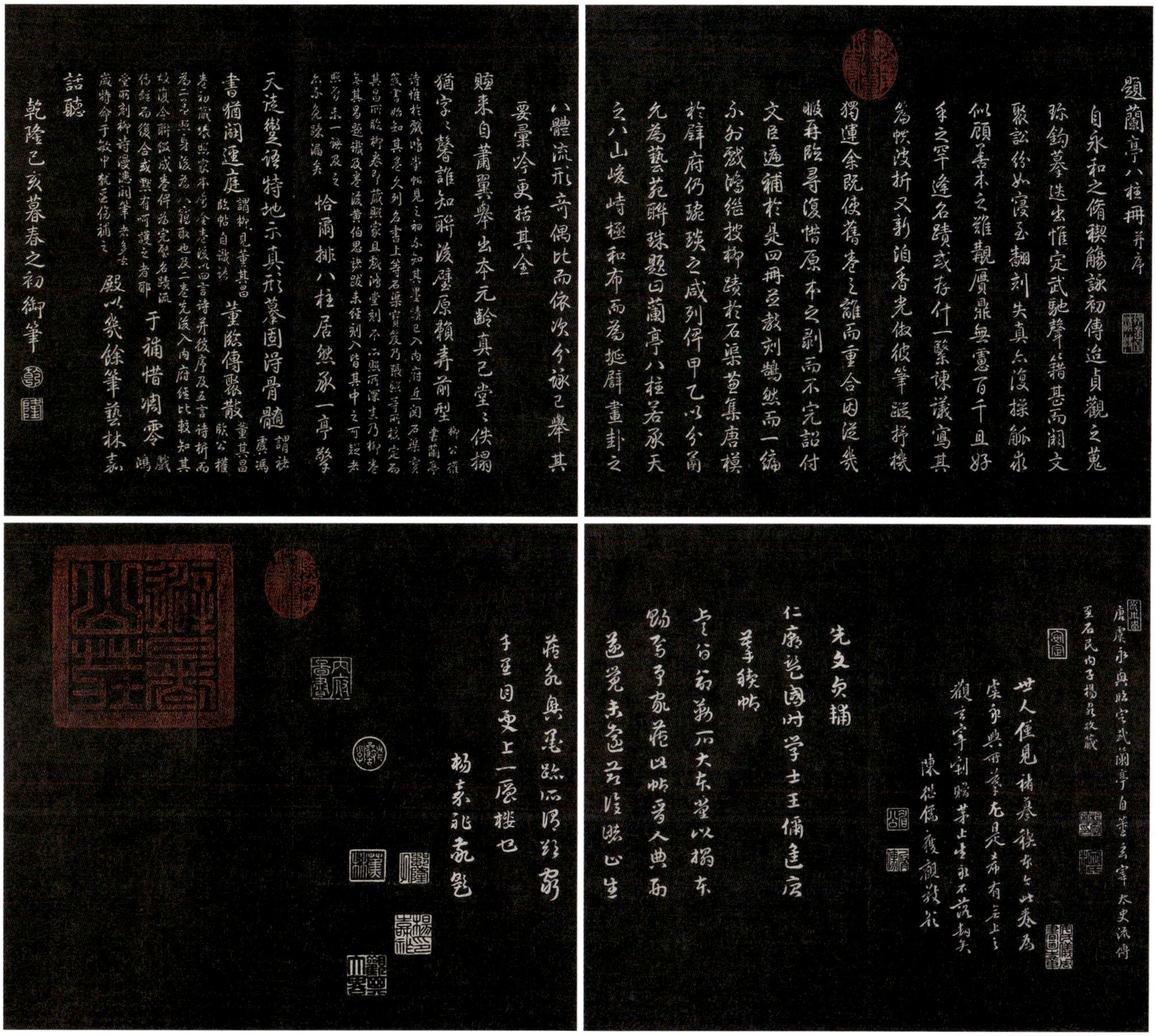

瓷器篇

中国瓷器工艺发展至清代，进入了一个崭新的历史时期，景德镇御窑厂垄断最优质的瓷土资源，集中全国各地的制瓷名家，严格按照内廷所颁发的设计样稿，烧制出大量的精美瓷器，无论是在数量还是质量上，都取得了前所未有的辉煌成就。尤其是康、雍、乾三朝的御用瓷器，名品迭出，异彩纷呈，可以说是我国陶瓷史上最光辉灿烂的一页。

明末清初，景德镇御窑厂由于战乱一度停烧，至康熙十九年（1680），御窑厂的烧造正式恢复。清政府选派内务府官员为督陶官，驻厂督造、协理御用瓷器的烧造事宜。从故宫收藏的传世品来看，康熙御用瓷器在继承前朝的基础上创造出许多新的器型，整体呈现出一种古拙质朴、挺拔向上的阳刚气势。器物品种更加丰富，青翠艳丽的青花、绚丽多姿的五彩、色彩斑斓的颜色釉、风格迥异的杂釉彩，以及崭露头角的珐琅彩、粉彩等，均取得了突出的成就。五彩和青花是康熙御窑瓷器中两大主流产品，尤其是青花瓷器达到了历史上的第三次高峰，青花色料在提炼过程中更加精纯，呈色鲜艳青翠、娇艳欲滴。御窑厂制瓷工匠运用浓淡不同的笔韵，将青花彩料分出不同的色阶。分水皴的绘画技法，使青花瓷器装饰画面具有水墨画一般的艺术效果，含蓄而生动，开创了中国古代瓷绘美学的一代风尚。

雍正一朝只有短短的13年，制瓷水平却达到了清代瓷器历史的高峰，其品种之多样、釉胎之细腻、工艺之精细，可谓登峰造极。雍正皇帝对瓷器的制作极其关心，常常依照自己的审美标准，对瓷器的造型式样、图案纹饰、彩釉搭配、款识字体等予以指导，并提出了“内廷恭造式样”，成为宫廷制器的唯一标准。雍正御窑瓷器造型风格一改康熙时刚硬挺拔之风，代之以秀巧雅致之貌，器物形体轮廓以曲线为主，各部分之间处理得含蓄柔和，没有急剧的转折，而是呈现连贯流畅的起伏状，具有一种雍容典雅之风貌，与雍正皇帝独有的简约素静、文雅精致的审美情趣可谓相得益彰。雍正御窑瓷器品种丰富，釉彩琳琅，以珐琅彩最为名贵，粉彩最有成就。器物胎体洁白无瑕，纹饰绘画精益求精，花鸟图案采用传统绘画中的没骨技法，层次清晰，栩栩如生。精致者甚至达到“花有露珠、蝶有茸毛”的程度。其柔和淡雅的色调、迤逦清秀的风格，体现出雍正时期御窑瓷器的皇家风范。

乾隆皇帝崇尚奢华，酷爱各类工艺品，对瓷器的制作更是刻意求精，景德镇御窑瓷器的生产取得了空前的繁荣，每年烧造的各种瓷器可达数十万件。无论是工艺技巧还是装饰艺术都已达到炉火纯青的地步，尤其是各类新颖奇巧器物的制作，不惜成本，精益求精，堪称瓷器中的绝品。如各式转心瓶、转颈瓶，把镂雕及多位一体的成型技法结合在一起，巧夺天工，凸显了精湛娴熟的制瓷技艺。各种仿生器、像生瓷的制作出类拔萃，其釉色、质感及造型，几乎达到乱真的程度。御用瓷器的装饰纹样，色彩鲜艳，尤其是大量使用金彩，使画面呈现出奢靡和绮丽的风貌。纹饰内容除传统题材外，多为各种寓意吉祥的图案，一直流行至清末。

嘉庆、道光以后，景德镇制瓷业从巅峰逐渐衰落，总体来说处于一种因循守旧的状态，瓷器的产量、质量、品种、造型等都呈现出明显的萎缩状态。道光慎德堂款瓷器，同治、光绪时大婚瓷，以及为慈禧太后定烧的大雅斋瓷器制作最为精细，但最终只是回光返照，难以新生。

一 彩瓷

115

青花海水双龙纹大瓶

年代　清康熙
尺寸　口径 12.5 厘米　足径 12.5 厘米　高 45.5 厘米
收藏单位　故宫博物院

此件龙纹瓶胎釉洁白细腻，青花色泽鲜艳，主题纹饰在有限的空间里，绘两条怒目圆睁、鬃鬣飞扬的青龙，在海面上腾空而起，大有呼之欲出之感，画面具有极强的艺术感染力。

116

青花山水人物图棒槌瓶

年代　清康熙
尺寸　口径 12.2 厘米　足径 14.8 厘米　高 45.7 厘米
收藏单位　故宫博物院

此瓶为康熙朝创新器型，因形似棒槌而得名。腹部通景绘山水人物图，绘画技法沿袭了明代的“分水”制作风格，采用浓笔勾勒线条、淡笔渲染的技巧，烧成后青花色泽娇翠欲滴，层次分明，画面渲染逼真，犹如一幅中国传统的水墨画一般，具有较高的艺术价值。

117

青花海水白龙纹天球瓶

年代　清雍正

尺寸　口径 9.5 厘米　足径 14.5 厘米　高 43 厘米

收藏单位　故宫博物院

此器仿宣德青花天球瓶，主题图案一改常见的白地青花装饰，以青花留白的装饰技法绘海水白龙图案，青白相间的海水将白色的游龙衬托得更加威武，尤其是以青花巧点龙纹双睛，更显出白龙神采。

天球瓶始烧于明永乐、宣德时期，清代多有仿制，尤以海水白龙纹最为珍贵。

118

青花花卉纹双龙耳瓶

年代　清雍正

尺寸　口径 8 厘米　足径 8.3 厘米　高 32.3 厘米

收藏单位　故宫博物院

此器源于隋唐式样，造型古朴高雅，对称的龙形柄与口肩相连处形成的空间，与饱满的腹部形成虚实对比，具有强烈的艺术效果。雍正、乾隆两帝好古敏求，所摹名品上至唐宋，下达朱明，仿古精品世所难及。此器除青花外，尚有天蓝釉、仿汝釉、茶叶末釉等品种。

119

青花折枝三果纹梅瓶

年代　清雍正
尺寸　口径 7 厘米　足径 13.4 厘米　高 33.5 厘米
收藏单位　故宫博物院

陶瓷传统装饰图案以祥瑞为核心，采用谐音寓意和借物托情的手法，赋予平常所见事物以美好的寓意。此瓶即以人们日常生活中常见的桃、枇杷、石榴三种果实为主题图案，寄托着长寿吉祥的美好寓意。纹饰洁净，布局错落有致，使周正的瓶体更添端庄秀雅之美。

120

青花灵竹桃蝠纹瓶

年代　清雍正
尺寸　口径 10 厘米　足径 12.3 厘米　高 39.9 厘米
收藏单位　故宫博物院

此瓶以凸凹变化的轮廓线，勾勒出丰腴端秀的形体，外壁以青花绘桃竹纹，桃树枝干以重料涂抹，竹枝、灵芝、桃实则采用渲染技法，以浓淡相间的青花色泽，表现出景物的阴阳向背，使所画桃树图案层次丰富，形象饱满，立体感极强。桃树、灵芝、翠竹均有“富贵长寿”的吉祥寓意，是清代御窑瓷器中常见的装饰图案。

121

青花釉里红岁寒三友图瓶

年代　清雍正
尺寸　口径 8.9 厘米　足径 11. 厘米　高 26.7 厘米
收藏单位　故宫博物院

此瓶画面用翠蓝浓艳的青花绘出松枝竹叶的飘逸，以鲜红艳丽的釉里红绘出树干的苍老遒劲及梅花的妩媚，尤其令人称奇的是图中用竹叶组成的一首五言诗，构成了一幅精美绝伦的画中藏诗、诗中有画的岁寒三友图，在历代瓷器的装饰艺术中别开生面，实为不可多得的佳作。

122

青花寿山福海纹花口瓶

年代　清乾隆
尺寸　口径 7.5 厘米　足径 10.8 厘米　高 25.5 厘米
收藏单位　故宫博物院

此瓶造型丰满，花瓣式瓶口设计巧妙，使器物于端庄中透出几分俏丽。纹饰图案寓意寿山福海，画面以浓淡不一的青料绘出的山石、桃树、蝙蝠，分层布局，疏密有致，虚实相当。空白处平阔深远，优雅宁静，令人遐想。此类器物多是为庆贺帝后万寿而特意烧制的。

123

青花八吉祥纹双耳宝月瓶

年代　清乾隆
尺寸　口径 5.8 厘米　足纵 8.5 厘米
　　　足横 12.5 厘米　高 34.5 厘米
收藏单位　故宫博物院

“八吉祥”是佛家常用的寓意吉祥的物品，亦为乾隆御窑瓷器中常见的装饰纹样。此瓶仿明永乐、宣德青花器，腹部扁圆，两面中心凸起，圆若满月，故有“抱月瓶”或“宝月瓶”之称。腹部八等分格局与圆形瓶体和谐一致，以“八吉祥”与莲花相配作为装饰图案，具有浓郁的宗教色彩，其明艳亮丽的青花、晶莹匀净的釉面，为这件器物增添了几分庄重典雅的韵味。

124

黄地青花缠枝莲纹交泰瓶

年代　清乾隆
尺寸　口径 9.2 厘米　足径 11.3 厘米　高 19.8 厘米
收藏单位　故宫博物院

此瓶构思巧妙，集艺术和工艺于一体，制作工艺极其复杂，腹部上下两截通过镂空交错的山字头形相套合，但并不黏连，形成一周镂雕装饰，上下可移动。它的制作耗工费时，除需要精确的设计、成型工艺外，还需要精湛的组装技巧，是宫廷不惜成本、标新立异的产物。其炉火纯青的烧造工艺、精美绝伦的镂雕工艺，体现出景德镇匠师们卓越的智慧和丰富的创造力。

125

青花云龙纹螭耳瓶

年代　清嘉庆
尺寸　口径 6.5 厘米　足径 7 厘米　高 25 厘米
收藏单位　故宫博物院

此器受乾隆青花的影响较为明显，纹饰构图由繁缛渐变为疏朗，在有限的空间里，以龙躯起伏的曲度变化，展现出蛟龙游走于火云间的动态。饱满的构图、流畅的纹样，给人以秀丽、舒展的视觉感受。

126

青花丹凤纹盖罐

年代　清道光
尺寸　口径 12 厘米　足径 9 厘米　通高 20.5 厘米
收藏单位　故宫博物院

此罐青花呈色艳丽，纹饰清晰流畅，画意吉祥。装饰图案称为“凤穿牡丹”，其凤鸟姿态优雅，展翅飞扬，穿行在牡丹花丛中。凤为鸟中之王，牡丹为花中之王，二者结合，寓意大吉富贵。

127

五彩蝴蝶纹瓶

年代　清康熙

尺寸　口径 12 厘米　足径 13 厘米　高 44 厘米

收藏单位　故宫博物院

此瓶以写实手法描绘了色彩斑斓的蝴蝶和翩翩飞舞的蜻蜓。彩蝶色彩各异、大小不同，或聚或散，千姿百态。该瓶所用色彩丰富，尤其是以金彩点染蝴蝶翅膀，使得画面呈现出五彩缤纷的艺术效果。由于“蝶”与“耋”谐音，古人多以画蝶来表达吉祥长寿的美好愿望。

128

紫红地珐琅彩折枝莲纹瓶

年代 清康熙
尺寸 口径 4.4 厘米 足径 5.4 厘米 高 13.2 厘米
收藏单位 故宫博物院

康熙珐琅制品中，多为碗、盘、杯等小件器，琢器极少。此瓶造型端庄，色彩明亮，花纹对称装饰，绚丽典雅。由于堆料较厚，再加上色料的巧妙配合，使画面有阴阳向背、凹凸不平的立体感，具有同时期铜胎画珐琅器物的风格。

此瓶为故宫博物院仅藏的一件，且是珐琅彩中唯一一件刻款器，弥足珍贵。

129

五彩加金兽面纹尊

年代 清康熙
尺寸 口径 21.6 厘米 足径 14.5 厘米 高 41.5 厘米
收藏单位 故宫博物院

康熙五彩瓷器造型丰富，纹饰艳丽，尤其是大量使用金彩，在本已绚丽多彩的颜色上，增添了华贵富丽之感。此瓶极具年代风格，造型古朴，纹样仿古逼真，通体红、绿彩设色淡雅，鲜而不艳，再配以金彩的点缀，更显高贵典雅。

130

五彩莲池纹尊

年代　清康熙
尺寸　口径 22.5 厘米　足径 13.5 厘米　高 14 厘米
收藏单位　故宫博物院

康熙五彩最突出的成就是发明了釉上蓝彩和墨彩，增添了纹饰的美感和艺术效果。此尊以写实的手法描绘出一幅荷塘景色——摇曳的绿色荷叶、盛开的红色荷花，还有彩蝶翩翩起舞。此尊以斑斓的色彩、洗练的画风，为人们展示出一幅生动的荷塘夏景。

131

五彩渔家乐图棒槌瓶

年代　清康熙
尺寸　口径 7.1 厘米　足径 8.3 厘米　高 26.5 厘米
收藏单位　故宫博物院

康熙五彩器装饰画面具有浓郁的中国画格调，酣畅淋漓、五彩斑斓的色彩与挺拔硬朗的造型和谐统一，具有年代特色。此瓶构图上采用了中国画传统的散点透视法，以颈部山水村舍作为远景，衬托出腹部渔家乐主题，构成一幅意境深远的富有江南特色的山水人物图，与明代画家吴伟的《江山渔乐图》具有异曲同工之妙，具有浓郁的生活气息。

132

斗彩缠枝莲纹菊瓣尊

年代　清雍正
尺寸　口径 22 厘米　足径 15.6 厘米　高 25.7 厘米
收藏单位　故宫博物院

雍正窑瓷器一改康熙瓷器刚硬挺拔之气，代之以秀巧雅致的风貌。器物线条间各部分比例协调，规矩方圆一丝不苟，成为雍正瓷器鲜明的年代特征之一。此尊造型来源于自然界的花果形态，通体模印菊瓣纹，线条轮廓柔和，自上而下每一个菊瓣处，又以连枝花组成繁密的直条花纹，使器物圆润的造型和清丽秀雅的色彩和谐统一，给人耳目一新之感。

133

珊瑚红地粉彩牡丹纹贯耳瓶

年代　清雍正

尺寸　口径 7.1 厘米　足径 9.6 厘米　高 31.4 厘米

收藏单位　故宫博物院

粉彩瓷器是在康熙朝五彩的基础上，受珐琅彩工艺的影响创烧的釉上彩瓷新品种。始见于康熙晚期，其后历朝盛烧不衰，以雍正、乾隆时期粉彩瓷器成就最高。雍正粉彩器装饰题材以花鸟、山水、人物图案为主，尤以花卉见长。此器以珊瑚红釉为地，上绘粉彩牡丹图，色彩娇艳，花卉图案吸收了中国传统绘画中的没骨技法，突出阴阳向背，富有立体效果，为雍正时期珍贵的陈设用瓷。

134

粉彩牡丹纹盘口瓶

年代　清雍正
尺寸　口径 6.3 厘米　足径 8.6 厘米　高 27.5 厘米
收藏单位　故宫博物院

雍正粉彩采用了中国画中画花卉的没骨法，所绘花鸟虫草设色浓淡相间，层次清晰，其精者达到了“花有露珠、蝶有茸毛”的程度。此瓶造型新颖别致，构图疏朗有致，色彩淡雅宜人。牡丹怒放，绿叶掩映，生机勃勃。花瓣及叶片随风摇曳，姿态变化万千，堪称雍正粉彩器的经典之作。

135

珐琅彩岁寒三友图橄榄式瓶

年代　清雍正
尺寸　口径 3.9 厘米　足径 4.8 厘米　高 16.9 厘米
收藏单位　故宫博物院

珐琅彩瓷是名贵的宫中赏玩之器，雍正时期许多宫廷画家奉旨绘画珐琅彩纹饰，使珐琅彩绘成为一种特殊的宫廷绘画。此瓶形如橄榄，胎体细薄呈半脱胎状，外壁通体在洁白细润的地釉上以珐琅彩绘松竹梅岁寒三友图。画面采用中国画的章法布局，勾勒填色，没骨敷彩。空白处配以书法隽秀的题诗，具有极高的艺术欣赏价值。

136

各种釉彩大瓶

年代 清乾隆
尺寸 口径 27.4 厘米 足径 33 厘米 高 86.4 厘米
收藏单位 故宫博物院

此器形体巨大、工艺繁复，凡属陶瓷装饰的釉彩几乎无所不备，器物从上至下依次运用了15种彩釉装饰技法，需要多道工序方能制成。此器充分体现了乾隆时期高超的制瓷工艺水平。瓶体共装饰有16层纹饰，包含了清代所有流行的吉祥图案。绘画以传统的中国画和西洋绘画技法相结合，画面自远而近，透视感极强。故宫传世品中仅此一件，被尊誉为“瓷母”，为中国陶瓷史上罕见之作。

珐琅彩花卉纹瓶

年代　清乾隆
尺寸　口径 4.8 厘米　足径 4.3 厘米　高 20.4 厘米
收藏地址　故宫博物院

此瓶画面布局继承了中国绘画融诗、书、画、印为一体的传统，构图饱满，设色清新。就画意与诗境而言，亦觉洗练，寥寥一语，便点出画作的特色和精华所在，寓闲情逸致于幽美画境中。

138

黄地粉彩人物图葫芦瓶

年代　清乾隆
尺寸　口径 9.5 厘米　足径 20 厘米　高 81.5 厘米
收藏单位　故宫博物院

乾隆时期，随着中外贸易和文化交往的频繁，西方的绘画艺术也传入中国。尤其是西方画家如郎世宁等在宫中任职，在一定程度上影响着瓷器纹样的装饰题材和绘画技法。瓷器装饰开始大量出现了西洋花卉、西洋人物等图案。此瓶采用西洋光影明暗的绘画技法，花卉叶片及转折处皆点染白色珐琅彩，增强了画面的立体感。

139

蓝地洋彩山水图双耳转颈瓶

年代　清乾隆
尺寸　口径 12.1 厘米　足径 11.9 厘米　高 24.6 厘米
收藏单位　故宫博物院

旋转瓶在双层套瓶的基础上发展而来，以明代龙泉窑制品为最早。由于其工艺复杂，成品率极低。此瓶设计独特，构思巧妙，转动瓶体颈部，可按照不同的季节，将相应的四季画面转至正面加以欣赏，堪称鬼斧神工之作。此器现存一对，分别藏于故宫博物院和台北“故宫博物院”。

140

松石绿地粉彩缠枝花纹袱系瓶

年代　清乾隆
尺寸　口径 14 厘米　足径 12.5 厘米　高 31 厘米
收藏单位　故宫博物院

清朝御窑瓷器装饰发展到乾隆时期，呈现出奢靡绮艳的风气，图案繁丽，工艺复杂。一件器物上往往运用几种不同的装饰技法和彩绘品种加以表现。此器满施松石绿釉，其上以多种色彩巧绘缠枝花纹。腹部凸雕红彩袱系纹，其瓶身色彩对比强烈，画面将中国传统装饰与西方画师的审美意趣有机地结合在一起，形成了独特的艺术构思。

袱系装饰在乾隆时期各类御用工艺品中极为流行，除用于瓷器装饰外，尚有掐丝珐琅、画珐琅、玉器、玻璃器等多个品种。

141

斗彩海水江崖云龙纹夔耳扁瓶

年代　清乾隆
尺寸　口径 8 厘米　足横 18 厘米　足纵 12.5 厘米
　　　高 49.5 厘米
收藏单位　故宫博物院

此瓶制作精细、纹饰精美。瓶腹两面绘游龙出没于惊涛骇浪之中，它们昂首曲颈，双目圆睁，作搏击海浪状。龙脊以金彩勾勒，衬托出游龙的矫健。行云与海水均以青花和绿彩描绘，浪涛则不施彩，显出白浪滔天之势。瓶体下部饰海水江崖，以青花点染的礁石给人以凝重的感觉，使瓶体更显端稳，堪称器型与纹饰完美结合的艺术杰作。

142

仿古铜彩牺耳尊

年代　清乾隆
尺寸　口径 13.2 厘米　足径 11.7 厘米　高 21.8 厘米
收藏单位　故宫博物院

此器通体仿战国错金银铜器，茶叶末釉色地上分别以金、银彩绘战国铜器纹样，铜器的色泽、锈斑及嵌金银工艺，模仿得惟妙惟肖。此件牺耳尊曾见于清雍正、乾隆时期景德镇御窑厂督陶官唐英撰写的《陶成图》画卷中，反映出乾隆时期高超精湛的制瓷技术。

乾隆时期，景德镇瓷业进入了繁荣发展时期，御窑厂聚集了大批的能工巧匠，创烧出摹仿各类工艺品的瓷器品种，其质地、釉色鬼斧神工，精美绝伦。

143

绿地白花三孔葫芦瓶

年代　清嘉庆
尺寸　口径 2 厘米　足径 7.9 厘米　高 25.2 厘米
收藏单位　故宫博物院

以相同类型的瓶黏合成一体的多联瓶始行于雍正朝，其中以三葫芦瓶合为一体的制品则以乾隆朝制品为多见。此瓶承袭乾隆朝式样，造型生动，制作精巧，瓶身满饰淡色的湖水绿釉，釉汁肥厚。工艺上采用堆花技法，以白色釉描绘出缠枝花纹，大小不等的莲花串连在一起，有序地穿插排列，密而不乱。整个画面装饰精美，色彩淡雅柔和，以淡绿色的底釉托起白色的花纹，颇具清雅恬静之美。

144

粉彩石榴纹瓶

年代　清道光
尺寸　口径 8.2 厘米　足径 9.9 厘米　高 30.5 厘米
收藏单位　故宫博物院

慎德堂是圆明园内道光皇帝的住邸，慎德堂款瓷器是专为道光帝烧制的御用瓷器。器物基本保持了御窑瓷器工整细致的特点，构图疏朗，用笔纤细。此瓶画面绘石榴树，其枝干舒展，花朵竞相怒放。树干间留有适量的空白，给人以开阔疏朗的美感。通幅画面宛如一幅庭园图景，以有限的空间表现出无限的意境。

145

粉彩百子图盘

年代　清同治
尺寸　口径 64 厘米　足径 36 厘米　高 10 厘米
收藏单位　故宫博物院

同治帝大婚用瓷器型丰富，数量巨大，做工精湛，釉色多以红色或黄色为地色，上以粉彩绘吉祥纹饰，以突出喜庆的婚礼气氛，代表了同治时期御窑厂的最高水平。此件大盘以粉彩满绘百子图，孩童千姿百态，活泼可爱，将吉祥欢乐的主题表现得淋漓尽致，极具观赏性。

146

粉彩花鸟图蒜头瓶

年代　清光绪
尺寸　口径 3.5 厘米　足径 7.2 厘米　高 18 厘米
收藏单位　故宫博物院

“永庆长春”为光绪官窑瓷器吉语款，属大雅斋器物，是为庆贺慈禧太后万寿节所烧制的御用器。瓶体所绘花鸟纹饰以恽寿平的没骨法表现，笔致秀逸，设色淡雅，具有婉约之美。在晚清工艺低下的条件下，此瓶能不惜工本地被精工细制，实为当时瓷器的上品。

147

绿地墨彩花鸟图钵缸

年代　清光绪
尺寸　口径 42 厘米　底径 39 厘米　高 45 厘米
收藏单位　故宫博物院

大雅斋款瓷器是为慈禧太后专门定烧的御用瓷器。据清宫档案记载，景德镇御窑厂在光绪元年、二年（1875、1876）时，依照造办处颁发的官样，烧造了 4299 件慈禧太后专用瓷器。此器便是其中的一件，花卉图案受清初画家恽寿平的影响，笔法柔润，层次分明，色彩柔和，不仅代表了当时的宫廷风尚，同时也展现了慈禧太后的兴趣爱好及审美情致。

148

粉彩花蝶纹玉壶春瓶

年代　清宣统

尺寸　口径 8.7 厘米　足径 12 厘米　高 30 厘米

收藏单位　故宫博物院

宣统时期仅有三年，官窑瓷器的烧制较少，基本沿袭光绪旧制，但其彩瓷的烧制颇具特色，制作更加精细。此瓶画面施彩较薄，色调虽不够鲜明艳丽，但给人一种柔和娟雅之感，为研究清代宣统时期瓷器烧制工艺及断代提供了有参考价值的实物资料。

二 颜色釉

149

豇豆红釉莱菔瓶

年代 清康熙
尺寸 口径 3.2 厘米 足径 3.9 厘米 高 19.9 厘米
收藏单位 故宫博物院

豇豆红釉瓷器仅见于康熙一朝，釉面变化丰富，呈色千变万化，有的于匀净的浅桃色中掺杂有绿色苔点及密集的深桃色斑点，有的红点密集成片。由于豇豆红烧制难度较大，故以小件器居多，少有大器。此瓶釉面光润细腻，釉色以深桃红色为主，其间泛以淡绿色斑点，似朝霞般色彩艳丽。

150

冬青釉莱菔瓶

年代 清康熙
尺寸 口径 8.4 厘米 足径 8.9 厘米 高 21.2 厘米
收藏单位 故宫博物院

清代仿龙泉青釉瓷器的烧造取得极大的成功，粉青、冬青、豆青等多种青釉色彩纷呈。此瓶造型为康熙时期所独有，胎釉细腻匀净，釉色青绿浅淡，恰似新鲜苹果的色泽，秀丽的瓶体与含蓄的青釉映衬，尤感素雅庄重。

151

天蓝釉凸耳梅瓶

年代　清康熙
尺寸　口径 3.9 厘米　足径 5.9 厘米　高 21 厘米
收藏单位　故宫博物院

天蓝釉是清康熙朝景德镇御窑厂创烧的一种高温颜色釉，色调幽静淡雅，犹如天空的蓝色，故名。此器造型规整，颈及腹部凸饰弦纹、如意形耳，显露白色胎骨而颜色浅淡，与整体釉色形成深浅对比，于清雅简洁中又富于变化，具有良好的装饰效果。

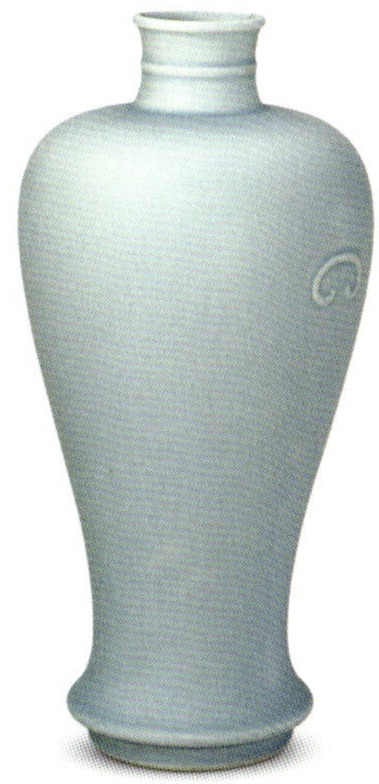

152

粉青釉花瓣式尊

年代　清雍正
尺寸　口径 19.8 厘米　足径 10.2 厘米　高 34.3 厘米
收藏单位　故宫博物院

此尊整体造型取材于自然界中的花朵形态，长颈部呈六面花瓣形，恰似蓓蕾初绽，俏丽生动。釉面通施粉青釉色，色调有如青玉一般幽淡隽永，令人赏心悦目。腹部呈椭圆形，六面花瓣内模印团花纹饰，其间两个蝙蝠口衔铜钱，寓意福在眼前。

153

淡黄釉小观音尊

年代　清雍正
尺寸　口径 3.3 厘米　足径 7.7 厘米　高 14.6 厘米
收藏单位　故宫博物院

淡黄釉是清雍正御窑厂新创烧的瓷器品种，其呈色较传统的黄釉更加浅淡，釉面更加匀净柔和。此件小瓶形制是由康熙朝柳叶瓶演变而来，总体风格上保留了柳叶瓶的纤细轻盈、精巧秀雅的特征，胎体更为轻薄，线条更加顺畅，加之恬静淡雅的黄色釉面，总体给人一种宁静清新的美感，体现出雍正御窑瓷器的皇家风范。

154

祭红釉橄榄式撇口瓶

年代　清雍正
尺寸　口径 7.5 厘米　足径 8.6 厘米
　　　高 30.8 厘米
收藏单位　故宫博物院

雍正御窑瓷器素以造型精致秀美、釉面莹润如玉而著称，特别是单色釉器物更是名噪一时。此瓶造型简练，曲线玲珑，形如橄榄，故名。通体祭红釉色呈色浓艳，与规整优美的造型浑然一体，相得益彰。

155

胭脂水釉梅瓶

年代　清雍正
尺寸　口径 2.2 厘米　足径 6.7 厘米　高 19.5 厘米
收藏单位　故宫博物院

此瓶釉色较之传统的胭脂红釉浅淡，呈粉红色。其施釉方法亦区别于胭脂红釉在涩胎上加金彩，而是在高温烧成的白釉器上施彩，再二次低温烧成。目前所见传世的胭脂红釉制品甚少，器型也较为单一。传世的淡粉红釉更是凤毛麟角，仅见于雍正一朝，而且仅此一件。此瓶造型秀美，做工精细，粉红釉在细白的地釉映衬下，更显娇丽华美。

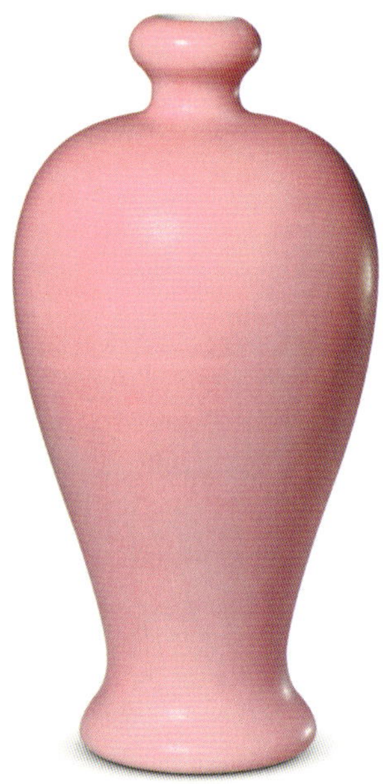

156

孔雀绿釉凸花尊

年代　清雍正
尺寸　口径 11.2 厘米　足径 12.2 厘米　高 28.8 厘米
收藏单位　故宫博物院

此尊造型仿青铜器，釉色如孔雀羽毛般艳丽青翠，釉面具有一种强烈的玻璃光泽。腹部主体图案凸饰螭虎衔缠枝灵芝花卉环围一周，花纹曲茎起伏，动感极强。胫部细长的莲瓣纹与斜收的胫部轮廓线谐调一致，增添了尊体的挺拔感。

157

窑变釉双牺耳尊

年代　清乾隆
尺寸　口径 8 厘米　足径 8.2 厘米　高 20.8 厘米
收藏单位　故宫博物院

窑变釉是清雍正时期景德镇御窑厂在仿钧窑瓷器釉色的基础上，衍生出来新的高温颜色釉品种。它是采用两次或者多次上釉方法，将各种不同颜色的釉料融于一体。此器通体呈紫红色，由尊口处向下流淌浅蓝釉色至腹部，红、蓝两种釉色相互交融，呈现出一种离奇的色彩效果，宛如火焰般瑰丽，与圆润秀美的器型相配，极富美感。

158

松石绿釉镂空花篮

年代　清乾隆
尺寸　口径 15.9 厘米　足径 5.8 厘米　高 13.6 厘米
通高 34.5 厘米
收藏单位　故宫博物院

松石绿釉是雍正时期景德镇御窑厂新创烧的一种釉色。它以铜为呈色剂施加在高温烧成的白釉或涩胎上，于低温窑炉中二次烘焙而成。器型多为小件器，制作精细。此件镂空花篮为熏香用具，可悬挂于室内。花篮通体施松石绿釉并透雕夔龙纹饰，釉色淡雅清新，镂雕玲珑剔透，精致美观。

159

仿汝釉双系鱼篓尊

年代　清乾隆
尺寸　口径 5.8 厘米　底径 8.5 厘米　高 13 厘米
收藏单位　故宫博物院

明清时期景德镇御窑厂大量仿烧宋代汝窑瓷器，以雍正、乾隆时期仿制水平最高，仿品在追慕宋瓷风韵的同时，又能大胆创新，器物造型常以自然界中的动植物为范本，采用概括、抽象的手法进行艺术创作，使器物呈现出无穷的韵味。此器即仿渔家用柳条编织的鱼篓形状，柔和淡雅的仿汝釉色与新颖的造型可谓相得益彰。

160

白釉如意纹袱系花觚

年代　清乾隆
尺寸　口径 16 厘米　足径 5.9 厘米　高 25 厘米
收藏单位　故宫博物院

花觚仿青铜造型。喇叭式花口及细长的器身，极像一朵盛开的喇叭花。器身一条条凸起的棱线，形似喇叭花的根根茎脉，使器物平添了几分诱人的风韵。特别是器身上环绕一道袱系装饰，使花觚蕴含吉祥如意之意。

瓷质花觚始见于元代，盛行于明、清时期，多用于祭祀、陈设或文房用具。

161

炉钧釉双耳灯笼尊

年代　清道光
尺寸　口径 7.9 厘米　足径 8.4 厘米　高 24 厘米
收藏单位　故宫博物院

炉钧釉是清雍正时期景德镇御窑厂创烧的一种以炉内低温烧成的仿钧釉，釉面变幻万千，多姿多彩。此瓶承袭乾隆造型而来，浑厚古朴，其肩部所饰象耳装饰，为规整的器型平添了一抹动感。通体施炉钧釉，青蓝色的釉面中闪现点点蓝斑，呈密集不规则的垂流状，形成一幅妙不可言的画面，给人以流动之美。

玉器篇

清代宫廷玉器的发展大致经历了三个阶段。一是顺治、康熙、雍正至乾隆前期，大约100多年的时间。此一时期玉器制作并不十分兴盛。顺治时期王朝初创，百废待兴，无暇顾及玉器艺术品。从康熙朝到乾隆朝前期，因出产美玉的和田、叶尔羌地区被准噶尔占领，玉路不通，宫廷用玉或为改制前朝旧玉，或靠进贡与走私玉料，制作数量并不太多，但此期玉器艺术在继承明代艺术的基础上逐步向精致化方向发展。二是乾隆二十五年（1760）至嘉庆中期，约60年时间。乾隆二十二年至二十四年（1757—1759），清军相继打败准部和回部，完成了对西北的统一，巩固了西北边疆的统治。此后玉路畅通，乾隆二十五年（1760）后，新疆叶尔羌、和田地区的玉料，得以源源不断地运往京城进贡朝廷。贡玉成为一种制度，为乾隆朝玉器的繁盛局面提供了坚实的原料基础。乾隆帝是一位历史上少见的爱玉如痴的皇帝，他不仅直接参与作品的创作，以自己的艺术修养影响着玉器制作，还常常命令金廷标、余省、姚文瀚等宫廷画师参与玉器的设计、画稿，并由精通书法的大臣书写皇帝本人考证玉器的诗文，命人刻于玉器之上。由此，最好的玉料、最好的玉工、最好的设计、最好的书法，所有这些推动了宫廷治玉的空前繁荣，玉雕艺术水平空前提高，达到了中国古代玉雕艺术的高峰。乾隆时期的玉器类别较多，有礼仪用玉、陈设用玉、日常及装饰用玉、仿古玉器、佛教用玉等。其中，陈设用玉、日常及装饰用玉是宫廷玉器之大宗。同时，因为乾隆帝的好古，仿古玉器也是宫廷玉雕的一大特色。此期不仅大量碾琢日常所用的小件作品，还倾全国之力雕琢了以大禹治水图玉山为代表的若干巨型玉雕作品，形成了以“乾隆工”为代表的皇家宫廷用玉新风尚。“乾隆工”不仅是后人对乾隆时期宫廷精美玉器的通称，更表达了世人对乾隆玉器的推崇，乾隆时期也成为中国玉器历史长河中最为耀眼的阶段。三是嘉庆中期以后至清末。由于此后的皇帝对珠宝玉器均不十分热衷，嘉庆、道光时期还下令减少甚至停止玉贡，这一时期内廷玉器制造业渐趋萎缩，数量急剧减少，技术水平下降，治玉业也逐渐式微，这种情况一直沿至清末。同治以后，只有玉首饰业和翡翠雕琢有所兴起，玉器制造无论工艺水平还是产量均无法和第二个阶段相比。

总体说来，中国古代玉器发展到清代，治玉的各项工具均已发明，各种技术都已完善。清代玉工有条件全面继承以往各时代玉器的多种碾琢技术和积累的丰富经验，尤其到了乾隆时期，已经达到了玉雕艺术的集大成期和巅峰期。虽然清晚期至民国治玉工艺水平下降许多，但无法泯灭清代乾隆时期的治玉盛况和艺术高峰。可以说纵观中国古代玉器艺术的历史长河，到清代完全可以画上一个完美的句号。

一 礼仪用玉

162

青玉御制《圭瑁说》圭

年代 清乾隆

尺寸 最宽 10.6 厘米 最厚 1.1 厘米 高 41 厘米

收藏单位 故宫博物院

玉圭青玉质，体型颇大，正面刻琢有乾隆帝考证历史上圭瑁源流的文章《圭瑁说》，由朱珪书写，字口填金，背面阴刻填金海水云蝠纹。玉圭历来为礼器瑞玉，常用于礼仪大典之时。此玉圭选材精良，刻琢书法有度，工艺精湛。加之乾隆帝的考证文章及大学士朱珪的书法，艺术性凸显，其价值已远远超出仅在典礼之时所用的普通玉圭。

163

碧玉兽面涡纹璧

年代　清乾隆
尺寸　外径 25.6 厘米　内径 4.4 厘米　厚 1.05 厘米
收藏单位　故宫博物院

玉璧以颜色鲜亮的碧玉制成。造型仿汉代的夔龙谷纹玉璧，但仿古而不泥古，汉代玉璧上的夔龙纹与谷纹设计至清已变形为兽面纹与涡纹，这一纹饰是清代仿古玉璧的典型特色。“苍璧礼天，黄琮礼地”，碧玉色也暗合了天空的苍碧之色。此璧将礼仪性与艺术性完美地结合在一起。

164

青玉兽面纹带托爵杯

年代　清乾隆
尺寸　底盘直径 16.5 厘米　通高 14 厘米
收藏单位　故宫博物院

青玉质。整器由爵杯和盘托两部分组成。清中期出现了许多仿古彝器的作品，与乾隆帝好古有着直接的关系。此爵杯无论器型与纹饰均拟古，但缺少了古代青铜爵杯的庄严肃穆，兽面也无面目狰狞之感，反有工整华丽之态。爵在祭祀礼仪中常常使用。

爵杯器底阴刻“乾隆年制”隶书款并另刻一“八”字。盘托上浮雕寿山福海纹，盘底阴刻楷书“乾隆年制”款，并在盘底上部阴刻一“八”字，显示其与爵杯相配套使用。

二 陈设用玉

165

白玉桐荫仕女图山子

年代　清乾隆
尺寸　长 25 厘米　宽 11 厘米　高 15.5 厘米
收藏单位　故宫博物院

整器为白玉子料雕琢而成。子料上的天然桂花色黄皮被工匠巧雕成梧桐树、假山和高大的芭蕉树。这件乾隆三十八年（1773）完工的玉雕作品以康熙时期的油画作品《桐荫仕女图》为设计原稿，充分利用了一块做玉碗的剩料雕琢而成，造型新颖，匠心独运，堪称一绝。

166

青玉山林隐逸图山子

年代　清
尺寸　最宽 30.5 厘米　最厚 13 厘米　最高 42.5 厘米
收藏单位　故宫博物院

山子以清代玉器中较为少见的黑色青玉制成。山中有松椿梧桐、藤萝叠蔓、小桥流水。一老者扶栏而坐，俨然一幅山林隐逸的画卷。

描写山林、隐士生活题材的作品，在绘画中多有表现，而在玉雕作品中，山子雕则能多视角地彰显这种题材，成为更形象的立体绘画。

167

白玉采玉图山子

年代　清
尺寸　宽 14.9 厘米　厚 8.5 厘米　最高 11.6 厘米
收藏单位　故宫博物院

此为一块和田子料，温润细腻，器背及顶部均有大面积的桂花黄皮及褐色皮壳。两名维吾尔族男子正从河中推出玉石，山子背面有乾隆帝楷书御题诗，描写了于阗采玉人的辛苦。这件小型玉山子是清宫造办处的作品，以和田玉子料来表达和田采玉的情景，充分显示了在材料、立意、工巧三方面的统一，匠心独运。

168

青玉乾隆御题大禹治水图山子

年代　清乾隆
尺寸　宽 96 厘米　高 224 厘米　通高 264 厘米
收藏单位　故宫博物院

此器以清宫内府旧藏宋代《大禹治水图》为稿本，全面、立体地再现了大禹带领民众战胜洪水的宏大场景。玉雕表现崇山峻岭、飞瀑流泉、古木苍松，以及民众们在陡峭险峻的大山中劳动、开山劈石、疏导水道、奋力与自然斗争的场景，气势雄浑壮观。

据清宫档案记载，此玉采自新疆和田的密勒塔山，玉材原重约 10700 斤，由擅做玉山的扬州玉工精心琢制。前后共历 10 年才最终完成。它是目前所见中国古代最大、气势最为恢宏的玉雕作品。

169

青玉云龙纹香亭

年代　清

尺寸　青玉筒口径 9.4 厘米　高 58 厘米

通高 96 厘米

收藏单位　故宫博物院

整器分上、中、下三部分，中部为青玉质香筒，上、下各有铜镀金亭式顶和须弥式台座。香亭为宫中陈设，使用时在筒内盛放香料，香气从镂空的筒壁中溢出，焚香净气。清宫之中香具颇多，造型各异，如香薰、香炉、香囊、甪端等。材质也多种多样，以瓷、玉、珐琅为大宗，玉质香具因用材严格，且在工艺上常常要求镂空雕琢而使得制作工艺难度加大。

香亭常常是清代宫廷大殿内的固定陈设之一。亭子寓意安定。将香亭置于殿内宝座之前，有寄予天下大治、安定稳固之意。

170

青玉甪端

年代　清
尺寸　通长 12.1 厘米　通宽 18.5 厘米
　　　高 26 厘米　通高 35.9 厘米
收藏单位　故宫博物院

甪端为古代传说中的一种神兽，鹿形、马尾、独角，角在鼻上，传说它日行一万八千里，如遇圣主明达，方外幽远之事，则奉书至。明清时期，常以甪端为器，借其祥瑞之意。

此甪端头为盖，身为腹，中空，口镂雕透空。腹中放入香料，烟气可从甪端口中吐出，成为宫中常用的香熏之器。甪端昂首挺胸，昂然站于铜镀金的云纹底座上，气势恢宏，设计巧妙，既有实用性，又有观赏性。

171

玛瑙光素盏

年代　清雍正
尺寸　口径 10.6 厘米　底径 4.2 厘米　高 6.7 厘米
　　　通高 12 厘米
收藏单位　故宫博物院

雍正时期出现了一批素雅典致的玛瑙器，多为光素的杯、盏、碗、盘等。这些器皿除款识外，充分利用玛瑙天然的纹理，不加琢任何额外雕饰之纹。清宫档案中还记载，雍正帝常命工匠对玛瑙器"随形式往薄里磨做"，这样一来，玛瑙那种晶莹剔透之质及自然天成的纹理之美彰显无遗，也体现了雍正帝对器物典雅素净的审美情趣。

器底砣刻篆书"雍正年制"两行款。

172

白玉骊龙守珠扁瓶

年代　清乾隆
尺寸　宽 10.5 厘米　厚 3.6 厘米　高 18.3 厘米
收藏单位　故宫博物院

玉质洁白温润。在扁瓶瓶颈上盘绕一条立体圆雕的龙，龙首前方雕琢一火焰珠。瓶身素净安宁，龙和珠则饱满而富有张力，动感十足。寓意骊龙护珠，守口如瓶。

立体器皿类玉器一直是清代宫廷玉雕的主要门类，常用作宫中各个宫殿的陈设之器。扁瓶一般为插花器具。此瓶设计静中有动，华贵而不失典雅，加之以优质的和田白玉雕琢而成，使之成为清代乾隆宫廷玉器的代表之作。

173

青玉嵌宝石带盖瓶

年代　19 世纪
尺寸　腹纵 6.8 厘米　腹横 6 厘米　高 20 厘米
收藏单位　故宫博物院

这件青玉瓶瓶身稍扁，不同于清代流行的圆形瓶，器身及瓶盖整齐而有规律地镶嵌以红宝石、祖母绿、碧玉雕琢的叶片及嵌银的花叶，工艺复杂，精美华丽，为典型的来自印度莫卧儿王朝时期的玉器。乾隆帝认为其工艺之巧堪和中国苏州专诸巷的玉工技艺媲美。

174

青白玉古稀天子诗文如意

年代　清乾隆
尺寸　通长 52 厘米　如意头最宽 12.2 厘米
　　　柄最宽 4.2 厘米　通高 5.2 厘米
收藏单位　故宫博物院

此玉用整块和田玉雕琢而成，温润细腻，造型优美，是清代宫中的重要陈设品，被视为祥瑞祈福之器，多放置在宝座和寝室的几案上，供皇帝和后妃玩赏。

如意头上浮雕边框，内有填金篆书“古希天子”。柄身雕琢楷书填金御制诗一首，为乾隆四十八年（1783）所作。后有“古稀天子”、“犹日孜孜”两方印章。

175

青白玉牧童骑牛

年代　清
尺寸　通长 11.3 厘米　宽 8.8 厘米　高 7.3 厘米
收藏单位　故宫博物院

玉质温润细腻。整体采用立体圆雕技法雕琢出栩栩如生的卧牛和牧童，细节处则利用细密精致的阴刻线刻画，如牛的尾巴、牧童手中的缰绳等，而童子微仰头上看的神态，则有清代诗人袁枚《所见》的诗意：“牧童骑黄牛，歌声振林樾。意欲捕鸣蝉，忽然闭口立。”此玉无论是从玉质还是雕工上看，都不失为一件清代宫廷玉雕陈设精品。

三 日常及装饰用玉

176

白玉螭龙纹执壶

年代　清
尺寸　通宽 17.2 厘米　腹最宽 10.8 厘米　通高 11 厘米
收藏单位　故宫博物院

玉质洁白温润，器身染有桂花色皮。两条并列的龙口衔住壶身，而龙身巧妙地弯成壶的柄。器身浅浮雕螭龙，呈几何形环绕壶身，并以浮雕云纹相互勾连。玉壶造型优美，雕工精致细腻，用材优良，不禁使人想起“一片冰心在玉壶”之句。壶底圈足，中间隶书“道光御用”四字。

177

白玉炉、瓶、盒三事

年代　清
尺寸　炉通宽 15.5 厘米　口径 8.8 厘米　通高 10 厘米
　　　瓶通宽 4.5 厘米　高 12 厘米
　　　盒直径 5.9 厘米　高 3 厘米
收藏单位　故宫博物院

三件均白玉质，玉质温润。炉造型仿古，圆形似簋，大大的兽耳十分夸张。瓶椭圆形直圈足，双贯耳，腹上浅浮雕两个仿古兽面纹。瓶内插有铜箸一对、铜铲一个。盒盖圆形开光内浮雕团寿字。

炉、瓶、盒三事为宫内常见陈设品兼实用器，常组合使用。此瓶内放有箸与铲，可见当时为香事所用。三件器物高矮错落，粗细有别，相得益彰。

178

白玉云龙纹三镶冠架

年代　清乾隆
尺寸　最宽 16.7 厘米　通高 30.5 厘米
收藏单位　故宫博物院

整器以紫檀镶玉插接而成，中间以一铁轴贯穿。在冠顶、挺中及红木鼓形座上镶嵌三块白玉，均深浮雕云龙纹，或两龙在云中相戏，或一龙在云间穿梭，极富动感与气势。

该器物以阴刻填金手法雕有乾隆御题玉兰、桃、蝴蝶及秋葵诗句四首并花卉纹饰，图案与诗文相配，充满优雅情趣。

179

白玉珐琅风挡烛台

年代　清乾隆
尺寸　玉烛台底径 9 厘米　通高 24.5 厘米
　　　铜胎珐琅风挡底盘径 10.3 厘米　通高 32.5 厘米
收藏单位　故宫博物院

烛台光素无纹，以玉质洁白温润取胜。由五节黏连而成，上盘顶部贯有一铜钎。玉烛台下为铜镀金圆形底座，以铜铆钉固定一个张翅的蝙蝠。蝙蝠口中伸出一扭曲状上升的半月云形托，托上插一圆形铜胎掐丝珐琅风挡，风挡蓝色底，中间一大红双喜字，四周环绕缠枝花纹。烛台设计巧妙，以白玉和珐琅搭配，既有白玉之无瑕，又有珐琅之艳丽，彰显了皇家大婚时的高贵气派。

180

白玉光素渣斗

年代 清
尺寸 口径 8.2 厘米 底径 5.6 厘米 高 8.4 厘米
收藏单位 故宫博物院

玉质洁白细腻，整器虽光素无纹，但纯以玉材取胜，充分展示了和阗上等白玉的玉质之美，加上温润精熟的抛光。更显造型之简洁大方，姿态优美。

器底虽镌刻“道光御用”隶书款，但器物本身却有“乾隆工”的艺术特征。可能为前朝遗留之物，因皇帝的喜爱，加上了本朝御用之款。

181

青玉蕉叶洗

年代 清
尺寸 长 15.5 厘米 宽 6.2 厘米 高 2.4 厘米
收藏单位 故宫博物院

文房用具除却笔墨纸砚四宝外，书斋所用之笔筒、笔洗、镇纸、臂搁、砚滴、砚屏、印章等各类文房用器亦丰富多彩，它们或陈设，或实用，或雅玩，亦成为文人潜心追求之物。清代是文房用器的完备鼎盛之时。无论是审美理念，还是工艺制作技术，都达到炉火纯青之境。

这件玉洗青玉质，玉质温润。圆雕为蕉叶形，将叶柄卷曲成把手。整器造型新颖别致，工艺精巧，十分可爱难得。

182

白玉松椿人物图高桥笔架

年代 清
尺寸 通长 18.5 厘米 宽 5.5 厘米 高 8.5 厘米
收藏单位 故宫博物院

玉质洁白温润。造型以梯形木桥为支架，刻画出桥板及木桩。松椿围绕着木桥，桥上行人往来，各具形态。桥下正经过一小篷船，一童子坐船头，一老者在船尾抚橹，神态悠然。

整器集圆雕、镂雕、高浮雕等多种雕刻技法于一身，以人物、松椿的错落有致来架笔，设计巧妙，别具一格。同时此玉充满浓郁的江南水乡生活气息，人物造型生动活泼，与格式严谨的宫廷玉器风格有所不同，为清代玉雕中的精品之作。

183

青白玉天禄砚滴

年代　清
尺寸　最长 12.8 厘米　高 7.5 厘米
收藏单位　故宫博物院

天禄为传说中的神兽，有辟邪之意，为常见的玉器造型题材。

此砚滴玉质温润。圆雕一伏卧状天禄，昂首向前，身披火焰纹毛发，卷云花式尾。器身正中有一柱滴管，盖镂雕灵芝，柱管椭圆形，上下通透一孔，用于滴水。天禄口中另有一孔，与器腹内相通，可倒水，故此物又可兼水注而用，从形式到设计都极具匠心，器型与实用功能达到完美的统一。

184

白玉云龙纹水盂

年代　清乾隆
尺寸　最长 12.5 厘米　宽 11.7 厘米　高 6.7 厘米
收藏单位　故宫博物院

水盂以白玉子料雕琢而成。器身表面以高浮雕手法雕琢两条奔腾之龙，穿梭于祥云之中。器底阴刻一首乾隆三十九年（1774）所写的隶书御题诗《题和阗玉云龙小盂》，后有“乾隆甲午仲春御题”及“古香”、“太扑”两方乾隆帝常用的闲章。整器玉质洁白温润，雕工精良，又配以乾隆帝所咏小诗，既有皇家华贵之气，又有书斋文雅之风，堪称乾隆玉器精品。

185

青白玉山水人物图笔筒

年代　清
尺寸　口径 14 厘米　高 14.5 厘米
收藏单位　故宫博物院

玉质青白色，温润细腻。因玉质笔筒用料耗费较大，对材质要求较高，对其审美设计及工艺制作亦要求严格，由此使之成为文房用器中的重器。而中国古代文人十分喜爱描写山林隐逸生活题材的作品，将这种文人画作品应用于玉质笔筒上，以减地浮雕工艺制作，围绕着笔筒周身，使得平面的绘画作品显得立体而有层次，故玉质笔筒不仅为实用器，亦是艺术性较高的书斋陈设。

186

碧玉石榴式香囊

年代　清
尺寸　长 5.1 厘米　宽 4.7 厘米
收藏单位　故宫博物院

清代皇族贵戚常佩戴玉香囊，内贮各种香料。玉香囊的制作主要采用镂雕工艺，以使香气四散。

这件香囊为碧玉质，颜色较暗。整器镂雕为石榴形，分为两片。柿蒂纹地子上镂雕、浮雕石榴果及花叶，香囊口部被巧妙地做成花瓣式，设计精巧，雕工细腻，富有生趣。

187

白玉花蝶纹簪

年代　清
尺寸　长 20 厘米　宽 2 厘米
收藏单位　故宫博物院

白玉质，玉质莹润。簪身顶端凹为耳挖形，簪身镂雕蝴蝶、兰花、梅花等。花瓣、叶片中心打磨下凹，凸显了立体效果，工艺精湛细腻。此玉簪虽然细长，但为一整块完整玉料雕琢，所需原材料不仅较大，而且要洁白无瑕，充分显示了治玉上不惜工本的皇家气派。

188

白玉万寿纹扁方

年代　清
尺寸　全长 32.3 厘米　最宽 2.9 厘米
收藏单位　故宫博物院

白玉质，玉质温润。扁长体，头雕为五朵梅花形。簪身镂空寿字与万字相间，寓意万寿无疆。

扁方是簪中最有特色者，又称“大扁簪”。多以金、银、玉等材料制成，为清代妇女常用，贯穿于发髻之中。以玉制扁方，所需原材料巨大。这件镂雕的扁方在工艺上精益求精，一丝不苟。

189

碧玉扳指

年代　清乾隆
尺寸　外径 2.9 厘米　高 2.2 厘米
收藏单位　故宫博物院

碧玉质，内有些许黑点。扳指，又叫“搬指”，一般多用玉做成指环状。最初戴于右手大拇指上，为拉弓勾弦而用，后演化为一种装饰品。此扳指琢磨精致，文字雕刻细微工整，可玩可赏，乾隆帝又亲自赋诗题写，可见对其喜爱之甚。

扳指上下填金阴刻回纹，中间阴刻填金乾隆御题诗《其相韘》，并钤刻圆形阳纹印“乾”与阴文方章“隆”字。

190

白玉扳指

年代　清
尺寸　外径 3.1 厘米　高 2.8 厘米
收藏单位　故宫博物院

扳指马鞍型，鞍面上有黄色桂花皮，显示其为和田白玉子料。器物虽光素无纹，但玉质洁白莹润，达到羊脂白玉级。羊脂白玉是和田玉中之极品，其标准有二：一要白，二要润，如羊之脂肪一般。此扳指玉料难得，做工虽简洁，但符合玉不琢或少琢的工艺原则。

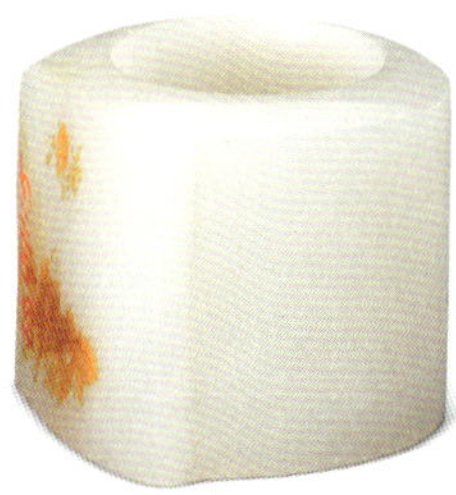

四
仿古玉器

191

白玉双婴耳杯

年代　清康熙
尺寸　口径 6.5 厘米　底径 3.1 厘米　通高 4.4 厘米
收藏单位　故宫博物院

此玉杯是清代康熙年间玉工姚氏之作，为精妙的仿古作品。白玉的杯身温润细腻，杯子两侧以仿宋之婴童为耳，加之器身以琥珀染色做旧，使得玉杯颇有古风。因玉杯工艺精湛，做旧也十分到位，竟然使乾隆帝莫辨真假，并以此杯制作精细而大为称奇，写下《玉杯记》一文，制成册页，与玉杯及盛放的檀香木座、黑漆描金漆盒一起传之后世。

192

青玉仿古凫鱼纹活环三兽耳壶

年代　清乾隆
尺寸　口径 14.8 厘米　底径 14.1 厘米　高 46.3 厘米
收藏单位　故宫博物院

此玉壶以清宫旧藏战国青铜凫鱼壶为本，是典型的以玉仿青铜器的作品。它由与青铜色最接近的和阗青玉制成，器身上所琢的水禽与鱼惟妙惟肖，精致细腻。乾隆帝在其所作御制诗《咏和田玉凫鱼壶》中大赞，并命人将诗刻于壶口之内，增加了工艺的难度。

该壶器底阴刻“大清乾隆仿古”款。

193

青玉召夫鼎

年代　清乾隆
尺寸　最长 21 厘米　宽 13.8 厘米　鼎高 25.5 厘米
　　　通高 30 厘米
收藏单位　故宫博物院

玉鼎青玉质，仿青铜召夫鼎而制，其兽面纹与周边镂空出戟状，仿商周青铜器风格，亦摹刻青铜鼎上铭文于玉鼎内壁，器内底阴刻乾隆御制诗《题和阗玉召夫鼎》，工艺难度颇大。器盖使用了一件元代的帽顶做盖纽，使整个玉鼎更添古雅之气，是乾隆时期仿古玉鼎的精品之作。

器底阴刻“大清乾隆仿古”款。

194

白玉象首觥

年代　清
尺寸　最宽 12 厘米　厚 6.5 厘米　高 21 厘米
收藏单位　故宫博物院

白玉温润光洁。整器以象首为觥。以两象牙与卷鼻为足。觥身一侧浮雕并镂雕一螭龙，做腾空状爬伏。觥身浅浮雕各类仿古凤鸟纹、夔龙纹等。觥盖亦浅浮雕兽面纹、如意云纹，以及细密的网格纹，并配以圆形捉手。

此类仿古玉器，因乾隆帝的倡导而大量制作。这一时期仿古而不泥古，往往对古老的造型和纹饰进行当朝的革新，使得古老的玉器造型焕发了新的生命力。

195

白玉三螭纹璧形插屏

年代 清乾隆
尺寸 直径 12 厘米 通宽 17 厘米 通高 21.7 厘米
收藏单位 故宫博物院

红木为座。正面中间镶嵌白玉三螭纹璧。玉璧色白质润，璧上高浮雕三条螭龙扭曲婉转，盘旋嬉戏，颇有上古风韵。

木座背圆形开光，内刻乾隆御题诗文，寄托了其好古之情，又表达了希望借此庇佑嘉谷之意。后钤“几暇怡情”、“得佳趣”两方朱文方章。此两方章均为乾隆帝之闲章。

196

白玉龙凤纹佩

年代 清
尺寸 长 7.1 厘米 宽 5.1 厘米 厚 0.6 厘米
收藏单位 故宫博物院

白玉温润无瑕。镂雕一回首螭龙，龙发下飘，分叉花尾，身上各关节处饰以卷云纹。另有一凤，凤爪踩于龙背，与龙默默对视，韵味深长。玉佩镂空处打磨抛光精致，整器光洁照人，精工细琢，是清中期玉器精品之作。

197

白玉龙凤纹鸡心佩

年代　清
尺寸　通长 7.9 厘米　最宽 6.1 厘米　最厚 0.6 厘米
收藏单位　故宫博物院

鸡心佩又叫韘形佩，从商周实用玉韘演变而来，汉代盛行。后代均有仿，清代康熙、乾隆时期仿制了许多此类佩饰，用料均好，可见对其喜爱之甚。

此玉洁白温润，料质极佳。器型仿汉代玉韘形佩，镂雕龙凤云螭，佩中圆心上部凸雕篆书“宜子孙”三字。正反面纹饰虽不同，但均浮雕各种螭龙纹和凤鸟纹，器身还高浮雕或阴刻各类云纹，龙凤穿梭其间，极富动感与韵律。

198

白玉夔龙纹佩

年代　清
尺寸　最长 7.9 厘米　最宽 5.9 厘米　厚 0.8 厘米
收藏单位　故宫博物院

玉质洁白温润。器呈扁平状，雕琢一卷尾回首龙。龙嘴前伸，饰以卷云纹。龙身浮雕半圆弧形鳞纹，身披火焰状毛纹。正反纹饰相同，立体感较强。此夔龙纹佩造型、纹饰已明显不同于前朝各期，缺少早期龙纹的健硕有力，而呈现憨态可掬的顽皮状，为清代变形夔龙纹的代表。

199

白玉兽面纹合璧连环

年代　清乾隆
尺寸　外径 7.5 厘米　厚 1.9 厘米
收藏单位　故宫博物院

玉环玉质洁白温润，造型及所琢纹饰在仿新石器时代良渚文化龙首纹玉环的基础上有所创新。作者将玉环从中间巧妙地剖开，分开时会成为两环相套的连环，其设计十分精巧。乾隆帝御制《咏开合玉环》六言诗中赞曰：“合若天衣无缝，开仍蝉翼相联。往复难寻端尾，色形底是因缘。”

五 佛教用玉

200

青玉佛

年代 清
尺寸 宽 8.3 厘米 最厚 8.7 厘米 高 22.8 厘米
收藏单位 故宫博物院

玉佛慈眉善目，大耳垂肩，身披袈裟，结跏趺坐于玉莲座上，手中托起一个塔式佛龛。龛内亦端坐一佛，抛光精亮，工艺精湛。隋唐以后，佛造像中开始有玉质佛像，将玉所代表的“君子比德于玉”的儒家文化内涵与佛教的普度众生结合在一起。在工艺之美上加入了深深的文化及宗教含义，其意义更甚于普通人物造像。

201

碧玉坐佛山子

年代 清
尺寸 宽 12.7 厘米 厚 6.7 厘米 高 16.6 厘米
收藏单位 故宫博物院

清代皇帝普遍信佛，宫内佛堂较多。清宫旧藏中以藏传佛教造像为大宗，但在玉雕作品中，藏传佛像形象却相对较少，反而汉传佛像作品较多，有如来、菩萨、弥勒等，这些作品多为清宫造办处制作。

此件碧玉山子，充分利用碧玉的自然之色，展现翠绿幽静的山林，佛端坐于洞窟，神态安详，更显静谧幽深。

202

青白玉罗汉山子

年代　清
尺寸　长 20.5 厘米　厚 4.5 厘米　高 22 厘米
收藏单位　故宫博物院

此器玉质温润，巧用和田玉子料雕琢。所雕罗汉为租查巴纳萕嘎尊者，在十八罗汉中位列第十一。整器采用和田青白玉子料圆雕而成，玉中原带有皮色和黑脏。工匠巧妙利用，去除黑脏，留皮色于树枝、山石及人物袈裟之上，使得玉器陡然增色，栩栩如生。

玉山上阴刻楷书御制文，为乾隆二十二年（1757）所作《贯休画十六应真像赞》中对第十一尊者的题文。

203

青玉铃杵

年代　清乾隆
尺寸　底径 9.8 厘米　铃高 18.5 厘米
　　　杵高 12.3 厘米
收藏单位　故宫博物院

铃杵是藏传佛教密宗的法物，多以铜制作，称为金刚铃杵。此铃杵以青玉为质，铃中有玉舌，与铃身相撞，玉声悦耳，更显梵音妙曼，地位尊贵。此铃杵为乾隆五十九年（1794）五月新造，两物采用浮雕、镂雕之法，雕工细致精微，既谨遵法度，又有佛教艺术的至高境界。

铃肩部及杵中央有“乾隆年造”楷书填金款。

204

白玉海水七佛纹钵

年代　清
尺寸　口径 14 厘米　口沿厚 0.8 厘米　高 8 厘米
收藏单位　故宫博物院

钵上浮雕七尊佛像，佛螺髻，面容慈祥，脑后圆形背光，身披袈裟。均结跏趺坐于莲花座上。

玉器中的佛教题材文物，其佛像面容常常是汉人形象，除罗汉题材外，少见藏传佛像面容。这种玉佛像的雕琢特点，更符合佛教本土化的状态，显示了佛教与中华文化中最精髓的玉文化之间的融合。此器以白玉雕琢，玉质温润细腻，抛光精良。配以朵云纹的紫檀木座，更显庄严宝相。

205

青玉嵌宝石七珍

年代　清
尺寸　最宽 9.5 厘米　通高 31 厘米 –32 厘米
收藏单位　故宫博物院

藏传佛教习俗中，常以“七珍”为题材，绘成卷或雕铸成像加以供奉，象征显赫和富庶，但大多是做成立体的供器陈列于供桌之上。本套七珍——袋宝、马宝、象宝、将军宝、臣宝、玉女宝、主藏宝，与藏传七珍稍有不同。如金轮宝由袋宝替代，表示袋中收纳珍宝之多；象宝所驮宝瓶的另一面绘有太极云图，颇有道教意味，显示了宗教之间的融合。整套玉器采用多种材质，设计新颖华贵，极为富丽。

206

青白玉五供

年代　清

尺寸　盘最径 16.2 厘米　底足径 12.7 厘米

　　　烛台口径 16 厘米　底径 9.7 厘米　高 39 厘米　通高 54 厘米

　　　花觚口径 19.5 厘米　高 28.8 厘米　通高 33.8 厘米

　　　盖高 25.3 厘米　通高 31 厘米

收藏单位　故宫博物院

此五供由一件青白玉双耳万寿兽面纹三足盖炉、一对青白玉勾云夔龙寿字纹烛台及一对青白玉蕉叶螭龙寿字纹花觚组成，均配有珐琅器座。

五供既供于佛前，又祭于道台，又称“五献”，是将五种献祭品——香、花、灯、水、果，献于神坛之上，企盼天佑吉祥。此五供原藏慈宁宫，为皇太后所用。玉质温润，造型规矩有度，与珐琅器座相配，更显皇家富丽。

竹木牙角篇

竹雕、木雕、象牙雕、犀角雕，都是我国古代工艺美术领域中的独立门类，但往往被合称为“竹木牙角雕”，有时还将果核雕、匏（葫芦）器工艺等也囊括于内，成为在青铜、陶瓷、玉器、金银器等传统深厚、影响巨大的工艺类别之外的各种相对较小类别的代名词。

这几种工艺的历史都相当悠久，可以追溯至新石器时代甚至更早。由于竹、木、匏、角等天然材质能够在自然环境中直接获取，所以对它们的利用还先于青铜、陶瓷等人工材质。这几种工艺一直与古代先民的日用联系紧密。竹、木、匏等俯拾皆是，往往即取即用，难成重器，加之容易朽坏，所以留存实物与文献材料非常零散。象牙与犀角虽然比较珍罕，但又过于稀少，且本身形态局限性很大，因此可资排比的资料也不多。可以说，在相当长的历史时期内它们都没有形成相对清晰的工艺脉络。直到明清时期，随着整个工艺美术领域的繁荣与发展，竹木牙角雕也取得了空前的成就，产生出独具特色的工艺技法，留下了大量精品，派生出全国闻名的地方物产，得到了上层社会的关注、推广，甚至有皇帝与宗室亲身参与其中。

竹木牙角雕于清代宫廷工艺中同样占有不可忽视的地位。在专司皇室器用制造、维护和贮存的内务府下属机构造办处内，木作、牙作等都是比较重要的作坊，供职其中的匠人大都来自工艺制造业发达的江南、广东等地区，他们相互协作，相互影响，融合各地工艺之长，创作出代表宫廷工艺水平和审美趣味的佳作。其中的佼佼者会得到皇帝的格外赏识，如牙匠施天章、黄兆等人，不仅被允许在部分作品上留下款识，还可以凭借技艺获封官职。这是清代帝王有意识地构建宫廷工艺风格的一种手段。雍正帝曾明确提出上用之物不要有“外造之气”，应按他心目中理想的“内廷恭造式样”来承制。乾隆帝的个人好恶可能与乃父有所区别，但掌控工艺制造的方式却并无不同。他们干预从设计、选材、制造到配座、包装的整个过程，使生产出的器物呈现出一种皇家风范。我们可以尝试总结其中一致的特点：其一，对细节精益求精；其二，对技巧的展示受制于主题；其三，追求画意；其四，重视对古代器型与纹饰母题的跨材质引用；其五，满足宫廷陈设与收藏的要求。而传世的文竹器、匏器及带有工匠款识的牙雕作品等，都是以上特点在竹木牙角雕领域的鲜活例证。

在以造办处为核心的皇家营造体系生产出“内廷恭造式样”器物的同时，通过工匠的任免、产品的定制与采购、贡品的收纳与驳出等机制，也形成了某种宫廷工艺与民间工艺的互动，宫廷所推崇的范式得以传达出去，而地方的精品也经过一次过滤，转而给宫廷工艺提供推动力。

一 竹

207

竹根雕罗汉

年代 清早期
质地 竹根
尺寸 宽 12.2 厘米 高 15 厘米
收藏单位 上海博物馆

罗汉坐于石上，双目微阖，缩颈耸肩，懒腰将伸未伸，作打哈欠状。作品充满世俗情味，全无宗教的神秘与庄严。作者对人物神态的拿捏妙到巅毫，显示出细致的观察力与深厚的造型能力。有“封锡禄造像”款识。

封锡禄，为嘉定（今属上海市）竹刻家，擅长竹根圆雕，曾于康熙四十二年（1703）入京供职养心殿造办处，后又由其传人接替，对宫廷工艺产生过一定影响。

208

文竹多盛盘

年代　清中期

质地　竹、木、玉等

尺寸　盘长 37.5 厘米　宽 31.5 厘米　高 4.2 厘米

收藏单位　故宫博物院

盘内盛文竹笔筒、印泥盒、印章、水丞、墨床、砚盒、臂搁等，是一种多用途文具组合形式，极具宫廷特色。装饰技巧上，不仅有阳文夔纹和各种几何纹饰，还有阴刻填漆山水、嵌玉及包镶金里等多种手段，代表了当时文竹工艺的最高水平。

209

竹丝镶文竹龙戏珠纹笔筒

年代　清中期
质地　竹丝、木等
尺寸　最大口径 9 厘米　高 13.3 厘米
收藏单位　故宫博物院

呈卷书式，口及底以木胎包镶竹内壁黄色皮层的文竹工艺制成。筒壁为竹丝编成的细密均匀的菱形网格，以金属丝作纬，起稳定作用，其上又贴饰龙戏珠纹，整体嵌装于口、底之内。

作者将竹丝工艺之玲珑剔透发挥得淋漓尽致，体现出新颖的构思与精湛的技巧。

210

文竹几式文具盒

年代　清中期
质地　竹、木、玉等
尺寸　长 30.1 厘米　宽 13.2 厘米　通高 28.5 厘米
收藏单位　故宫博物院

台座为一五屉小几，上承一瓶式盒，一束腰式盒，一书式盒。通体包镶竹黄，表面嵌贴深色龟背锦纹、蕉叶纹、卍字不断头纹、缠枝莲纹等纹饰，并兼用竹丝及玉、牙镶嵌。

此器可收贮小册页及玉饰件，是案头文玩清供中很有时代特色和宫廷趣味的器具。

211

文竹春字四子盒

年代　清中期
质地　竹、木等
尺寸　直径 19.2 厘米　高 11.2 厘米
收藏单位　故宫博物院

天覆地式，造型方圆兼备，形如玉琮。以聚宝盆及“春”字为装饰主题，四壁饰各体“寿”字及有祝寿含义的图案纹饰。内藏四小盒，分别贴饰“天”、“地”、“同”、“春”四字。

此盒应用文竹工艺，拼镶粘贴紧密，配色和谐端庄，体现了高超的技术水平。

这种形制于明嘉靖雕漆中已出现，乾隆时期多有仿制，称“寿春宝盒”，各种材质均有。此盒是其中佼佼者。

212

文竹双莲蓬盒

年代 清中期
质地 竹、木等
尺寸 大盒口径 10 厘米 底最宽 19 厘米
高 10.2 厘米
收藏单位 故宫博物院

盒呈大小莲蓬双连式，内糅金漆。盖上嵌莲子，触之可动，极具趣味。莲子、荷叶、荷花等以黄杨木雕成，颜色、质地与竹黄接近而不受材料限制，十分巧妙。

此作构思与制作俱佳，是清中期文竹制品中不可多得的代表。

213

文竹嵌棕竹丝唾盂

年代 清中期
质地 竹、棕竹、木、玉等
尺寸 口径 11.9 厘米 底径 6.2 厘米 通高 8.9 厘米
收藏单位 故宫博物院

木胎，外壁通体贴饰棕竹丝，外底及器、盖内壁则包镶竹黄。棕竹丝铺排坚密熨贴，在每个转折处均过渡自然，特别是直线与曲线相临之处严丝合缝，显示出高超的工艺技巧。此外，棕竹色沉稳，文竹色跳脱，加之玉纽的调剂，在颜色、质地、肌理等方面都取得和谐的效果，表明清中期文竹及棕竹镶嵌工艺的突出成就。

214

棕竹嵌玉葵瓣式盒

年代　清乾隆

质地　棕竹、木、玉等

尺寸　最大口径 22.2 厘米　高 7.6 厘米

收藏单位　故宫博物院

盒盖用棕竹片及棕竹丝盘贴成浪花旋动状，细密精致，俨然天成，且盖、底对称，实为集文竹工艺之大成的作品。据清宫造办处档案记载，乾隆四十三年（1778）乾隆帝曾命“广木作”为盛有“汉玉鱼五件”的“嵌玉一块棕竹盒一对”配制“白檀香雕海水屉”，“鱼下留素板刻诗”。此盒可能就是其中之一，诗句与玉鱼相得益彰，增添了不少趣味。

215

文竹嵌染牙夔凤纹菊瓣式冠架

年代　清中期
质地　竹、木、象牙等
尺寸　底径 13.6 厘米　高 30 厘米
收藏单位　故宫博物院

冠架上部为镂空菊瓣式盒，竹胎，包镶竹黄，可储香料。其整体效果似借鉴了乾隆帝所喜爱的痕都斯坦玉器风格。三向支架制成如意式，并嵌染牙仿古夔纹、几何纹为饰。

此器风格精巧纤雅，代表了宫廷审美趣味中靡丽柔美的一面。

216

文竹蝉纹方炉

年代　清中期
质地　竹、木等
尺寸　口长 12.5 厘米　口宽 9.5 厘米　足距长 8.9 厘米
　　　足距宽 7 厘米　通高 24.1 厘米
收藏单位　故宫博物院

造型仿青铜器，通体包镶竹黄。纹饰为二层，有微凸的浮雕感，主题为仿古蝉纹、夔纹、雷纹、蕉叶纹等。配竹根纽紫檀木盖。

此作工艺繁复，纹饰如铸，严谨规矩，古雅沉着，是清中期仿古文竹器物中的精品。

217

竹根雕夔龙纹活环提梁扁壶

年代　清中期
质地　竹根
尺寸　口最长 4.3 厘米　最宽 2.9 厘米
　　　足最长 4.1 厘米　最宽 3 厘米　壶高 13.9 厘米
收藏单位　故宫博物院

形制仿古铜器，粘接双耳及活环提梁。颈部饰夔纹，在腹部镂空缠枝莲纹地上雕刻一正面夔龙。

此作造型寓新于古，纹饰规整，是清中期仿古竹根雕中的典型器。

218

竹根雕勾莲纹提梁花篮

年代　清中期
质地　竹根
尺寸　最大口径 20.4 厘米　通高 36.9 厘米
收藏单位　故宫博物院

花篮口如一大花瓣，其上设活环提梁。通体镂雕缠连花叶纹，唯肩部雕覆莲纹，虚实对比，效果强烈。

口部与颈、身等部为粘接而成，但了无痕迹，设计巧妙，给人耳目一新之感。

219

竹雕留青骨乾隆书诗董邦达绘山水图折扇

年代　清乾隆
质地　竹、纸等
尺寸　长 34.5 厘米　展开宽 59 厘米
收藏单位　故宫博物院

扇一面为乾隆帝御笔七律《溪窗夕眺》，一面为董邦达墨笔山水。扇骨共十三档，形制规整大方，是宫廷成扇中的佳品。

大骨以留青法刻画文士悠游山水间，与扇面主题相呼应，青筠虚实、层次变化细腻，体现了很高的工艺水平和审美趣味，同时对于相关作品的断代研究也有一定参考价值。

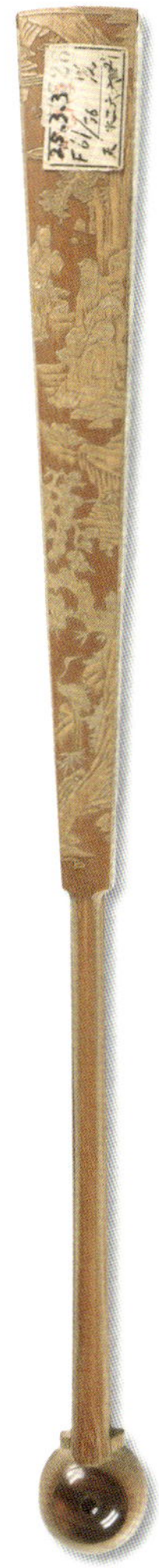

220

方竹刻御题镶青玉手杖

年代　清乾隆
质地　竹、玉等
尺寸　通长 111.5 厘米
收藏单位　故宫博物院

杖身方竹制，共七节，首尾镶玉饰。分节均匀，顺直光润，选材颇佳。青玉杖首为异兽形，背部伸出一鸟首，似为鸠之变体。杖首形制带有明显的仿古意趣，所仿应为东周时期受北方草原文化影响而产生的一种管銎斧。玉杖尾雕作仰覆莲瓣宝珠式。玉杖首及竹杖上均刻乾隆帝御制诗。

杖首作鸠形，是因传说鸠为不噎之鸟，赠鸠杖予老人含有祝愿长寿康健之意。

二 木

221

扎古扎雅木碗

年代　清康熙
质地　木
尺寸　口径 14 厘米　高 9.8 厘米
收藏单位　故宫博物院

碗光素，纹理独特。碗底与紫檀盒盖顶均刻乾隆帝御制诗。

“扎古扎雅”为藏语音译，意为“根”、“根瘤”，但具体指哪种植物，说法不一。从康熙时起，藏地每逢初春都贡进此类木碗以贺新年。其本身虽工艺朴素，但因内地罕见，且寄寓较强的政治意义，所以得到统治者重视。

据档案与题诗，此碗为乾隆帝幼时康熙帝所赐，乾隆元年（1736）以后一直珍藏于重华宫，是传世唯一可以认定为康熙时期的扎古扎雅木制品，极为难得。

222

紫檀木百宝嵌莲藕纹拜匣

年代　清早期至中期
质地　木、螺钿等
尺寸　长 29.2 厘米　宽 23.4 厘米　高 8.8 厘米
收藏单位　故宫博物院

盖顶用螺钿、玉石、青金石、松石、珊瑚、染牙等，镶嵌莲花、莲蓬、莲藕、菊花、竹枝、兰花、枸杞等图纹，寄寓“一品清廉”、“杞菊万年”等吉祥含义。

此盒器型规整，用料考究，纹饰构图严谨，透视准确，配色鲜明，雕嵌技巧纯熟，是传世宫廷百宝嵌制品中比较优秀的一件。

223

黄杨木雕灵芝小盒

年代　清雍正
质地　黄杨木
尺寸　最大口径 7.4 厘米　高 2.9 厘米
收藏单位　故宫博物院

雕作一大二小三只灵芝菌盖相叠状，最大一只为盒体。

此作随形雕刻，别致精巧，刻画写实，造型及工艺都富有时代特点，是存世不多的雍正时期黄杨木制品中极为突出的一件。

盒外底阴刻“雍正年制”款识。

224

沉香木雕香山九老图山子

年代　乾隆六年（1741）
质地　沉香木
尺寸　宽 9 厘米　高 18 厘米
收藏单位　台北“故宫博物院”

以香山九老为题材，人物集中于山子下部，大部分仅雕出岩石层叠堆积，状如留白，饶有画意，也最大限度地保留了材料。岩壁块面凌厉，颇具斧劈皴效果。人物亦刀痕历历，反映了沉香木质较为疏松而不易精雕细刻的特点，却也构成了独特的审美意趣。器上有乾隆帝御题诗及“乾隆辛酉年小臣杨维占恭制”款。

杨维占是广东籍牙匠，于乾隆二年（1737）入宫供役。此作展现了他多方面的艺术才能。

225

紫檀木百宝嵌三多纹书函式罩格

年代　清中期
质地　木、螺钿、象牙、竹丝等
尺寸　长 34 厘米　宽 19.8 厘米　高 25 厘米
收藏单位　故宫博物院

罩盖天覆地式。用竹丝嵌贴于两端，如书函封装后露出书页状。盒顶及侧面以玉石、染牙、玛瑙、螺钿等为材料镶嵌桃、佛手、石榴组成的三多纹，寓意多寿、多福、多子。罩内置小多宝格式文具架，下配镂花栏杆束腰木座。

此作设计新巧，工艺极精，是清代中期宫廷百宝嵌器具中的杰出代表。

226

紫檀木嵌玉镂雕云蝠纹笔屏

年代　清中期
质地　木、玉等
尺寸　宽 20.5 厘米　高 32.8 厘米
收藏单位　故宫博物院

笔屏镂空雕刻流云五蝠及变体螭纹，并以朱、金二色漆装饰，中嵌椭圆双螭衔芝玉饰一枚。下为半圆边桌式台架，上设五孔，可用来插笔。

这种笔屏综合了笔架、桌屏的功能，装饰性也很强，可能在明晚期的文人书房中才成为一种常规陈设。此器形制特别，雕刻精美，且出自宫廷，实属罕有。

227

黄杨木雕仕女

年代　清中期
质地　黄杨木等
尺寸　榻长 11.1 厘米　宽 5.7 厘米　通高 6.1 厘米
收藏单位　故宫博物院

圆雕仕女倚书而卧，配有黑漆描金勾莲纹榻及锦褥，为人物平添一层灵秀温润之气。

人物比例协调，造型带有浓厚的时代特征，线条流畅，刀法娴熟，艺术表现力极强，是一件不可多得的黄杨木雕作品。

228

紫檀木嵌珠玉三镶如意

年代　清中期
质地　木、玉、珍珠等
尺寸　长 45.5 厘米
收藏单位　故宫博物院

以紫檀为柄，在首、身、尾部分别镶嵌玉饰，首部螭纹玉璧中还嵌有染色象牙托及一颗直径超过一厘米的珍珠。

这类形制称为三镶如意，以突出所嵌玉饰为主，如意本身反成陪衬。三镶如意是乾隆时的一种创新样式，突出地体现了宫廷工艺追求古雅、精致和新奇的审美倾向。

229

橄榄核雕小舟

年代　乾隆二年（1737）
质地　橄榄核
尺寸　长 3.4 厘米　宽 1.4 厘米　高 1.6 厘米
收藏单位　台北“故宫博物院”

作品刻画的是东坡游赤壁的典故。以橄榄核镂雕小舟，窗棂通透，窗可开阖，主次人物神态生动，身份明确，篷顶席纹及舱中桌上杯盘、悬挂坛罐等，均清晰可辨，简直神乎其技。舟底细刻《后赤壁赋》300 字，以及“乾隆丁巳五月，臣陈祖章恭制”款识。

陈祖章来自广东，雍正年间进入造办处当差，乾隆初年已成为最重要的牙匠之一。此作充分体现了他高超的雕刻技巧。

三 牙

230

象牙雕柿式盒

年代　清雍正
质地　象牙
尺寸　口径最大 6.7 厘米　高 2.5 厘米
收藏单位　故宫博物院

盒作柿子式，盖上浮雕如意与卍字，寓意万事如意，为典型的吉祥题材组合。染色以红、绿、黄为主，颜色间界限不明显，同一颜色深浅过渡自然。此盒为印泥盒，亦是书斋陈设佳品。盒底阴刻“雍正年制”款识。可确指为雍正时期宫廷牙雕的作品屈指可数，此器不仅款识明确，而且肖形生动，磨工圆润，特点突出，无疑是深入认识时代风格的重要参照物。

231

象牙雕小舟

年代　乾隆三年（1738）
质地　象牙
尺寸　长 3.7 厘米　高 1.5 厘米
收藏单位　故宫博物院

牙舟栏杆细如篾丝，镂空栏板，纤毫毕现，舵可升降转动，人物共 17 个，小如米粒，全无眉眼，但动态清晰，身份明确，极尽工巧之能事。

船舷刻“乾隆戊午孟夏小臣杨维占恭制”款识。

杨维占为粤海关举荐入宫的牙匠，却要完成吴中匠人所擅长的表现《赤壁赋》的题材，说明乾隆初年牙作由江南风格占主导地位。随着广东匠人的增多，宫廷风格才逐渐发生改变。

232

象牙雕渔家乐图笔筒

年代　乾隆三年（1738）
质地　象牙
尺寸　口径 9.7 厘米　底径 9.7 厘米　高 2 厘米
收藏单位　故宫博物院

笔筒以高浮雕及镂雕技法表现渔家生活图景，画面与雕刻皆精，刻画人物形象生动传神。刻有御制诗句及“乾隆戊午长至月小臣黄振效恭制”款识。

黄振效为广东籍工匠，于乾隆二年（1737）底入宫。在已知的宫廷牙雕器物上，留有其名款者数量最多，可见他较得皇帝赏识。这是他入宫后不久的作品，面貌上有嘉定竹雕的特点，反映出江南地区工艺风格占据主流的时代风貌。

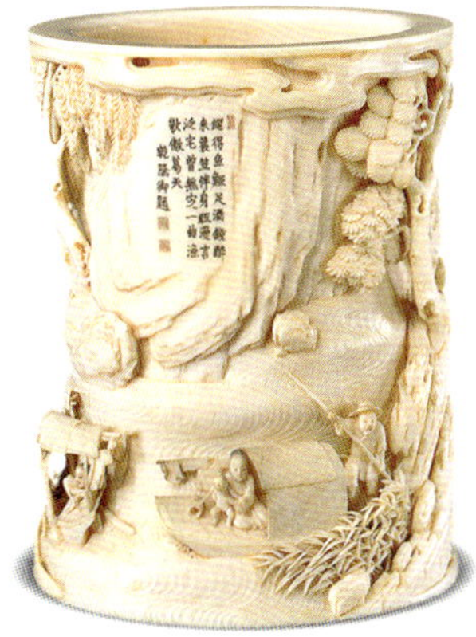

233

象牙雕山水人物小景

年代　乾隆三年（1738）
质地　象牙
尺寸　长 8.6 厘米　宽 7.2 厘米　高 6.8 厘米
收藏单位　台北“故宫博物院”

以象牙雕作山子，上有树木亭台，拱桥溪涧，16 个人物散布其间，构图完整，比例适度，雕刻谨严，俨如名画。岩壁上刻“乾隆三年岁次戊午冬日小臣封岐恭制”款识。

封岐来自嘉定，为封锡禄之子，与弟封镐及同门施天章共同服务于内廷，在乾隆初年有比较重要的地位。此作是已知他供职于造办处期间完成作品中唯一的传世品。

234

象牙雕活纹连链小圆盒

年代　乾隆三年（1738）
质地　象牙
尺寸　口径 2.2 厘米　高 1.8 厘米
收藏单位　台北“故宫博物院”

用小块象牙雕琢而成，器壁镂雕勾连“活纹”，触之可上下活动，内底一长链与盖相连，分出三条支链，链端分别雕犬、猴与葫芦。其雕刻之精，令人叹为观止，正是文献中所称誉的“仙工”技艺。

器底阴刻“乾隆戊午季夏小臣萧汉振恭制”。萧汉振来自广东，与黄振效、杨维占等同时进宫。此作或许为考校水平的试手之作，也是他唯一的传世署款作品。

235

象牙雕月曼清游册

年代　乾隆四年（1739）至乾隆六年（1741）
质地　象牙、宝石等
尺寸　纵 39.1 厘米　横 32.9 厘米　厚 3.2 厘米
收藏单位　故宫博物院

共 12 开。每开左侧以象牙为主要材料，辅以玉石、玳瑁、珊瑚等，经雕刻、粘接等手段，拼组成贵族女子于不同月令的活动场景；右侧于深蓝色漆砂地上镶嵌螺钿乾隆帝御题诗句。作品以宫廷画家陈枚的画作为底本，由如意馆中供职的广东牙匠陈祖章、萧汉振、陈观泉及来自江南的顾彭年、北方旗籍匠人常存合作完成。它融合地方牙雕的优长之处，保留了原画格局，体现出精工典雅的皇家趣味，是乾隆初年宫廷牙雕工艺的代表。

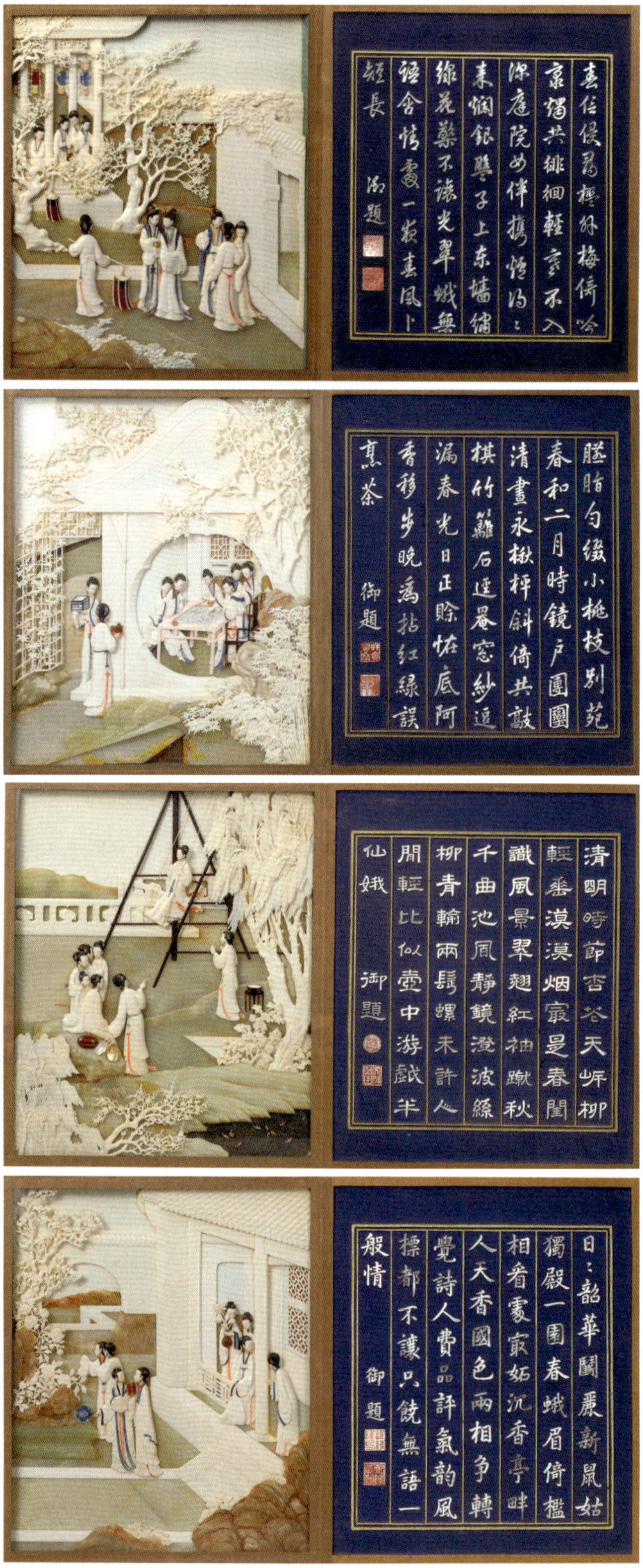

淡秋黃葉看霜添砌畔寒花映綺簾何必東籬誇勝賞風情都付女陶潛迴廊楓柏染新丹幾許秋光結伴看莫道綺羅人怯弱冰肌原不畏輕寒
御題
深閨穿靜重帷暖彝鼎縱横白璧雙沿遣閒情寒不到小陽春日度明窗何處行來洛浦仙衣裳如霧鬢如烟瑤池玉簡群尋拾不數米家書畫船
御題

236

象牙雕海水云龙纹火镰套

年代 乾隆七年（1742）
质地 象牙等
尺寸 最宽 7.4 厘米 高 8 厘米
收藏单位 故宫博物院

形如荷包，分盖、盒两部分，由一根黄丝带穿连。盖两面雕刻海水行龙及带焰火珠，盒内盛黄缎火镰袋及火镰、火石、引火绒纸等。盒壁两侧刻有“乾隆壬戌”及“振效恭制”款。

此作出自广东籍牙匠黄振效之手，风格繁缛，构图复杂，雕刻精工，具有典型的时代特征与宫廷气息。

237

象牙雕如意纹长方小套盒

年代 乾隆二十八年（1763）
质地 象牙
尺寸 长 5.3 厘米 宽 4.2 厘米 高 2.3 厘米
收藏单位 故宫博物院

盒盖面镂雕勾连如意纹，触之可动，即文献中所载之“活纹”。盒内盛装 18 个如指甲大小的各式小盒，分别刻雷纹、如意纹、双夔纹等装饰。小盒中还有微雕果实、昆虫或活链结构。

大盒外底阴刻“乾隆癸未季春小臣李爵禄恭制”款。

此器壁薄如蛋壳，雕刻细入毫发，玲珑剔透，精美绝伦，体现了宫廷牙雕的最高工艺水准。

238

象牙雕鹤形鼻烟壶

年代 清乾隆
质地 象牙等
尺寸 长 4.7 厘米 腹最宽 2.9 厘米 高 2.1 厘米
收藏单位 故宫博物院

作伏卧仙鹤式，腹下设暗销，有盖及牙匙。

盖内刻“乾隆年制”款识。

此壶外形设计极为生动，肖形写生而不损功用。细节装饰周到，足、颈、眼周的变化与恰到好处的镶嵌，在写实中富装饰效果。暗销的设置，突出体现了这一时期宫廷工艺机巧精致的特点。

239

象牙雕十八罗汉图臂搁

年代　清乾隆

质地　象牙

尺寸　长 29.1 厘米　宽 6.1 厘米　厚 2.4 厘米

收藏单位　故宫博物院

臂搁正面浅浮雕一僧趺坐，炉中香烟冉冉上升，在空中凝成殿阁一座。背面以高浮雕及镂雕技法刻画弥勒及十八罗汉渡海图。

此作刀法精绝，尤其是正面纹饰浮雕极浅，却不失笔墨韵味，近于寿山石雕中的薄意雕刻，为清代中期象牙文玩中的精品。

240

象牙雕龙舟

年代 清中期
质地 象牙、漆等
尺寸 长5厘米 高3.6厘米
收藏单位 台北“故宫博物院”

龙舟由小块象牙雕镂而成，船舱为三层楼阁状，门窗开阖自如，船身两侧各有8支船桨，甲板上设栏杆、回廊、牌楼，还插饰伞盖及16面三角旗，细节丰富，一丝不苟。难得的是小中见大，气势夺人。

此龙舟以日式莳绘鸡形盒盛装，相得益彰，带有浓厚的宫廷色彩。

241

象牙雕双喜大吉葫芦

年代 清中期
质地 象牙
尺寸 口径2.8厘米 通高18.8厘米
收藏单位 故宫博物院

葫芦通体镂空钱纹锦地，上有浮雕葫芦、芙蓉、蝴蝶、蝙蝠等纹饰。两面正中开光内为金色“大吉”及茜红“双喜”字。盖下与腹内以一根镂雕长链相连，长链上分三支链，每链上分别缀一只小葫芦。

此器用镂雕、染色等技法制成，没有任何拼接痕迹，是造办处广东籍牙匠为皇室婚礼大典所制作的精品。

242

象牙雕海市蜃楼景屏

年代　清中期
质地　象牙
尺寸　上部宽 14.9 厘米　底座长 21.2 厘米
　　　底座宽 11 厘米　通高 32 厘米
收藏单位　故宫博物院

分为座、托、屏三部分。座上设染牙湖石及松、竹、梅树、灵芝等，点缀两只鹌鹑，色彩鲜艳，带有吉祥寓意。托为祥云组成，屏内刻海市蜃楼图景，在 4 厘米的进深中纹饰层次多达十数重，楼阁曲栏，细如篾丝，人物椒豆大小，却神态逼肖，具有鬼斧神工之妙。

这件作品雕刻技巧极高，同时运用染色手段，形成了独特的整体风格，是一件具有宫廷趣味的陈设佳构。

243

象牙雕榴开百戏

年代　清中期
质地　象牙
尺寸　高 5.3 厘米
收藏单位　故宫博物院

石榴形，外壁染色雕石榴及花枝、蝴蝶。底部以活榫相连，可以分五瓣开合。内部正中为一圆台，上雕二层楼阁，微雕杂耍百戏及观景人物。石榴在吉祥图案中寓意多子，故又称“榴开百子”。

这件作品综合多种技法，构思精巧，玲珑剔透。据《活计档》载，嘉庆十五年（1810），造办处牙匠莫成纪曾制榴开百子盒，不知是否即为此作。

244

象牙雕福寿宝相花纹套球

年代　清中期
质地　象牙
尺寸　直径 9.1 厘米
收藏单位　故宫博物院

套球由 11 层同心球体构成，从外到内依次减小，每层均可自由转动，表层镂刻“福”、“寿”字和宝相花纹，内层则分别戳刻百花和龙凤纹饰。

套球采用车床旋削成型技术，内部用特殊的钩刀层层剥离，工艺难度极高，有“鬼工球”之称，是广东地区有代表性的牙雕品种。而据学者研究，其来源还可能受到 16、17 世纪神圣罗马帝国流行的车旋象牙工艺的影响。

245

象牙丝编织玉堂富贵图宫扇

年代　清中期
质地　象牙、珐琅、玉等
尺寸　通长 57.5 厘米　宽 33.6 厘米
收藏单位　故宫博物院

芭蕉扇形，用厚不足 1 毫米的象牙丝编织成蒲纹锦地，上镶贴具有浮雕感的蓝色小鸟及玉兰、芍药等花卉纹，寓意玉堂富贵，具有花鸟画般的效果。扇面纵贯棕竹骨，包镶玳瑁边框，配画珐琅花蝶纹柄。

此扇将象牙丝编织与浮雕巧妙地结合在一起，平整均匀，富丽华贵，是 18 世纪广东进献的精美贡品。

246

象牙雕群仙祝寿塔

年代　清晚期
质地　象牙、木等
尺寸　长 98 厘米　宽 54 厘米　高 102 厘米
收藏单位　故宫博物院

塔前部福、禄、寿三星立于盘龙柱牌坊下，群仙环侍在金水桥四周。中部有重檐歇山顶殿堂，殿内西王母端坐。殿后金树镶珠嵌宝，六角宝塔共 13 层，仙人穿行其间。仙山矗立其后，阶梯蜿蜒，亭阁错落，松柏、藤萝、灵芝丛生。

此作以象牙为主，又使用了多种珍贵材料，综合了镂雕、圆雕、拼镶、染色等多种技法，穷极工巧，华美富丽，是地方官员在慈禧太后寿辰时进呈的礼品，带有广东牙雕的特色。

四 角

247

犀角镶嵌金银丝扳指

年代　清乾隆
质地　犀角、金银丝、木等
尺寸　最大径 3.1 厘米　最厚 0.5 厘米　高 2.3 厘米
收藏单位　故宫博物院

此套扳指用犀角制成，外壁嵌错金银丝仿古纹饰。现存七枚，尺寸、式样相近，共贮于紫檀嵌金银片海棠式盒内。其中两枚具“乾”、“隆”、“年”、“制”款识，另五枚只饰兽面，又有细微差别，可知并非制于一时。犀角雕刻中带有年款的可信器物极为罕见，而这组扳指不仅年代明确，且基本可以确定为造办处所制，其价值不言而喻。

248

犀角雕蓬瀛仙侣图杯

年代　清乾隆
质地　犀角
尺寸　高 9.9 厘米
收藏单位　台北“故宫博物院”

此杯依犀角形作敞口状，外壁满雕山水人物，树石水涯，屋宇廊廨，小舟往来，一派世外桃源图景。雕工精细，繁复的景物被表现得井然有序，显现出作者精湛的技巧。

外底刻有乾隆御制诗句，内壁刻“大清乾隆仿古”款识。

此作应为仿制宫廷庋藏前代器物而来，却不乏时代特色，其绞索状木座及锦袱、锦匣均原样保存，亦可见宫廷包装风格。

249

犀角雕西园雅集图杯

年代　清乾隆
质地　犀角
尺寸　最大口径 19.2 厘米　最大足径 5.6 厘米
　　　高 15.8 厘米
收藏单位　故宫博物院

杯为典型的敞口小底形制，外壁满雕山水人物，表现的是西园雅集的典故。人物共 22 个，形神兼备，与景物融为一体，雕刻精细而不失质朴之味。

杯内壁刻乾隆御制诗句，外底刻“大清乾隆仿古”款识。

据乾隆帝御制诗可知，此杯为仿制宫中所藏犀雕名家尤通之作而来，使用了安南国王阮光平进贡的犀角原料。像这样来历及制作过程均有据可查的犀雕作品还是极为罕见的。

250

犀角嵌金银丝灵仙祝寿纹开其里

年代　清乾隆
质地　犀角、金银丝等
尺寸　底径 2.4 厘米　高 11.5 厘米
收藏单位　故宫博物院

“开其里”为满语音译，指的是悬于腰间的牙签筒。

此作通体嵌错金银丝为饰，主体图纹为灵芝、丛竹，并以溪水、岸石为衬景，镶嵌细腻，饶有画意。底部有“乾隆年制”款识。

犀角制品中有明确年代者不多见，像此作般兼具历史、工艺、民族特点者更廖若星凤。

251

犀角雕九龙纹杯

年代　清中期
质地　犀角
尺寸　最大口径 19.5 厘米　最大足径 7.3 厘米
　　　高 21.3 厘米
收藏单位　故宫博物院

杯依犀角自然形状雕成，近爵式。外壁满雕云纹，九龙穿梭于云海，气势卓特，意境不俗。一侧镂雕云龙缠绕成双股杯耳，纹饰延伸至杯口之内。

此器角质莹润，浮雕工艺流畅，琢磨光润，纹饰满密，极具时代风格。

252

犀角雕蟠螭纹鼎

年代　清中期
质地　犀角、木、玉等
尺寸　口长 9.5 厘米　口宽 7.9 厘米
　　　最大足距 8.6 厘米　最小足距 6.4 厘米
　　　鼎高 16.2 厘米　通高 21 厘米
收藏单位　故宫博物院

鼎足由犀角尖端切分并经变形处理而成，使器物摆脱了原材料外形的束缚。鼎身以高浮雕及镂雕技法装饰十五条螭纹及一龙纹。它们扭结穿插，活灵活现，与严整端方的鼎形本不相侔，但经过巧妙设计，却互为映衬，显露出一种雍容涵纳的华贵气度。所配紫檀木盖相得益彰，其上盖纽具有金元“秋山”玉风韵，使人感叹时代风格在一件器物上所留下的印痕竟如斯深刻。

五
匏

253

匏制蒜头瓶

年代　清康熙
质地　葫芦
尺寸　口径 4.1 厘米　底径 7.2 厘米　高 23.8 厘米
收藏单位　故宫博物院

瓶镶染色牙口，瓶身分六瓣，每瓣均饰阳文如意纹、卷草纹及莲花纹，既相互独立又相互联系，有复沓之美。

器底有阳文“康熙赏玩”款。

此作使用匏器工艺中的范制法制成，当葫芦幼小时，纳入有阴文花纹的范模之中，待其长成，可得造型多样并具阳文花纹的器物。其纹饰悉出天然，巧夺天工。据载，康熙时曾于瀛台辟出园地专事种匏，故传世匏器中带“康熙”款者占有相当比例，此瓶正是其中代表。

254

匏制缠枝莲纹碗

年代　清康熙
质地　葫芦
尺寸　口径 18.1 厘米　底径 7.2 厘米　高 8.6 厘米
收藏单位　故宫博物院

碗外壁光洁润泽，古色古香，主体纹饰为缠枝莲纹，线条清晰，过渡自然，体现出范制工艺的特点。内壁髹黑漆，阴刻乾隆帝御题诗句。据诗中描述，此碗曾是康熙帝赏赐臣下之物，竟然流落市廛，为有心人发现，又贡入内廷，乾隆大为感慨。

此碗不仅工艺精良，还是一段戏剧性承传经历的见证，其历史价值不言而喻。

底有“康熙赏玩”款识。

255

匏制缠枝花纹菊瓣式盘

年代　清乾隆
质地　葫芦
尺寸　最大口径 23.4 厘米　最大底径 19.5 厘米　高 3.3 厘米
收藏单位　故宫博物院

盘壁呈连弧形，装饰阳文五瓣花及卷草纹，嵌玳瑁口边。内壁髹红漆地，以金漆绘葫芦、蝙蝠纹，取福禄万代、多子多福的吉祥寓意。

此盘造型端庄大方，髹嵌皆精，是范匏工艺与其他相关工艺结合的典范之作。

底髹黑漆，以金漆书“乾隆年制”款。

256

匏制福寿纹桃式盒

年代　清乾隆
质地　葫芦
尺寸　最大口径 8.9 厘米　高 7.6 厘米
收藏单位　故宫博物院

盒盖、身如剖开的二爿桃实，富于趣味。盖顶、底面均饰模范的阳文桃叶、桃花、桃实、蝙蝠等，盖顶有“乾隆赏玩”款识。纹饰以桃实阳起较高，花叶枝条次之，款识又更低浅，区分出多个层次，极具浮雕感。物象变化丰富，栩栩如生，花筋叶脉均依稀可辨，殊为不易。盖面微弧、底面稍平，以突出的桃实作为矮足，尤见巧思。

257

匏制双龙纹瓶

年代　清嘉庆
质地　葫芦
尺寸　口径 2.9 厘米　底径 11 厘米　高 17.8 厘米
收藏单位　故宫博物院

其器型略似康熙时名品太白尊，唯颈部稍长。外壁模范阳文螭龙，花纹优美。纹饰凸起较高，层次虽少，却十分明晰，并可见合范不齐之处。底有“嘉庆赏玩”款识。在传世清宫匏器中，带“嘉庆”年款者极少。况此器工艺精良，特点鲜明，实为不可多得的标本。

258

匏制福寿纹笔筒

年代　清道光
质地　葫芦
尺寸　口径 6.4 厘米　高 11.2 厘米
收藏单位　故宫博物院

器壁模范阳文海水江崖及桃树、蝙蝠，是典型的吉祥图案组合。

外底有“道光年制”款识。

纹饰布排稍显程式化，阳起较高，边缘清晰肯定，在其上又以较细的线条刻画细节，显示出这一时期匏器工艺的某些特点。

此器是清宫旧藏为数不多的道光款匏器中较为成功的一件，虽与范匏工艺鼎盛的康乾时期已不能相比，但其历史价值却不容忽视。

漆器篇

在中国漆工艺长达数千年的发展进程中，战国秦汉时期是其发展的第一次高峰。经唐至宋元的不断发展与创新，到明代漆工艺呈现出“千文万华，纷然不可胜识”之景象。明代隆庆年间新安平沙漆工黄成撰写的漆工专著《髹饰录》，即为此作了最好的诠释。

清代是漆工艺大发展时期，在宫廷需求扩大和统治者的推崇下制漆业进一步发展。据《大清会典事例》记载，清初在养心殿设造办处，以成造内廷交造活计。康熙三十二年（1693）造办处又扩大编制，正式设立制器作坊，油木作即其中之一，专门为宫内做油饰活和漆器。养心殿造办处当差的工匠多精选全国技艺精湛者，各地亦有属于造办处系统下的专门机构，通过督、抚、关差、织造、盐政等关系接受造办处交派的活计，成为皇家御用机构制器的一大特色。

康熙、雍正、乾隆三朝继承和发展了明代以来的漆工艺技法，并不断创新。从清宫旧藏和清宫造办处档案可见，三朝漆工艺品种各有侧重，但均精工细做，代表着清代制漆工艺的最高水平。

康熙朝重点品种有金漆、螺钿、填漆及戗金彩漆，多以实用器为主，如金漆屏风宝座最具代表性。螺钿器制作技艺精湛，代表作品当属黑漆嵌螺钿职贡图长方盒。该器螺片剥离如纸，裁切精细，拼合尤精，并巧妙结合描金工艺，技艺高超，令人叫绝。

雍正、乾隆时期，漆工艺发展至鼎盛时期，清宫旧藏漆器以这一时期的为主。雍正帝酷嗜洋漆（日本金漆），故以仿洋漆、描金漆、描金彩漆、戗金彩漆为重点，形成了精雅细腻的艺术特点。

乾隆朝号称盛世，百工炫巧争奇，将雕漆、描金漆、戗金彩漆、螺钿漆、百宝嵌等工艺发展到炉火纯青之境地，尤以雕漆成就斐然，位居首位。乾隆一朝漆工艺最大的特点是将各种漆工技法巧妙结合，运用于一器之上，如填漆、描金与戗金工艺相结合、雕漆与镶嵌工艺相结合、雕漆与戗金彩漆工艺相结合等，奇技百端，出神入化，形成了工巧严谨、繁缛华丽、造型优美、形制变化多端的显著特征。诸如剔红云龙纹套盒一类追求精细纤巧，刻工细若刷丝，成为乾隆时期雕漆的新气象和主流风格。

道光、咸丰以后，清王朝内忧外患，国势衰微，雕漆等重要工艺技艺相继失传。清末民初，商品经济的发展刺激了民间制漆业在全国各地的恢复和发展，为漆工艺发展的历史添上了浓重的一笔。

故宫博物院藏存元、明、清三代漆器 17700 余件，其中清代漆器 14000 余件，其主要来源有宫廷御用作坊的制品，各地官府奉旨成造的宫廷用器，还有地方官员以各种名义进献的贡品。这些神技巧工的漆艺佳品留传至今，成为留给我们的宝贵文化遗产和精神财富。

一 雕漆

259

剔红洗桐图宝盒

年代　清乾隆
尺寸　口径 29.6 厘米　高 12 厘米
收藏单位　故宫博物院

盒通体髹朱漆，盖面随形开光，内雕三种锦纹以表现天、水、地的不同空间，锦地压雕山水人物图景。盒壁上下各饰五个开光，内雕牡丹、菊花、梅花、荷花、月季等多种花卉纹，开光外锦地压雕吉祥杂宝纹，口沿雕回纹。洗桐图表现的是元代画家倪瓒洁癖成好、提水洗桐的故事。因倪瓒一生淡泊名利，不入仕途，“洗桐”遂成为后世文人洁身自好的象征。宝盒的纹饰走刀清晰，线条精致，具有较高的艺术水准。

盒内及底髹黑漆，分别刀刻填金“洗桐宝盒”器名款、“大清乾隆年制”楷书款。

260

剔红百子图宝盒

年代　清乾隆
尺寸　口径 14.2 厘米　高 8.7 厘米
收藏单位　故宫博物院

盒圆形，平顶平底，子母口。通体髹朱漆，以高浮雕手法精刻百子婴戏图。面与底各雕童子 26 人，游戏场景喜庆热闹。盒壁雕斗蟋蟀、捉迷藏等嬉戏童子 48 人，合为“百子图”。此盒髹漆肥厚，刻工精细，以近似圆雕手法表现群童，颇为生动传神，极富艺术感染力，是乾隆朝雕漆中的精品。

盒内髹黑漆，上下分别刻“大清乾隆年制”楷书款和“百子宝盒”器名。器名与图纹合意，寓意子孙昌隆、万代延续。

261

剔红翔龙纹宝盒

年代　清乾隆
尺寸　边长 26.7 厘米　高 6.5 厘米
收藏单位　故宫博物院

盒为正方形，底四角有矮足。通体雕朱漆，盖面波涛滚滚，波纹如丝，10 条翔龙腾跃隐现，犹有排山倒海之势。盖边雕夔纹一周。此盒刀工纤细流畅，一蹴而就，且不见败痕，凸显乾隆时期苏州漆匠鬼斧神工之妙。

盖内、器内分别刻“翔龙宝盒”器名和“乾隆年制”楷书款。

262

剔红飞龙纹宴盒（附珐琅碗一套）

年代　清乾隆
尺寸　长 51 厘米　宽 21.5 厘米　高 25.3 厘米
收藏单位　故宫博物院

盒长方形。通体以绿漆作地雕朱漆纹饰。盖面中央雕单龙腾飞于“寿山福海”之上，双爪擎举“圣”字，两侧分雕“辅”、“弼”二字和飞龙二条，空隙处雕云蝠纹，盒壁雕飞龙六条，合为九龙之数。四壁中间雕篆字各一，合为“乾坤如意”、“福禄长春”。此盒漆层厚重，纹饰布局疏密适度，具有较强的层次感，将实用器装饰得典雅端庄，不失皇家器皿精雕细琢的工艺特征。

盒外底髹黑漆，正中刀刻“大清乾隆年制”楷书款及“飞龙宴盒”器名。盒内置掐丝珐琅“万寿无疆”碗 10 个。器名和九数之龙表明为乾隆皇帝盛宴所用，档案记载证实此碗与盒分别制成于乾隆九年（1744）和乾隆十一年（1746），是乾隆皇帝万寿节大宴桌上的重要餐具。

263

剔红云龙纹套盒

年代　清乾隆
尺寸　口径 9.4 厘米　高 9.6 厘米
收藏单位　故宫博物院

盒圆筒形，天盖地式，通体雕朱漆花纹。盖面做圆形开光，内雕海水游龙纹，盖边雕夔龙一周。盒壁雕四龙奋爪相向出没于海水之中的景观。上下边壁雕夔龙纹及回纹。此盒波纹细若刷丝，雕刻之精几乎无懈可击，系前所未见的新气象，为南方竹刻纤细巧密的风格被运用到雕刻漆器的成功之作。

底髹黑漆，正中刀刻填金“大清乾隆年制”楷书款。

264

剔红海兽纹圆盒

年代　清乾隆
尺寸　口径 13.6 厘米　高 6 厘米
收藏单位　故宫博物院

盒圆形，平顶，通体髹朱漆。盖面及外底各雕三只瑞兽在海水中嬉戏，水面漂浮着零落的梅花瓣，具有衬托主题的艺术效果。盒壁亦雕落花流水纹。

盒内髹黑漆，内底正中刻“大清乾隆年制”楷书款。

265

剔红枫叶秋虫纹盒

年代　清乾隆
尺寸　口径 13.5 厘米　高 8.5 厘米
收藏单位　故宫博物院

盒枫叶形，通体朱漆锦纹压雕枫叶筋脉纹理。盖面以犀利的刀锋精雕秋蝉和蝈蝈各一只卧伏于叶片之上，状物摹写生动逼真。盒下附随形雕漆座，刻海水蕉叶及方格锦纹。此盒造型、图纹构思奇巧，匠心独运，令人耳目一新。

盒内髹黑漆，内底刀刻填金"大清乾隆年制"楷书款。

266

剔彩百子图晬盘

年代　清乾隆
尺寸　长 58.7 厘米　宽 32.7 厘米　高 5.6 厘米
收藏单位　故宫博物院

盘长方形，剔彩备红、黄、绿、紫四色，雕百子游戏图。盘内雕紫漆锦纹为地，绿水漂浮落水荷叶，以红漆为面雕刻童子，衬托黄衣绿裤等。孩童姿态各异，有赛龙舟、舞长龙、吹打乐器，以及擎举"五谷丰登"、戟磬、鱼兔豕首等旗杆者，构图符合清代"图必有意、意必吉祥"的审美需求。据档案记载，此盘于乾隆八年（1743）在苏州做得，是专为宫内试晬时所用。

盘底髹黑漆，正中刀刻填金"大清乾隆年制"楷书款，下有"百子晬盘"器名。

267

剔彩圭璧式盒

年代 清乾隆
尺寸 长 18.3 厘米 宽 10 厘米 高 2.6 厘米
收藏单位 故宫博物院

盒铅胎，仿古玉圭、璧造型。通体雕朱漆回纹锦地，璧面正中圆形开光内刻“乾隆年制”隶书款，周围雕绿漆谷穗。圭首、尾部分别以绿漆雕星辰和群山。此盒所饰绿漆花纹为《髹饰录》中所谓局部加色，即“竖色”剔彩技法，是先以单色漆髹涂厚度，然后将需装饰的图案花纹处的漆全部剔除，填入所需的色漆后再雕刻花纹细部。圭和璧为古代礼器，二者合而为一的漆盒造型新颖别致，在乾隆漆器中仅此一例。

268

剔彩祝寿图琮式盒

年代 清中期
尺寸 边长 22 厘米 高 16 厘米
收藏单位 故宫博物院

盒仿古玉琮式，内圆外方。盖面以红、黄、绿三色漆雕祝寿图景，正中雕松树掩映着亭台楼阁，四周千岩竞秀，灵芝、鲜桃、万年青等布满盒面；四位老者持灵芝和卍字如意等，携童子、宝物前来祝寿；老寿星满面得意迎候宾至。漆匠以刀代笔，山石刻画细腻，人物神态惟妙惟肖。盒四壁题材相同，为献花祝寿图意，四角雕篆书“寿”字 96 个，合为“百寿”之意。盒内置小方盒四个，盖面分饰花、罐、鱼、肠，另一盒内分饰轮、螺、伞、盖，合为佛教“八吉祥”。

269

剔彩格锦团花纹长方盒

年代　清中期
尺寸　长 32.2 厘米　宽 20.6 厘米　高 12.8 厘米
收藏单位　故宫博物院

盒长方形，剔彩备黄、绿、紫三色，在菱形格内雕出双螭、蝙蝠、松鼠、瓜瓞等图纹，花团锦簇，五彩缤纷，寓意瓜瓞绵绵、福寿昌隆。盒内及底髹黑漆。此盒雕刻刀法娴熟，具有透雕之趣；漆色运用巧妙，优雅不俗，是清代中期剔彩漆器别具一格的作品。

270

剔红羲之爱鹅图笔筒

年代　清嘉庆
尺寸　口径 10.3 厘米　高 15.3 厘米
收藏单位　故宫博物院

笔筒圆口，窄折口沿，平底，承底座。通体髹红漆，通雕“羲之爱鹅”图景，景物层次分明，极具立体感。相传东晋大书法家王羲之喜爱养鹅，并观察鹅的叫声和神态，将其逐渐融入书法艺术之中，羲之爱鹅也随之成为明清工艺品常见的装饰纹样之一。底有刀刻填金“嘉庆年制”篆书款。

271

剔红文会图提匣

年代 清中期
尺寸 长 34 厘米 宽 19 厘米 高 26 厘米
收藏单位 故宫博物院

提匣呈“凸”字形，顶置铜镏金双螭提手。通体髹红漆，雕龟背锦地，边缘雕回纹。匣正面门上做长方形开光，内雕天、水、地锦纹为地，左侧门开光压雕茂林修竹、曲水流觞，几位文人雅士谈笑畅饮，为兰亭雅集图意。右侧门开光压雕竹林中七位雅士对弈、谈笑、观画的图景，为竹林七贤故事情节。匣两侧面亦雕山水人物图，匣顶盖面雕山水图景及羊、鹤纹。匣内髹黑漆，附屉多个。整体布局繁简适宜，小中见大，刀工不凡，体现出乾隆朝雕漆的高水准。

272

剔红仿铜壶式盒

年代 清中期
尺寸 长 13.3 厘米 宽 9.9 厘米 高 21.5 厘米
收藏单位 故宫博物院

盒为仿古铜壶造型。通体雕朱漆回纹锦为地，盖面雕变形兽面纹。盒壁自上而下依次雕蕉叶纹、涡纹、凤鸟纹、双螭纹、蝉纹等。底座雕蕉叶纹和凤鸟纹。此器仿商周青铜器造型和花纹，造型庄重，花纹古朴，表达乾隆怀古、思古之幽情。此器构图繁缛，雕工精细，为清代中期雕漆的精美之作。

273

剔红福寿字山水图插屏

年代　清中期
尺寸　宽 60 厘米　高 67 厘米
收藏单位　故宫博物院

插屏通体雕红漆。屏心正面雕天、地、水三种锦纹为地，水面数只帆船破浪行驶，临水正中雕琼楼玉宇，景色宜人，似为仙境，为寿山福海之寓意。屏背为黄漆地，压雕朱漆“福”、“寿”字120个。屏框四周雕龟背锦纹，压雕花卉纹。三层底座雕朱漆花纹。

插屏楼阁亭台多用浮雕技法精刻而成，雕工细腻，凸显清中期的雕漆工艺水准。

274

剔红海月图香盘

年代　清乾隆
尺寸　长 21.4 厘米　宽 16.5 厘米　高 3.5 厘米
收藏单位　故宫博物院

盘呈荷叶形，通体雕朱漆海水纹。盘内正中做圆形开光，以示圆月，内饰黄漆地，以彩漆戗金技法戗划出玉兔在桂花树下捣药的情景，是为神话传说中月宫玉兔捣药的道教故事。此盘雕海水浪花，波纹如丝，凸显刀工之精湛娴熟，是雕漆与彩漆戗金工艺相结合的佳作。

盘底髹黑漆，有刀刻填金“大清乾隆年制”楷书款和“海月香盘”器名。

275

剔黄寿春图圆盒

年代　清中期
尺寸　口径 32.3 厘米　高 12.5 厘米
收藏单位　故宫博物院

盒圆形，平盖面，凹足。通体髹黄漆，盖面圆形开光内雕聚宝盆，万道光芒之上托一大“春”字，字中心圆形开光，居中刻一寿星，两旁有松柏和文鹿，取春寿之意。“春”字两侧，各雕龙纹，四周衬托祥云。盖、器壁各四开光，内以云纹为地，压雕轮、螺、伞、盖、花、罐、鱼、肠组成的佛教“八吉祥”，寓意八宝生辉。开光外刻锦地杂宝纹。此盒运刀遒劲迅疾，图纹刻画精准，为雕漆中不可多见的剔黄品种。

276

剔绿张果老渡海图桃式盒

年代　清中期
尺寸　宽 13 厘米　高 7 厘米
收藏单位　故宫博物院

盒桃形，通体以绿漆雕汹涌的波涛，以朱漆雕飘零的落花及骑驴人物，主题为传说中八仙之一的张果老骑驴渡海。盒上朱漆系采取剔彩的局部填色工艺而成，其做法是先髹绿漆以刻波涛，后按设计全部剔除人畜及花瓣轮廓内的绿漆，再填入红漆并刀刻仙人骑驴及花瓣纹样，是为剔彩漆器的佳作。

277

剔犀如意云纹盒

年代　清乾隆
尺寸　边长 15.8 厘米　高 12 厘米
收藏单位　故宫博物院

盒为正方形，盖面微凸，圈足。通体髹黑、红二色漆，以黑漆为面，间髹红漆层。盖面、器身通雕如意形云纹，刀口处可见规律的朱漆三条，属《髹饰录》中"乌间朱线"的做法。此盒刀工流畅，磨退圆润，漆质光泽蕴亮，属乾隆年间剔犀漆器的上乘之作。

盒内及底髹黑漆，底正中刀刻填金"大清乾隆年制"楷书款和"如意云盒"器名。

二
彩漆

278

彩漆戗金花卉纹随形几

年代　清康熙
尺寸　长 35.6 厘米　宽 14.7 厘米　高 10.2 厘米
收藏单位　故宫博物院

通体髹赭色漆，几面饰斜方格卍字锦纹地，以棕、红、绿、白色填饰玉兰、月季各一株，以浓笔勾勒线条，细划戗金表现筋脉，使花卉浓淡相宜，清秀雅致，颇具笔墨作画之妙。几的四腿饰佛手、葡萄、桃实等花果纹，有长寿多子之寓意。此几造型奇特轻巧，设计独具匠心，堪称康熙年间彩漆戗金的经典之作。

面底部刻“大清康熙年制”楷书款。

279

彩漆戗金云龙纹葵瓣式盘

年代　清康熙
尺寸　最宽 23.4 厘米　高 2.9 厘米
收藏单位　故宫博物院

盘葵瓣式，随形矮圈足。盘内黄漆地，以红、黑、浅绿、墨绿、褐色漆填饰花纹，戗金细划纹理。盘心正中海水江崖之上，饰一红龙挥舞着强劲有力的肢爪，追逐一颗滚动的火球，四周祥云笼罩，于方寸中表现出气吞山河的气势，为标准的康熙朝巨龙形象。盘内、外壁均饰刻线流畅的朵云纹。

底髹红漆，正中刻“大清康熙年制”楷书款。

280

彩漆戗金蝙蝠勾莲纹柿形盒

年代　清雍正
尺寸　最宽 20 厘米　高 10 厘米
收藏单位　故宫博物院

盒柿形，通体朱漆为地，填彩漆戗金蝙蝠、勾莲纹。盖面四只蝙蝠相向围捧中心的莲花，有连年福寿之吉祥寓意。盖、器边饰以折枝花卉，足饰蔓草纹。底髹黑漆，正中彩绘柿蒂和柿叶纹，为事事如意之寓意。此器花纹填嵌饱满，打磨平滑，尤以浓金戗划使整器流光溢彩，为以往戗金漆器所不及，是难得的雍正年间造办处制作的彩漆戗金漆器。

281

彩漆戗金凤纹菱花式盒

年代　清乾隆
尺寸　最宽 32.5 厘米　高 15 厘米
收藏单位　故宫博物院

盒六瓣菱花式。通体髹朱漆并饰各种锦纹为地，盖面饰双凤穿飞于花卉丛中，曼妙轻盈。凤身羽毛细若刷丝，浓金戗划填掩。盖、器壁均做开光，内填双鹤绕磬飞舞，四周满饰流云。上下口边为团花锦纹。此盒以描漆做锦地，填漆做缠枝花卉及凤纹，其花纹处理采取了分层衬托的手法，并借戗金由疏而密凸显主题，有锦上添花之妙，为乾隆年间彩漆戗金精美绝伦之作。

盒底有刀刻填金“大清乾隆年制”楷书款和“菱花凤盒”器名。

282

彩漆戗金鹤鹿纹长盒

年代 清乾隆
尺寸 长 44.3 厘米 宽 26.7 厘米 高 10.5 厘米
收藏单位 故宫博物院

盒呈委角长方形，随形圈足，通体朱漆地填彩漆戗金花卉纹。盖面开光内雕卍字锦和菊花方格锦纹，分别表示天、地空间，锦地上戗划山石桃树、飞鹤流云、松鹿灵芝等，寓意六合同春。开光外填菊花锦地，饰缠枝莲纹。盖、器壁各做四开光，内为黑漆地饰云蝠纹，上下口缘及足壁饰锦地缠枝莲和朵云纹。此盒色漆填磨平滑，图案秀美，犹如工笔绘画，凸显乾隆年间彩漆戗金的精湛工艺。

盒内及底髹红退光漆，底有填金“大清乾隆年制”楷书款和“鹤鹿长盒”器名。

283

彩漆描金云龙纹菊瓣式盘

年代 清雍正
尺寸 口横 23 厘米 口纵 16.4 厘米 高 2.8 厘米
收藏单位 故宫博物院

盘菊瓣式口，通体饰彩漆描金花纹。盘内髹红漆做地，用黄、深绿、浅绿等色漆描绘主题纹样，盘下部彩绘海水浪花，五条彩龙腾空飞舞，围追滚动的火珠。外壁绘姿态各异的龙纹。此盘画工细腻，通过色彩勾勒局部轮廓，使图案具有浓淡虚实、若隐若现的艺术之美。

底髹黑漆，正中有刀刻填金“雍正年制”楷书款。

284

彩漆描金云龙纹双圆式盘

年代　清雍正
尺寸　长 22 厘米　宽 16 厘米　高 1.4 厘米
收藏单位　故宫博物院

盘呈双圆式，通体髹红漆为地，饰彩漆描金花纹图案。双盘中心各绘三条彩龙环绕一团寿字，四周祥云朵朵。笔触细腻，图纹虚实相间，色彩浓淡相宜。

两盘壁相连处用黄漆书“雍正年制”楷书款。

285

彩漆描金四喜图菱花式盘

年代　清乾隆
尺寸　口径 35 厘米　高 4.3 厘米
收藏单位　故宫博物院

盘呈菱花形，通体以红漆为地，饰彩漆描金图纹。盘心做描金回纹开光，内用黑、黄、淡绿色描绘出花繁叶茂的景致。四只喜鹊栖息于枝头、寿石之上，图案充满祥瑞富贵之气。盘内壁、外壁以戗金彩漆饰缠枝莲花。此盘绘制工整，戗划细腻，色彩富丽，稿本应出自宫廷画家之手。

底髹黑漆，正中有刀刻填金“乾隆年制”楷书款。

286

填彩漆寿春图宝盒

年代　清乾隆
尺寸　口径 11.5 厘米　高 7 厘米
收藏单位　故宫博物院

盒呈六瓣莲花形，小平盖面。通体髹黄褐色漆地，用红、绿、黑等色漆填饰花纹。盖面聚宝盆上托出“春”字，“春”字上承寿星，双龙环抱纹，合为春寿图意。盖、器均具开光，内填山水人物图，分作负籍出游、携琴访友、河边问渡等图意，上、下口沿饰莲花纹，为乾隆时期填漆技法的代表之作。填漆是先在漆地上阴刻出花纹后填入色漆，干后经研磨，使花纹与漆面齐平的做法。

盒内及底髹黑漆，底有刀刻填金“乾隆年制”楷书款。

287

填漆锦纹嵌玉八角形三层盒

年代　清中期
尺寸　最宽 22.5 厘米　高 24.2 厘米
收藏单位　故宫博物院

盒呈八方形，共三层。通体髹黑漆地，用红、黄、绿色漆填饰花纹。盖及盒壁均饰菊花和卍字锦纹，盖面中心铜镀金托上承青玉雕神马负图踏浪做盖纽，系为“河图洛书”的典故。盖纽四周嵌碧玉八卦图。此盒填漆精细，磨制平滑，凸显填漆技艺之成熟。

288

黑漆描金百寿字碗

年代 清雍正
尺寸 口径 15.3 厘米 高 6.5 厘米
收藏单位 故宫博物院

碗撇口，腹部下敛，圈足，通体黑漆地描金花纹。碗心饰团花纹，内壁四个团花与寿字相间排列。外腹部饰以字体各异的描金寿字四周，合为“百寿”，是为祝寿之用。此碗胎薄体轻，描金工致严谨，是雍正时期描金漆工艺的代表作品。

圈足饰涡纹，底髹黑漆，正中有描金“大清雍正年制”楷书款。

289

黑漆描金锦袱纹长方盒

年代 清雍正
尺寸 长 21.8 厘米 宽 11.8 厘米 高 12 厘米
收藏单位 故宫博物院

盒呈长方形，外饰一块包袱裹系盒体，打结于盒盖中央。包袱用红、绿、黄色彩漆描饰寿字、团花、锦纹等。盒体袒露部分饰黑漆地泥金佛手、石榴、寿桃等纹样，寓意多子、多福、多寿。此盒装饰明显受东洋风格的影响，锦袱纹饰具有油画装饰效果。

据造办处档案记载，此盒应制于雍正十年（1732）。

290

黑漆描金风景图方胜式盘

年代　清乾隆
尺寸　长 36.7 厘米　宽 19 厘米　高 3.7 厘米
收藏单位　故宫博物院

盘呈方胜式，通体髹黑漆地，饰金漆花纹图案，并以浓笔勾勒轮廓，黑漆做山石皴染，使金色层次分明，浓淡成晕，具有较强的立体效果，犹如一幅优美的中国传统工笔绘画。盘边装饰纹样明显受到日本莳绘装饰风格的影响，两种不同的装饰风格相映成趣。

盘底饰描金花头纹，正中双方栏内描金“乾隆年制”楷书款。

291

黑漆描金松石藤萝纹圆盘

年代　清乾隆
尺寸　口径 34 厘米　高 5.2 厘米
收藏单位　故宫博物院

盘呈圆形，通体髹黑漆描金纹饰。盘内以深浅不同的金色描绘出山石、月季、灵芝、松树、藤萝等纹样，并用黑漆细勾筋脉。外壁饰过枝藤萝，盘口及足壁饰回纹。此盘采用金色有别的“彩金象”技法绘制图纹，画面清朗活泼，是乾隆时期的黑漆描金器精品。

底髹黑光漆，正中刀刻填金“乾隆年制”楷书款。

292

黑漆描金山水图手炉

年代 清中期
尺寸 长 18.4 厘米 宽 12.9 厘米 高 14 厘米
收藏单位 故宫博物院

炉呈双连云头式，有盖及提梁，内胆与铜丝盖相合。炉身四开光，以“彩金象”技法饰山水楼阁景色。开光外为黄褐色地，绘红、黑色勾莲纹。盖边和提梁饰黑漆描金斜格锦纹。底髹黑漆，中心有圆孔。此炉景物描绘精细，用金浓淡相间，宛如画家用墨。近处山石用金线做皴染及勾边，加重处勾以红、黑色漆，尽显山石嵯峨嶙峋之美，远山则以淡金敷之，并微露底漆，使景物虚实结合，层次分明，实属描金技法之妙作。

293

朱漆描金凤戏牡丹纹碗

年代 清乾隆
尺寸 口径 17.4 厘米 高 6.9 厘米
收藏单位 故宫博物院

碗镶银里，撇口，敛腹，圈足。外壁红漆地描金凤戏牡丹纹，三只金凤振翅戏飞于牡丹丛中，姿态婀娜。足壁饰描金如意云头纹一周。此碗运用多种描金技法而成，凤首、颈部与凤身羽毛金色渐次变化，由深变浅，为《髹饰录》中所称“彩金象”技法，即采用不同的金色，犹如绘画之设色。

底髹黑光漆，有描金“大清乾隆年制”楷书款。

294

紫漆描金花蝶纹长方盒

年代 清乾隆
尺寸 长 39.2 厘米 宽 23.8 厘米 高 22.8 厘米
收藏单位 故宫博物院

盒呈委角长方形，平盖面，矮圈足。通体髹紫漆地描金银花卉纹，盖面饰葫芦藤蔓缠绕翠竹，喻子孙繁衍，相继不绝。盒壁饰缠枝葫芦彩蝶纹，上、下口边及委角处饰菊花卍字锦纹，寓意长寿。足壁饰流云纹。此盒描金笔锋洒脱，线条流畅，金银花纹明暗相宜，阴阳有序，凸显乾隆金漆工艺之成就。

底髹黑光漆，底正中阴刻填金“乾隆年制”楷书款。

295

识文描金瓜果纹套盒

年代 清中期
尺寸 直径 18.2 厘米 高 28 厘米
收藏单位 故宫博物院

套盒分三层，外有盒罩，底置方形座。盒通体饰紫红色漆洒金地识文描金银纹饰，盖面为桃实、石榴、佛手组成的三多纹，寓意多寿、多子、多福。盒壁四面饰以葡萄、苦瓜、葫芦纹，与底层五个子盒所饰蝙蝠、寿字纹共同寓意福寿绵延。盒罩四面开圆孔，巧妙地显露内盒花纹。套盒浓金为地，四面及顶部均饰凸起的金银折枝百花纹，与内层红漆花纹交相辉映，对比强烈，具有较高的艺术价值。底座四角连有垂云足，饰紫红色漆地描金银花卉纹。

识文描金是用漆灰堆出凸起的花纹后再施以描金或贴金的工艺技法。此盒做工细腻，造型别致，为识文描金漆器之佼佼者。

296

识文描金蝴蝶式盒

年代 清中期
尺寸 长 29.5 厘米 宽 16.5 厘米 高 4.8 厘米
收藏单位 故宫博物院

盒呈蝶形。通体以金漆为地，饰以清代描金漆器中颇享盛名的识文描金工艺的彩漆花纹。盖面饰蝴蝶一只，以纤细的笔锋描绘出薄如蝉翼的双翅。蝴蝶的头部饰大小瓜瓞组成的吉祥图案，寓意子孙万代。盒内髹橘黄色漆洒金地，底髹黑漆。此盒是仿日本莳绘漆器的代表作。

297

描油锦地花蝶纹长方盒

年代　清中期
尺寸　长 21.7 厘米　宽 18 厘米　高 6.2 厘米
收藏单位　故宫博物院

盒呈委角长方形，天盖地式，平盖面，底四角有垂云足。盖面施红漆卍字锦地，中心描油彩漆变形莲花一朵，四角对称彩蝶各一。盖壁描油彩漆，淡蓝色卍字锦纹地上饰缠枝花卉纹，釉色亮丽，对比强烈。

描油，即以桐油调颜料，其特点是能够调制出更容易表达绚丽多彩的颜色，以增强作品的艺术表现力。这件作品的花纹以油彩描绘而成，是清代描油漆器的精品。

298

朱漆菊瓣式盖碗

年代　清乾隆
尺寸　口径 10.8 厘米　高 10 厘米
收藏单位　故宫博物院

盖碗夹纻胎，菊瓣式。夹纻是以麻布为漆器胎骨的一种制胎方法。此盖碗是以薄丝绸为胎，厚不足 1 毫米，又称为“脱胎”。此种工艺的最大特点是胎薄体轻，正如乾隆帝御题中所赞美的那样：“制是菊花式，把比菊花轻。”

盖纽内及底均有刀刻填金“乾隆年制”篆书款。

三

镶嵌

299

黑漆嵌螺钿婴戏图箱

年代　清早期
尺寸　边长 27.5 厘米　高 28.5 厘米
收藏单位　故宫博物院

箱正方形，正面插门可向上提拉，内有抽屉五个，箱两侧有铜镀金提环。通体黑漆地，箱顶、四壁及抽屉面皆以薄螺钿及金片组合镶嵌婴戏图。箱边及抽屉四边均用细钿沙组成边饰图案。此箱巧妙地运用贝壳五光十色的美丽色彩，辅以钿沙和贴金，准确地表达孩童活泼的天真稚气和活动的瞬间动作。其在钿片上加刻五官，使人物刻画惟妙惟肖，是清早期嵌薄螺钿漆器的精品。

300

黑漆嵌螺钿职贡图长方盒

年代　清早期
尺寸　长 43.8 厘米　宽 30 厘米　高 6.5 厘米
收藏单位　故宫博物院

盒长方形，天盖地式。通体髹黑漆地，用绚丽多彩的薄螺钿间描金嵌饰出一幅精美的职贡图。此盒在咫尺空间既刻画出 60 多人的活动形象，又表现了天空流云、山石树木构成的壮观景致，其虚实相间，高低错落，皆颇具章法，俨然一幅出色的工笔画，是清代早期薄螺钿与描金工艺相结合的佳作和典范。

301

百宝嵌五老观日图长方盒

年代　清早期
尺寸　长 20.5 厘米　宽 13.2 厘米　高 6.5 厘米
收藏单位　故宫博物院

盒长方形，天盖地式，四卷云足。通体以黑漆为地，盖面以厚螺钿、绿松石、鸡血石、玛瑙、寿山石、青金石、碧玉、染牙、珊瑚等珍贵材料嵌饰出五位老者立于山巅岩石之上俯瞰云海中红日初升、云蒸霞蔚的美景。人物刻画生动传神，颜色运用精准合理，为清早期百宝嵌之佼佼者。

此盒制作于清早期，其内装有《康慈皇贵太妃母四旬慈寿恭颂》册页，落款为“子臣奕䜣恭进”。说明此盒晚清时曾被恭亲王奕䜣当作给母亲的寿礼进献入宫。

302

黑漆嵌螺钿五子夺魁图圆盒

年代　清中期
尺寸　口径 16.8 厘米　高 6.8 厘米
收藏单位　故宫博物院

盒圆形，平顶，圈足。通体髹黑漆为地，盖面以薄螺钿间贴金片嵌饰出妇人观看童子嬉戏夺盔的情景。盔与魁谐音，为科举夺魁、高中状元的寓意。盒内盛装白玉十二生肖及《御制寿民诗》册页。此盒嵌制螺钿五光十色，斑斓绚丽，且钿片加有染色，为《髹饰录》中“衬色螺钿”的做法。

303

百宝嵌七佛图钵

年代　清中期

尺寸　口径 14 厘米　高 13 厘米

收藏单位　故宫博物院

钵圆形，下承底座。通体髹黄漆为地，以厚螺钿、蜜蜡、珊瑚、绿松石、青金石、白玉、铜镀金片等镶嵌图纹。钵腹部饰神态安详的七佛，结跏趺坐于莲花台上。七佛之间饰祥云莲花纹。钵口沿以白玉嵌蕉叶纹一周。底座为黑漆描金，上饰海水托云，海水中升起莲花，分别承托佛家八宝。作者在嵌宝上充分发挥不同材料的天然质地、色彩等特性，既彰显了各自的特质之美，又通过它们之间的巧妙组合使得该钵具有色彩纷呈的高贵华丽之美。

珐琅篇

珐琅器一般是指以红铜（少数以金）为胎体，以珐琅作装饰的一种复合工艺品。根据制作技法之不同，主要又分为掐丝珐琅和画珐琅两大类。

掐丝珐琅器的做法是先用细扁的铜丝掐出纹图焊粘在胎体表面，而后以随类赋彩的方式填施各色的珐琅进行烧制，在经过起码三次的填充、烧制的反复程序后，再进行由粗到细的打磨，最后还要加上镏金方能完成。掐丝珐琅器的装饰宛如宝石镶嵌，具有流光溢彩、富丽华贵的工艺特征。由于制作繁复、成本高昂，因而其工艺的发展和成就主要以历代皇家的制作体现出来。

清代掐丝珐琅工艺是在元、明两代的基础上发展而来的。康熙十九年（1680）清宫设立造办处，专为生产和制造宫廷所需一应用器。造办处成立伊始就设置了珐琅作，从那时起便开启了清宫珐琅器的制作与发展，并一直延续到清代晚期。

掐丝珐琅器制作的繁盛期主要集中在康熙、乾隆两朝。

根据传世实物分析，康熙朝以制作较大型的宫廷陈设器和实用器为主，如各式的花觚、尊、炭盆、炭炉、坐墩、椅等，同时也兼有小巧精致的作品，如暖砚、笔架、盘、盒、蜡台、香炉等。装饰图案以缠枝莲花纹为主，此外也有螭龙、凤鸟等。工艺特点有着早晚之间的变化与不同。早期的一般釉粗丝细，色泽沉穆；晚期的釉细丝匀，色泽明丽。这一特点的形成应与所处的历史背景有关，可以说它是改朝换代后清宫造办处从生产恢复到发展成熟的表征之一。

乾隆朝珐琅器的制作达到了鼎盛。档案和实物都证明，当时的生产规模宏大，制造数量繁多。所造之器包括生活用具、文房用具、陈设赏玩用具、宗教用具等，涉及宫廷生活中的方方面面。体量大到两米开外的佛塔、屏风，小到盈寸的炉、瓶、盒、鼻烟壶等，数不胜数。总观乾隆朝官造珐琅器，体量无论硕大还是小巧，功能用途无论欣赏还是实用，造型都周正端庄，结构比例符合黄金分割，具有相当高的视觉美感。其中很多作品仿自商周青铜礼器，古韵盎然，体现出了乾隆帝博雅好古的情怀。装饰内容丰富，有勾莲寿字、几何兽面、山水楼阁、花鸟鱼虫、龙凤螭狮等，大部分具有吉祥寓意。珐琅质地细腻润泽，色彩纯正，镏金厚重，金光闪烁，具有浓重的宫廷色彩和皇家气息，其中的精品时至今日仍灿如新制，光彩耀人，散发着瑰宝的魅力。

在清宫以外，北京、广州、扬州等地也制作珐琅器，它们与宫廷的官造器在工艺特点和风格上存在着一定的差别，诸如造型设计、装饰图案的民俗性，珐琅原料的地域性，以及呈色手法的传统性等，都是造成差别的因素。有些地方作品曾以进献、宫廷定制等多种方式和渠道进入到宫廷中来，与宫廷的珐琅器汇聚在一起，成为清宫藏珐琅器的组成部分。

画珐琅是先以各色细腻的珐琅在器表绘图作画后，再经烧制、打磨、镏金而成，因而又常被称为珐琅画，画珐琅器具有轻灵秀美的工艺特征。

画珐琅是清代新兴的工艺品种。当欧洲的画珐琅制品进入中国后，博得了广泛的青睐，更重要的是深深打动了康熙皇帝，进而促使他下决心制造自己的画珐琅器。在康熙帝的重视和督导下，画珐琅工艺在反复试制后取得成功并日臻成熟，这其中倾注了这位帝王的坚持与追求。康熙朝对画珐琅工艺有肇造之功，之后又经雍正朝的发展，到乾隆朝达到了制作的全盛。清宫所造画珐琅器琳琅满目，大部分融陈设欣赏和实用把玩为一体，如各式的瓶、罐、盒、盘、壶、炉、鼻烟壶、文房用具、生活用具等。画珐琅的装饰内容丰富多彩，有鲜花蕙草、鱼藻鸟兽、山水人物等，不胜枚举。图案设计讲究构图布局、描绘施彩注重笔墨晕染，它将纸绢上的绘画移植到立体器物的表面作装饰，具有极强的艺术性和感染力。康熙朝画珐琅器的特点是釉料莹润细腻，纹图布局疏朗，多以颜色釉为地色作装饰，色彩浓重艳丽。雍正朝釉色增多，且巧妙添加以黑色珐琅为地色的装饰，别有韵致。乾隆朝是画珐琅制作集大成的时期，在继承的同时又有卓越的发展和创新。发展创新体现在多方面，其中令人啧啧称赞的是恰到好处地运用以黄金为成色剂的金红色珐琅，粉润柔和，至美至雅。在装饰内容上出现了前所未有的焦点透视画法的西洋风景和人物图，别开生面，令人耳目一新，并成为18世纪西风东渐的历史产物和见证。

在宫廷造办处之外，广州也按照皇帝的旨意制造画珐琅器并输送到宫廷中来。广州是清代官造珐琅器在京畿之外的重要产地，其作品简称“广珐琅”。广珐琅具有一定的地方特色，如胎体略显轻薄，多用开光的构图方法设计图案，善于制造体量较大的器物等。其中的描金画珐琅、透明画珐琅是广州独有的工艺品种，精美而华丽。

一

掐丝珐琅

304

掐丝珐琅缠枝莲纹凤耳乳足炉

年代　清康熙
尺寸　口径 9.5 厘米　高 8.6 厘米
收藏单位　故宫博物院

这是一件将实用与装饰巧妙结合的作品。肩部以镂空勾莲朵花纹的手法环饰一周，玲珑通透的纹饰不仅利于香气的弥散，还使厚重的胎体有了轻盈之感。腹部以蓝色珐琅为地，其上饰红、白、紫、黄、藕荷等色的缠枝莲花纹，莲朵在各自独立的同时又通过翻转的枝蔓相连，从而构成了既充实饱满又主辅相宜的装饰图案。

与掐丝用以固定珐琅的制作工艺有关，缠枝莲花是掐丝珐琅工艺中一以贯之的主要装饰纹样，但不同年代会呈现出不同的特征。该器以双勾曲线表现花叶，是康熙朝特征之一。之后的乾隆朝不仅沿袭了这一表现方式，还成为其显著的时代特征。

炉底中心做单线方框，内镂空錾刻“大清康熙年制”三竖行篆书款。这种制款手法与炉身的装饰相对应，体现出设计上的整体性与巧思。

305

掐丝珐琅菊石纹圆盒

年代　清康熙
尺寸　口径 8.3 厘米　高 2.9 厘米
收藏单位　故宫博物院

盖面在纹饰上独具匠心，与珐琅工艺中最常见的缠枝花卉纹不同，改用了菊花相佐洞石的具象题材。盛开的菊花突破了掐丝所带来固定模式的束缚，而是以婀娜的花姿和多洞的秀石展示出了自然之美与活力。这件作品是康熙朝当之无愧的精品。

盒底中心阴刻“大清康熙年制”三竖行楷书款。

306

掐丝珐琅凤纹长方盘

年代　清康熙
尺寸　口长 9 厘米　口宽 7 厘米　高 1.4 厘米
收藏单位　故宫博物院

盘的纹饰以鸾凤为中心，四周衬以缠枝花卉等纹饰。鸾凤身姿曼妙轻盈，其飘逸的体态与婉转的花卉枝叶相互交联，融为一体，使整图既突出主题又对称平衡，显示着设计上的成熟。该器是研究康熙朝珐琅以双勾曲线表现枝叶纹饰的重要实物。

盘外底中心阴刻“大清康熙年制”三竖行楷书款。

307

掐丝珐琅双螭捧寿纹长方暖砚

年代　清康熙
尺寸　长 14.7 厘米　宽 11.5 厘米　高 5 厘米
收藏单位　故宫博物院

砚盒的装饰分上下两层，上层的夔龙纹为镂空铜镏金的做法，下层的双螭捧寿纹采用了珐琅的质地。上下层虽运用不同的工艺手法，但都具有玲珑之妙。黄色的双螭与铜镏金之间，又有着色彩上的对应，因而令人赏心悦目。整体设计匠心独运，巧思经营。

外底中心阴刻单方框，内刻“康熙年制”篆书款。

308

掐丝珐琅兽面纹绳耳甗式炉

年代 清乾隆
尺寸 口径 8 厘米 通高 17.3 厘米
收藏单位 故宫博物院

炉的造型仿自商周青铜器，古意充盈，体现了清宫制器追慕先古的审美好尚。器身分多层次，以穿插相叠的方法作装饰，有蕉叶纹、兽面纹、云龙纹等。该器掐丝均匀，珐琅细腻，镏金厚重，金水十足，是乾隆朝珐琅工艺特点的综合体现，为优秀作品之一。

外底中心做凸起方框，内起地阳文“乾隆年制”双竖行楷书款。

309

掐丝珐琅葫芦纹双耳簋式炉

年代 清乾隆
尺寸 口长 8.8 厘米 口宽 6.5 厘米 高 10.4 厘米
收藏单位 故宫博物院

炉的造型虽源于商周青铜器中的簋，但在设计上增加了较多的铜镏金的装饰，如龙纽、龙耳及龙足，这不仅使器物的体量得到有效的扩充，从而实现艺术上的夸张效果，更切中了宫廷富丽奢华的审美理念。炉身所饰横卧的葫芦纹、变形的几何纹等，都是珐琅工艺中罕见的纹图，也是该器独一无二之所在。

炉外底中心嵌铜镏金方片，上起地阳文“乾隆年制”双竖行楷书款。

310

掐丝珐琅开光寿字纹瓶

年代　清乾隆
尺寸　口长 6 厘米　口宽 4.4 厘米　高 30.3 厘米
收藏单位　故宫博物院

这件作品的主要装饰纹样虽为皇家多用，但在珐琅工艺中少见。颈部以游龙为饰，腹部以寿字、暗八仙为纹。游龙的身躯与瓶颈扁圆的形制十分契合。腹部所做微有隆起的红色桃形开光，既突出了寿意的主题，又自然腾出暗八仙纹的空间，进而对中心的寿字起到了烘托的作用。通体装饰内容虽然繁满，但繁而不乱，相辅相成，体现出乾隆朝的装饰特点。

外底中心做凸起长方框，内起地阳文“大清乾隆年制”三竖行楷书款。

311

掐丝珐琅缠枝花卉纹双连瓶

年代　清乾隆
尺寸　大瓶口径 4.8 厘米　足径 5.6 厘米　高 18 厘米
收藏单位　故宫博物院

这件作品通过铜镏金螭龙形提梁将两个橄榄式的大小不等的瓶相连，取成双成对之吉祥寓意。两瓶在缠枝花卉纹的基础上，又以錾刻镏金蟠螭纹作装饰，大面积的金色增强了器物的贵重感，彰显出皇家制器追求华丽的特点。该器是珐琅和錾刻工艺相结合的经典之作。

瓶外底中心做下凹方框，内起地阳文“大清乾隆年制”三竖行楷书款。

312

掐丝珐琅兽面纹出戟觚

年代　清乾隆
尺寸　口径 9 厘米　足径 6 厘米　高 15.3 厘米
收藏单位　故宫博物院

觚的造型仿自商周青铜器，器表加饰对称的铜镏金出戟四个。通体装饰图案以兽面纹为主，以几何纹、朵花纹为辅。整体掐丝精细、色彩丰富、填饰饱满、金彩光亮、中规中矩，是乾隆朝制器高格标准的典范之一。

觚外底中心做凸起方框，内起地阳文“乾隆年制”双竖行楷书款。

313

金胎掐丝珐琅开光画珐琅母婴图执壶

年代　清乾隆
尺寸　口径 5.7 厘米　足边长 9.5 厘米　高 33.8 厘米
收藏单位　故宫博物院

壶作上圆下方的葫芦式，由掐丝珐琅和画珐琅相结合的手法精制而成，并嵌缀各色宝石。壶的主体为掐丝珐琅工艺，以蓝色珐琅为地，以缠枝莲花为纹，布局工致。壶体上下四层分别做对称的开光四个，内嵌画珐琅片，图案内容丰富，自上而下分别是花鸟、胭脂粉色山水、母婴、人物故事，画面具有清代宫廷画院细腻写实的风格。整体色彩明艳，珠光宝气，堪称良器佳作，传世珍品。

壶外底阴刻双方框，内刻“乾隆年制”双竖行楷书款。

314

掐丝珐琅缠枝莲纹多穆壶

年代　清乾隆
尺寸　口径 10.4 厘米　足径 14 厘米　高 52.8 厘米
收藏单位　故宫博物院

壶作筒状，僧帽口，造型源于蒙古族盛装奶茶的器皿，具有浓郁的北方民族特色，体现出乾隆朝广收博取的创作理念。壶通体以蓝色珐琅为地饰缠枝花卉纹，花朵大小有别，交错排列，布局井然。在壶体錾刻镏金的横箍上嵌饰有各色宝石，使器物平添奢华之气，为传世精品。

足面上嵌长方形铜镏金片，上阴刻“大清乾隆年制”横行楷书款。

315

掐丝珐琅锦纹螭耳扁壶

年代　清乾隆
尺寸　口径 3.8 厘米　足长 8 厘米　足宽 4.4 厘米
　　　高 12.4 厘米
收藏单位　故宫博物院

壶的造型仿自战国铜器。腹部正、背、侧面通饰錾刻镏金卧蚕纹的长方格，格内做掐丝珐琅的朵花，从而形成了规整而又均齐的锦纹装饰。掐丝花纹细腻的线条与錾刻花纹精致的纹理，彰显作品所具有的卓越工艺水平。

足内中心做双方框，内起地阳文“乾隆年制”双竖行楷书款。

316

掐丝珐琅夔凤纹提梁壶

年代　清乾隆
尺寸　口长 13.2 厘米　口宽 10.2 厘米　高 27 厘米
收藏单位　故宫博物院

壶的造型仿自商周青铜器中的卣，端庄周正。器表以夔凤和兽面为主要纹饰，古香古色。通体在制作上深具乾隆朝掐丝均匀、色彩纯正、镏金光亮的工艺特点，十分精良，并洋溢着乾隆朝制器追求古韵的时代风尚。

壶外底中心刻出方框，内起地阳文“乾隆年制”双竖行楷书款。

317

掐丝珐琅海水云龙纹水丞、笔架、暖砚、墨床

年代　清乾隆
尺寸　水丞口径 4.2 厘米　足径 8.4 厘米　高 11.1 厘米
笔架宽 22 厘米　厚 6 厘米　高 15 厘米
暖砚口长 19 厘米　口宽 15.2 厘米　高 15.8 厘米
墨床面长 13.4 厘米　面宽 7 厘米　高 3.8 厘米
收藏单位　故宫博物院

这是一套极其珍贵的文房用具。它们均以宝蓝色珐琅为地，以云龙、海水江崖等为纹，具有胎体厚重、掐丝均匀、色彩纯正、物象表现清晰的特点，是乾隆朝文房器具中最具代表性的精品组合。

水丞外底錾刻双龙环抱纹，内起地阳文“大清乾隆年制”三竖行楷书款。

笔架外底錾刻双龙对舞纹，双龙中间起地阳文“大清乾隆年制”三竖行楷书款。

暖砚外底錾刻双龙环抱纹，内起地阳文“大清乾隆年制”三竖行楷书款。

墨床外底阴刻双方款，内起地阳文“乾隆年制”双竖行楷书款。

318

掐丝珐琅牧童骑羊式笔架

年代　清乾隆
尺寸　长 16 厘米　宽 6 厘米　高 15 厘米
收藏单位　故宫博物院

笔架整体设计巧妙，通过绵羊高昂的头、牧童头戴的斗笠与高曲的双腿形成了三个高峰，其间构成的凹陷处恰好放置毛笔，造型生动有趣。绵羊周身的掐丝线条旋转流畅，打磨精细平滑，将羊毛绵软柔和的质感表现得真切自然。这件作品将观赏性与实用性有机结合，是不可多得的工艺珍品。

笔架座底中心刻双线方框，内阴刻“乾隆年制”双竖行楷书款。

319

掐丝珐琅云气纹牺尊

年代　清乾隆
尺寸　长 21.2 厘米　宽 8.7 厘米　高 18.6 厘米
收藏单位　故宫博物院

牺尊仿自商周青铜器造型。牺首侧转，四腿直立，体态健硕，豪迈雄强，气韵生动。通体以掐丝和錾刻两种工艺精制而成，器身满施墨绿色间红色的珐琅，上做大大小小的云气纹，既飘逸又深邃。其中錾刻镏金的纹理，光芒四射，更加深了整体的凝重之感。乾隆朝精品无数，而这一件可谓杰出之作。

牺尊背上附有圆、方二筒，方筒上做出方框，内蓝地镏金“乾隆仿古”双竖行楷书款。

320

掐丝珐琅夔凤纹兕觥

年代　清乾隆
尺寸　口长 11.1 厘米　口宽 6.5厘米　高 11.5 厘米
收藏单位　故宫博物院

兕觥仿自商周青铜酒器。通体以天蓝色珐琅为地，以红、黄、宝蓝等为夔凤、兽面、云雷纹饰等，纤细的掐丝、绚丽的色彩、变化的夔凤，使古朴的器物有了全新的年代感。该器是乾隆朝仿古器物的代表作。

兕觥外底中心刻双方框，内阴刻“乾隆年制”双竖行楷书款。

321

掐丝珐琅缠枝莲纹双连式鼻烟壶

年代　清乾隆
尺寸　口径 0.6 厘米　高 3.5 厘米
收藏单位　故宫博物院

双连罐式，造型在烟壶器类中不同寻常，因而有卓尔不群之感。由于烟壶体量小，制作难度大，不易做装饰，因此以掐丝珐琅工艺制作的鼻烟壶少见而难得。该件小巧玲珑，做工精湛，为传世孤品，弥足珍贵。

烟壶两足内分别阴刻“乾隆”、“年制”楷书款。

322

掐丝珐琅山水楼阁图容镜

年代　清乾隆
尺寸　直径 9.6 厘米　厚 0.5 厘米
收藏单位　故宫博物院

镜背面做掐丝填彩釉的山水楼阁庭院图景。近处亭台、高远处楼阁以宫墙相隔，以秀树蕙草和奇石点缀相衬，构图饱满，层次清晰，为典型的装饰繁满的特点，是乾隆朝珐琅镜中的佳品。

左下侧奇石处嵌长方形铜镏金片，上阴刻楷书“乾隆年制”竖行款。

二 画珐琅

323

画珐琅缠枝花朵纹冲耳炉

年代　清康熙
尺寸　口径 6.5 厘米　高 4.4 厘米
收藏单位　故宫博物院

炉作圆形，冲耳。器身以紫色珐琅为地，上面环饰黄花绿叶的缠枝花朵纹，色彩柔和典雅，与小巧精致的炉体相得益彰。器底以黄色珐琅为地，上面饰三朵等距的粉色莲花。黄色乃皇家专属色彩，洁净明亮，于器底使用，更衬托出宫廷制器的考究。该器为康熙朝典型性器物。

炉底中心蓝色双圆圈，内书“康熙御制”双竖行楷书款。

324

画珐琅开光牡丹纹撇口瓶

年代　清康熙
尺寸　口径 4 厘米　足径 4.2 厘米　高 13.5 厘米
收藏单位　故宫博物院

瓶通体以湖蓝色为底衬彩绘纹图，以婉转的枝叶围出三个开光。开光内又以明黄色为地描绘粉红色的牡丹花，花朵吐艳，竞相开放，每一片花瓣的颜色都有着浓淡之变化，从而呈现出生动的立体感。该瓶是康熙朝画珐琅中以颜色釉为底衬、具有较为艳丽色彩的代表作，这种特点影响了同时期其他类工艺品的装饰风格，具有相当的引领作用。

瓶外底中心蓝色方框，内书“康熙御制”双竖行楷书款。

325

画珐琅桃蝠纹撇口瓶

年代　清康熙
尺寸　口径 4.1 厘米　足径 4.1 厘米　高 13.6 厘米
收藏单位　故宫博物院

通体以白色珐琅为地，腹部绘桃树一株，桃树枝叶茂盛，果实累累，其间红蝠穿飞，其下寿石耸立，高空祥云缭绕，寓意福寿双全、洪福齐天。整体图案笔法具象写实，点染层次清晰，设色清新淡雅，是康熙朝精湛之作。

瓶外底中心蓝色双方框，内书“康熙御制”双竖行楷书款。

326

画珐琅莲花纹八瓣式盒

年代　清康熙
尺寸　口长 11 厘米　口宽 8.6 厘米　高 3.5 厘米
收藏单位　故宫博物院

盖与盒体分别锤作对称的八瓣瓜棱式，每瓣膨出饱满，上下分别用红、黄、浅蓝等色绘莲花一朵，每瓣一花，从而实现了装饰花纹与器形相互对应的完美结合。从珐琅色彩、质地、花纹描绘手法等多方面看，这件作品是康熙朝画珐琅工艺成熟时期的代表作。

盒外底中心蓝色双方框，内书“康熙御制”双竖行楷书款。

327

画珐琅莲瓣纹碗

年代　清康熙
尺寸　口径 11.2 厘米　足径 9.6 厘米　高 9.5 厘米
收藏单位　故宫博物院

碗首先是在胎体上锤揲出凸起的莲瓣纹，而后施以粉红色的珐琅装饰而成。莲花瓣造型凸起，自然生成立体感。珐琅细润有光泽，色彩由浅至深渐变，对立体感更有提升。该碗如莲花开放，整体在写实的基础上结合抽象和夸张的艺术手法，表现出了莲花玉洁冰清的特点。

碗圈足中心红色双方框，内书“康熙御制”双竖行楷书款。座外底中心为同形款识，所不同的是款为蓝色。

328

画珐琅缠枝莲纹菱花式盘

年代　清康熙
尺寸　口径 16.8 厘米　足径 8.3 厘米　高 2.3 厘米
收藏单位　故宫博物院

盘为七瓣菱花式，以层层烘托的构图法进行由外至内的装饰。壁饰并蒂莲花七组，色彩各异，排列富有韵律。盘心饰缠枝莲花七朵，它们围成圆周，簇拥着中心盛放的红色莲花。满盘莲花描绘精细，晕染生动，风姿绰约，又加之珐琅质地特别莹润有光泽，因而是康熙朝极具代表性的作品。

盘圈足中心蓝色双圆圈，内书“康熙御制”双竖行楷书款。

329

画珐琅喜相逢纹菱花式盘

年代　清康熙
尺寸　口径 15.5 厘米　足径 9.4 厘米　高 3.5 厘米
收藏单位　故宫博物院

盘为菱花式。内壁以每瓣绘一卉的方式，绘有大小相间的折枝莲花。花朵在淡雅的天蓝色的衬托下，分外清朗明快。盘心在黄色地上绘相向飞舞的彩蝶，构成了喜相逢的吉祥图案。这种以娇黄、天蓝为地作装饰的手法是康熙朝画珐琅重要的用色特点，是时代风貌的体现。

圈足中心蓝色双方框，内书“康熙御制”双竖行楷书款。

330

画珐琅开光莲花纹筒式炉

年代　清雍正
尺寸　口径 13.6 厘米　圈足径 10.3 厘米　高 10.4 厘米
收藏单位　故宫博物院

炉作圆筒式，圈足下又接三个兽蹄式足，筒身自上而下略有收敛。在装饰上以开光的形式分隔出八个画面，开光内以天蓝色为地，分别绘色彩各异的缠枝莲花一朵，并分别承托杂宝一个。开光外在黑地上绘折枝花朵纹。以黑色珐琅为地色作装饰是雍正朝的特点，黑色可将光线全部吸收，沉稳凝重，最能反衬出五颜六色珐琅的亮丽。

圈足内由外而内依次围圆彩绘勾云、双凤、双螭，中心书蓝色“雍正年制”双竖行楷书款。

331

画珐琅缠枝花卉纹六管花插

年代　清雍正
尺寸　口径 4.9 厘米　足径 6 厘米　高 11.6 厘米
收藏单位　故宫博物院

中间一管，相对较大，四周五管相围之，造型仿瓷器而来，于清宫档案中被称为六管花插。通体以黄色珐琅为地，满饰缠枝花卉纹。颈及足分别加饰黑地花卉装饰带，凸显雍正朝特点，而以色釉为地色、彩绘纹图的用色方式又是对康熙朝的继承。该器在装饰上体现了雍正朝的继承与发展，而目前来看形制在珐琅器中则是绝无仅有的。

圈足中心蓝色双方框，内书“雍正年制”双竖行楷书款。

332

画珐琅寿字团花纹卤壶

年代　清雍正
尺寸　口径 3.1 厘米　足径 4.1 厘米　高 13 厘米
收藏单位　故宫博物院

壶的造型仿自日本漆器。通体以黑色珐琅为地，上面饰交错排列的团花十八朵，每朵花心正中书写团寿字，花朵与绿叶之间有红蝠穿飞，整体装饰寓意福寿吉祥。该壶画工精整，构图繁而不乱，色彩对比强烈。尽管雍正朝珐琅器的装饰善用黑色，但地色满黑的作品也是罕见的。

圈足中心蓝色双方框，内书“雍正年制”双竖行楷书款。

333

画珐琅桃蝠纹水丞

年代　清雍正
尺寸　口径 6.2 厘米　高 7.5 厘米
收藏单位　故宫博物院

水丞为大、小桃实相连式，造型仿生具象，妙趣横生。器身施彩注重渐变，由桃尖的红向桃身的粉红、黄、黄绿、绿色过渡自然。多色阶的变化，表明珐琅色彩的丰富及烧造工艺的精妙。其间加绘红色飞蝠，平添动感，与桃实合寓福寿双全、洪福齐天，充满着吉祥喜庆的色彩。该器设计新颖，色彩鲜活，描绘细腻，独具匠心，是清代画珐琅工艺中的杰作，也是传世孤品。

水丞底部墨书“雍正年制”双竖行仿宋体款。

334

画珐琅八吉祥纹法轮

年代　清雍正
尺寸　足径 10 厘米　高 22 厘米
收藏单位　故宫博物院

器乃八吉祥之一的法轮，为清宫佛堂供器。这件器物的装饰设计新奇有创意，于法轮的八个镂空辐上面分别描绘莲托八吉祥纹。这种叠加的装饰手法不仅有趣，更加重了吉祥的寓意，令观者回味，此乃该器的别致所在。

外底中心描绘花卉一朵，于花卉边沿书“雍正年制”横行楷书款。

335

画珐琅缠枝花卉纹冠架

年代　清雍正
尺寸　足径 14 厘米　高 37.3 厘米
收藏单位　故宫博物院

冠架是放置冠帽的实用器，由冠伞、梃柱、底座三部分组成。作者运用对比的手法，使它们于彼此映衬中达到装饰上的和谐。冠伞是素面的水银玻璃球，又称“轩辕镜”。梃柱和底座在黑、黄、白和淡蓝色的地子上，绘制了缠枝的莲花和牡丹等多种花卉，从而使冠伞素壁生辉，繁简相衬，具有较高的艺术欣赏性。

梃柱中间蓝色方框内书“雍正年制”双竖行楷书款。

336

画珐琅开光花鸟图渣斗

年代　清雍正
尺寸　口径 9.2 厘米　足径 5.4 厘米　高 8.1 厘米
收藏单位　故宫博物院

此渣斗虽是放置废弃物的生活实用器，但无比精致。腹部做四个黄地橘形开光，内分别彩绘牵牛双蝶、荷花水草、翠竹双燕、梅花灵芝。画面赋色妍雅，用笔流畅，物象写实自然，是皇家用器考究奢华的写照。

外底绘折枝橘果和红色蝙蝠，寓意得福吉祥。果实的中心书蓝色“雍正年制”双竖行楷书款。以花果、凤螭等装饰款识的做法是雍正朝珐琅器的特点之一。

337

画珐琅开光西洋山水人物图海棠式瓶

年代　清乾隆
尺寸　口径 16 厘米　足径 14 厘米　高 50.5 厘米
收藏单位　故宫博物院

整体装饰具有浓郁的西洋风格。瓶作四瓣海棠花式，腹部做有对称的开光两个，内彩绘相近的西洋风景人物图，细腻平滑。开光外满饰具有巴洛克元素的錾金卷叶纹，金光闪闪，其间填饰有各色碎花。由于运用的是锤揲方法，所以大卷叶阳起突出，十分立体，从而形成开光内外平面与立体的反差，具有强烈的装饰效果。该器是乾隆朝广州造画珐琅的经典之作。

足底白色，中心蓝色单方框，内书“大清乾隆年制”三竖行篆书款。

338

画珐琅开光西洋人物图觚

年代　清乾隆
尺寸　口边长 11.5 厘米　足边长 7.8 厘米　高 25.6 厘米
收藏单位　故宫博物院

觚仿自商周青铜器造型。腹部四面以大卷叶做开光，内描绘不同的西洋人物图，分别是母婴和俊男。画者具有较强的状物造型之功底，不仅将人物神态刻画得生动自然，秀发衣料亦写实逼真，其笔墨画风具有鲜明的西洋画特色。颈及足对称錾刻鎏金的蕉叶纹及彩绘的花卉纹。整体装饰层次清晰主次分明，为显著的乾隆朝工艺特色。

外底中心蓝色双方框，内书“乾隆年制”双竖行楷书款。

339

画珐琅开光西洋人物图瓜棱式盒

年代　清乾隆
尺寸　口径 17.5 厘米　足径 12.2 厘米　高 14.9 厘米
收藏单位　故宫博物院

通体凸起分瓣八个，呈瓜棱式。横向以錾刻镏金的宽带分隔成三层，每层做如意云头式开光六个，内绘不同的图景。上层绘中国传统的山水画，以小写意的手法表现，构图简淡清朗，笔墨秀润工细。中层绘西洋的母婴图，以西洋画的明暗法刻画，人物造型准确，衣着服饰真切。下层绘牡丹、荷花等受人喜爱的花卉，以工笔画的技法绘制，用笔娴熟，设色鲜明。整体图案装饰以不同的艺术手法表现不同的题材内容，显示出技艺的高超和中西文化交融的时代背景。

外底中心蓝色双方框，内书“乾隆年制”双竖行楷书款。

340

金胎画珐琅花卉纹云耳带托杯

年代　清乾隆
尺寸　杯口径 5.6 厘米　盘口径 18.7 厘米　通高 7 厘米
收藏单位　故宫博物院

杯、托盘为一套。杯两侧置铜镏金云纹耳。外壁以黄色为地，彩绘缠枝花卉纹。托盘为菱花式口边，与杯相比在装饰上加绘了红色蝙蝠，明显不同的是盘心杯托处做凸起，它以白色为地，上绘简约的装饰纹样，进而从色彩、图案、造型上巧妙地将杯和盘区分开来，显示出清晰的设计思路。这套杯盘以黄金为胎体，以色彩丰富、质地细腻的珐琅作装饰，品质卓越，为珐琅工艺中至精至美之作。

碗、盘外底中心均书蓝色“乾隆年制”双竖行楷书款。

341

画珐琅开光山水花鸟图八棱式提梁壶

年代　清乾隆
尺寸　口径 9.1 厘米　足径 13.5 厘米　高 38.1 厘米
收藏单位　故宫博物院

壶以金属加工、玻璃、珐琅等多种技法精制而成，体现出了乾隆朝至高的工艺水平及综合运用的能力。造型仿自西洋温壶，高提梁，鼓腹做出八个棱面，曲腿支架，通体玲珑别致，充满异域风格。腹部八面间隔排列的山水图、花鸟图，则完全以中国传统工笔画技法绘制，用笔细腻工致，设色鲜艳明亮，层次布局讲究，为典型的清宫画院风格。该器是中西合璧的经典之作，档案中又有明确记载，可谓传世瑰宝。

壶底和油盒底中心均书蓝色“乾隆年制”双竖行楷书款。

342

画珐琅菊花纹执壶

年代　清乾隆
尺寸　口径 6 厘米　足径 6 厘米　高 9.1 厘米
收藏单位　故宫博物院

从器形到纹饰全部以菊花为题材设计制作，富含吉祥长寿之意。器身四面凸起铜镏金菊瓣式开光。开光内绘层层叠叠的菊花花瓣，花瓣层出不穷，宛如菊花怒放，具有图案化的装饰之美。开光外描绘各色的折枝菊花，它们随着壶形的弧度变化而取势描绘，显示出深厚的绘画功力。菊花壶设计巧妙，立异标新，始制于康熙朝，乾隆朝又仿而为之，表明两位帝王在审美上的默契。

壶外底中心蓝色双圆圈，内书“乾隆年制”双竖行楷书款。

343

画珐琅开光母婴图笔筒

年代　清乾隆
尺寸　口径 9.1 厘米　足径 8.2 厘米　高 11.7 厘米
收藏单位　故宫博物院

笔筒呈委角四方形。外壁四面分别做随形开光。开光内以殿阁室内为背景，分别描绘各异的母婴图，内容有吹笛、交谈、观景、赏玩等，人物写貌传神，深合画理。室内空间的描绘受西洋焦点透视法的影响，物象由大至小、由近及远，使画面有层次感和纵深感。开光外以蝙蝠、夔龙、卷草等纹相围绕。四个委角中间绘胭脂粉色的山水图景。尺幅虽小，但画工精良。画珐琅工艺制品以各式盘、盒、炉、瓶为多，笔筒则十分罕见。

足内中心蓝色双方框，内书“乾隆年制”双竖行楷书款。

344

画珐琅兽面纹提梁卣

年代　清乾隆
尺寸　口径 6.2 厘米　足径 7.2 厘米　高 17 厘米
收藏单位　故宫博物院

卣的造型仿自商周青铜器。通体在回纹锦地上描绘兽面纹，无论锦地还是花纹纹理均以金线勾描，具有掐丝珐琅金波映秀的装饰效果，是为描金画珐琅工艺品种。根据目前研究，描金画珐琅产于广州，创始于乾隆朝，终于清代晚期。该器色彩填饰饱满，金彩勾勒清晰，造型古香古色，为描金画珐琅中的精品。

卣外底中心红色双方框，内书“乾隆年制”双竖行楷书款。

345

画珐琅开光山水人物图渣斗

年代　清乾隆
尺寸　口径 11.5 厘米　足径 8.5 厘米　高 7.5 厘米
收藏单位　故宫博物院

器表以丰富的色彩、细腻的笔法绘制了多种花纹图案，虽繁多满密，却层次清晰，穿插得当，布局工致，极富皇家宫廷之气息。其中腹部四开光内的山水图景和西洋仕女图最为精彩。图案运用透视画法，使人物、景致自然鲜活。色彩运用珍贵的胭脂水色，粉嫩柔和，美艳无比。该器制作考究，品质卓越，是精品中的精品。

渣斗外底中心蓝色双方框，内书“乾隆年制”双竖行楷书款。

346

画珐琅开光琴棋书画图手炉

年代　清乾隆
尺寸　长 19.6 厘米　宽 13 厘米　高 13.5 厘米
收藏单位　故宫博物院

手炉为长方形，四面做随形开光。光外在黄色地上绘各色缠枝花卉纹。光内均以庭院建筑为背景，分别描绘宫苑仕女们在琴、棋、书、画方面行乐生活的情景。仕女细目、樱唇、粉嫩的容颜，修颈、削肩、柳腰的体态，为传统仕女画的表现方式。行笔晕染、神态刻画皆与画坛时风相近，说明画家介入到工艺品的设计与创作之中，使实用器成为了观赏的艺术品。

炉外底中心红色单方框，内书“大清乾隆年制”三竖行篆书款。

347

画珐琅缠枝莲花纹如意

年代　清乾隆
尺寸　通长 35.5 厘米
收藏单位　故宫博物院

如意曲直有度，呈优雅的流线型。柄首绘粉红色莲花一朵，敷色晕染变化自然，浓淡相宜。身部在黄地上描绘各色的缠枝莲花纹，布局疏朗，排列有致。尾端绘一展翅红蝠，蕴含托福之意。通体设色典雅、花纹清新，是如意器类中的精品。

如意首背面中心书蓝色“乾隆年制”双竖行楷书款。珐琅如意中有款识的作品极其少见，毋庸置疑，有款的尤为珍贵。

348

画珐琅缠枝花卉纹执壶

年代　清嘉庆
尺寸　口径 4.4 厘米　足径 7.1 厘米　高 23.9 厘米
收藏单位　故宫博物院

壶通体以黄色珐琅为地，以红、绿、蓝、紫等色珐琅描绘缠枝花卉、垂云及装饰性的圈点纹。花纹的刻画具有明确的主次之分和大小之别，颇有韵致和设计感。该器在工艺上虽有逊于乾隆朝，但就制作数量骤减的嘉庆朝而言，无疑也是精品了。

壶外底中心蓝色双方框，内书“嘉庆年制”双竖行款。

349

透明珐琅八吉祥纹面盆

年代　清乾隆
尺寸　折沿径 47.7 厘米　高 13.3 厘米
收藏单位　故宫博物院

通体装饰以宝蓝色透明珐琅分出上下两层。上层为贴金花饰，盆底中心贴饰圆形装饰花一个，八瓣对称，呈放射状。腹部一周为八吉祥纹，宽折沿上是暗八仙纹，花纹金光闪烁，具有眩目之美。下层为贴银缠枝花卉纹，若隐若现，具有朦胧之美。该器金昭银辉，华丽无比，是广州进贡内廷之透明珐琅器中的杰作。

金银器篇

我国使用金银的历史很长，从早商开始一直到清代，几乎贯穿了整个的中华历史。清代是我国最后一个封建王朝。在封建制度即将完结之际，金银器文化走向了继唐之后的另一个高峰。清代初始的金银器制作也像其他工艺门类一样，大多简单继承了前制。清王朝初创时期，也就是后金政权统治期间，在一定程度上可以说是整个清代金银器文化的孕育阶段。在历史上，清代和金代有着密不可分的关系。1616年，清太祖努尔哈齐创建的女真政权，就称为“后金”。而金代金银器文化早已融合了内地的汉文化，作为生活在同一个地区的同一个民族，汉文化的影响应是可以持续的，这也就为清代金银器文化沿袭明代金银器文化，并将其发扬光大，打下了心理上和技术上的基础。明代金银器在工艺上有着自己的特点，如较多地使用宝石镶嵌手段等。金银器纹饰繁缛，用金银厚重，装饰堆砌，开创了自唐以后金银器工艺的另一种风格，并且在一定程度上引导了清代金银器的风格走向。

清代金银器文化的主要内容都集中在了皇家金银器上。遍观故宫博物院珍藏的上千件清代宫廷金银器，与前代比较，可以用“一多”、“二新”来概括。

“一多”，指的是种类多，几乎遍及了典章、祭祀、册宝、佛事、冠服、陈设、科技、金币、首饰、生活、刀具、鞍具等各个方面。代表性的器物，如典型的礼仪用器金编钟、仪仗出行用的金盔甲；科技方面的金天球仪；用于祭祀的金盆；宫廷宗教用品中的嵌宝石金佛塔、金佛像、金坛城、金银多穆壶、金银贲巴壶等；室内陈设及日用品中的金累丝如意（60柄一套）、银盆金铁树、金錾花八宝盆景、嵌珠“万寿无疆”金杯、金银执壶等；生活方面除了有金银质的杯、碗、盘、箸、叉和餐刀等，还有最重要的一类是金银首饰，主要包括手镯、扁方、头簪及各类戒指、累丝香囊等，属于宫廷后妃所用。

“二新”，即工艺新、风格新。工艺新是在继承明代多嵌饰的基础上，进而发展为将金银与其他材料混合制作。如在金银器上点烧低温珐琅或以金银掐丝填烧珐琅（金累丝嵌宝石点珐琅金八宝、银累丝烧蓝葵瓣式盒）；以金为胎，外面覆以其他材料，形成“金骨穿衣”（金胎珊瑚云龙纹桃式盒）等。风格新是说与前面任何一代比较，清代金银器把贵金属的庄重、雍容发挥到了极致，以至于在这些高贵的光晕中，让人感到了些许的俗气。

清代金银器称得上是我国古代金器史上的一座高峰，所制器物无一不是构思巧妙、设计精美、工艺精湛。普遍使用了铸造、錾花、锤揲、累丝、镂空等金银器工艺手法，尤其是金嵌珠宝工艺品，在设计、工艺、镶嵌品种上都较明代有了较大的提高。

一 金

350

金交龙纽奉天之宝

年代　清乾隆
尺寸　长 11.8 厘米　宽 11.8 厘米　高 9.7 厘米
收藏单位　故宫博物院

方形，交龙纽，满文阳文篆书“奉天之宝”。纽系牙牌，两面分别镌刻满、汉印文。

原藏于盛京（今辽宁沈阳）皇宫凤凰楼，是著名的“盛京十宝”之一。二神兽昂首盘踞，雍容华贵，威风凛凛，祥瑞顿生。令人惊讶于皇帝生活的奢华，更可想象当年皇帝的赫赫威仪。最能代表国家和皇权的物件，恐怕非御宝莫属。

351

金编钟

年代　清乾隆
尺寸　口径 20.6 厘米　高 27 厘米
收藏单位　故宫博物院

瑞兽为纽，两条蟠龙跃然其间。

钟腹向上下微弯，与平直的钟顶和下口形成强烈比对。铸纹图案以直、曲的线条配以突出的圆大扁平的音乳，构成几何风格的图饰，令人想象到祭祀典礼时在金漆雕木编钟架上发出的或苍凉悲壮、或高亢激越的调式。

此编钟前面铸有“太簇”，背后铸有“乾隆五十五年造”字样。

352

金双龙耳奠盅

年代　清

尺寸　盅口径 6.1 厘米　足径 3 厘米

　　　盘径 16 厘米　通高 9.8 厘米

收藏单位　故宫博物院

以五成金为之，以龙为饰，材料珍贵，制作精细，造型繁复，可称为稀世之宝。清代金银器加工在继承前代工艺的基础上继续发展，技术更加精湛，尤其是乾隆时期，金银錾刻工艺更趋于华贵富丽的风格，装饰效果极强。此杯造型精巧，雕琢细腻，极具观赏性，反映出清代金银器加工制作的工艺水平和风格特点。

底镌刻“东陵交回”字样。

353

金錾花八宝双凤洗

年代　清

尺寸　外径 95.5 厘米　高 9 厘米

收藏单位　故宫博物院

洗折沿，深腹，平底。底模压出凸起的莲花图案，正中饰一对展翅飞翔的凤凰。

洗錾饰灵芝、犀角、宝轮、双钱、宝珠等。洗以缠枝花为地，锤出三朵莲花，两侧錾刻对称的双凤纹。地纹为浅浮雕，细密而少变化，具有稳定感。此洗錾刻双凤，说明是清代皇后仪驾中使用的金八件之一。

354

金嵌珠石文殊菩萨像

年代　清乾隆
尺寸　高 90 厘米
收藏单位　故宫博物院

清宫旧藏。菩萨头戴宝冠，结跏趺坐于莲台上。四臂，各持剑、经、弓箭等法器，象征智慧成就。葫芦形背光，錾刻卷草纹。

此像通身镶嵌珍珠、珊瑚及各色宝石为饰，装饰奢华。原供奉于养心殿佛堂中，为藏传佛教造像精品。

莲茎基部刻“大清乾隆年制”款，背光后刻汉、满、蒙、藏四体铭文：“乾隆十三年二月二十日奉特旨赤金成造供奉利益敏捷文殊。”

355

金嵌珠石四臂观音像

年代　清乾隆
尺寸　高 90 厘米
收藏单位　故宫博物院

观音端坐于莲花台上，前侧双手合掌置于胸前，后侧双手上举做手印。高大的背光呈葫芦状，上嵌各色宝石、东珠。整体造型庄严华美，堪称清代藏传佛教造像的经典之作。

单体佛像用金 31800 克，即便在金银制作空前繁荣的明清时期亦属少见。皇家风范从佛像安详端庄的体态神形中表露无遗。

佛光背部刻有满、汉、藏文。

356

金嵌宝石八角塔

年代　清
尺寸　底边长 55 厘米　通高 122 厘米
收藏单位　故宫博物院

此塔是典型的藏式塔（合欢塔）形式，但其腹部八方开龛，七层塔轮上复开小龛，共供奉 81 尊小佛像，构思颇有创意，显然是借鉴了汉地建筑中墙龛和塔龛的思路。塔身遍饰珍珠、宝石，显示出皇家工艺品用材奢华的特色。

八角塔是相当独特的塔形，在藏区极为罕见，故宫佛堂中保存的数量也不多。此塔兼具汉、藏两种风格，更为难得。

357

金嵌珍珠宝石塔

年代　清
尺寸　底边长 62 厘米　高 129 厘米
收藏单位　故宫博物院

此塔原供奉于重华宫崇敬殿佛堂中。重华宫是乾隆帝做皇子时的居所。塔共用黄金 85000 万克，大珍珠 293 颗，绿松石、红珊瑚、青金石等各种宝玉石 500 余块。整座塔运用了錾刻、锤揲、镶嵌等多种工艺，细腻精湛，各类宝石点缀其间，更显得其高贵、华丽，是清宫造大型佛塔中的精品。

358

金嵌珠石佛塔

年代　清
尺寸　底边长 4.7 厘米　高 37.5 厘米
收藏单位　故宫博物院

清代皇帝多崇信佛教，对藏传佛教密宗格鲁派最为推崇。清宫在一些佛事上的黄金投入也让人叹为观止。该金佛塔由七成金铸造，嵌珍珠四粒、红宝石三粒。据遗存的清宫造办处档案载，佛塔的制作集中了大器匠、錾花匠、镶嵌匠、镀金匠等各种不同的工匠，具有极高的艺术价值。

359

金嵌色石塔

年代　清
尺寸　底边长 36 厘米　高 82 厘米
收藏单位　故宫博物院

底为正方形须弥座，四周錾刻铃杵纹、莲瓣纹及双狮纹。须弥座上是四层圆台，台周边饰莲瓣纹并錾刻满文。塔身正中有龛门，外有玻璃罩。塔刹十三层，錾刻满文，四竖行绿松石珠镶嵌其中。整个塔身还嵌有碧玺、青金石、珊瑚石等各色珠石。此宝塔纹饰精美，各色料石镶嵌其间，相映生辉，美观而华丽。

360

金累丝錾花嵌松石坛城

年代　清
尺寸　最大径 17 厘米　高 35 厘米
收藏单位　故宫博物院

此件坛城以金累丝工艺将外围的火焰墙、金刚墙、中心的经阁、本尊均严格地依照藏传佛教仪轨中的规定一一表现出来，繁而不乱，反映出宫廷工匠高超的工艺水平。通体镀金，并镶嵌绿松石，做工精美，极为珍贵。

361

带座金佛龛

年代　清
尺寸　左右最宽 4.6 厘米　通高 12.5 厘米
收藏单位　故宫博物院

佛龛八成金质，正面镶玻璃，周边为累丝缠枝莲花纹。佛龛顶部、底部及侧面均饰累丝卷草纹。背面有银质插门，周边亦为累丝缠枝莲花纹。插门上刻汉文及满文、藏文题记。佛龛下部有金座，束腰式，錾刻莲瓣纹。座底刻佛花一朵。佛龛内供奉一尊小佛像，佛的头部描金，右手持一金刚杵。

此佛龛质地优良，小巧精致，是藏族僧人和信徒们随身携带用以随时随地供佛的小佛龛。

362

金嵌珠宝护身佛窝

年代　清
尺寸　长 6 厘米　宽 5 厘米　厚 2.9 厘米
收藏单位　故宫博物院

护身佛窝以七成金制成，花托与花瓣上分别镶嵌了一颗异形珍珠、两颗蓝宝石和三颗红宝石。颜色鲜艳抢眼，与金色交相辉映，增添了器物的色泽和美感。工艺上采用了铸造、锤揲、錾刻、镶嵌等多种技术。造型别致，纹饰精美，极富宫廷特色，具有极高的历史价值和艺术价值。

363

金累丝嵌宝石七珍

年代　清

尺寸　宽 15.5 厘米　高 49 厘米

收藏单位　故宫博物院

七珍是藏传佛教的七种佛前供器，分别为象宝、兵宝、女宝、轮宝、男宝、摩尼和马宝。

金累丝嵌宝石七珍无论从工艺上还是用材上，都充分显示了皇家制造工艺的精湛水平及奢华风气，是不可多得的佛教珍品。作为承载祈福禳灾、吉祥驱邪等美好愿望的佛堂陈设品，此套七珍在清宫中备受推崇。

364

金累丝嵌宝石八宝

年代　清

尺寸　最宽 15.5 厘米　高 49 厘米

收藏单位　故宫博物院

每件法器的上部分别用金累丝制成莲花、华盖、法螺、法轮、伞、盘肠、罐、双鱼，其顶部有一火球，两侧有绶带。法器之下为荷花莲子托，托亦为金质，上面嵌有各色宝石，再下为支柱，支柱两侧有珐琅、点翠装饰，支柱之下为圆形金座，錾海水江崖纹，最下为紫檀木座。制作繁复精细，显示出较高的工艺水平。

365

金双耳四足炉

年代　清
尺寸　最宽 12.5 厘米　高 9.8 厘米
收藏单位　故宫博物院

八成金，炉身大量饰以青铜器常见的几何纹饰，颈部开光处有福寿富贵等吉祥语，腹部饰变形寿字纹。

金双耳四足炉是神前香案上所供之器，是佛前五供之一。其器型由古代青铜器演变而来，整体造型端庄凝重，应是祭祀天地祖先时的祭器。

366

金嵌珍珠天球仪

年代　清乾隆
尺寸　球径 30 厘米　底径 43.5 厘米　高 82 厘米
收藏单位　故宫博物院

纯金打造而成，工艺精湛，极具奢华。

支架的九龙与底盘四龙浑然一体，龙的表面以抽丝法形成龙鳞、龙髯、龙睛的纹饰。其吞云吐雾，形态生动，顾盼有神，与底座内奔涌的海水形成群龙共舞、翻江倒海的宏伟气势。细部錾雕精细，栩栩如生。科学的严谨和工艺的浪漫和谐集于一体，珠联璧合，是一件绝无仅有的艺术珍品。

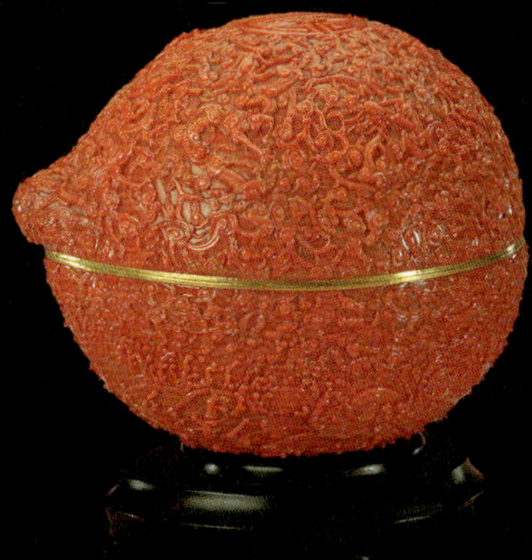

367

金胎珊瑚雕云龙蝠纹桃式盒

年代　清雍正
尺寸　最长 24.5 厘米　最宽 20.5 厘米　高 19 厘米
收藏单位　故宫博物院

盒为桃式，分为器和盖两部分。盒内为金胎，外为红珊瑚面，系由多块珊瑚片拼接而成，满琢纹饰。顶中部琢团寿字，其上凸雕一展翅的蝙蝠，寓福寿之意。盒上半部琢云气纹，云气中有九条龙游弋其中，龙身辗转腾跃，时隐时现，极为生动。下半部琢海水托云气纹，海水湍急。雕工精细，打磨光亮，具有很高的工艺水平。据清宫档案记载，此盒制作于清雍正时期，为皇帝万寿节而特制。

368

金镂空大吉葫芦式香熏

年代　清
尺寸　口径 7.3 厘米　底径 13.5 厘米　最宽 23 厘米
　　　高 42 厘米
收藏单位　故宫博物院

香熏为金质，葫芦形。通体以“寿”、“喜”、“卍”字相间组成镂空图案，以为散香之用。中央开光处有“大”、“吉”二字，侧饰双蝠衔链纹。香熏内有银质光素盛香胆。

这是一件金光灿烂、精美绝伦的黄金艺术品。华贵典雅，充满了皇家气派。采用的是整体镂雕技法，纹饰在曲面上排列雕刻得错落有致。整件作品玲珑剔透，轻盈典雅。虽是黄金打造，却少去了黄金的笨重，平添了金贵的灵气。

369

金瓶珍珠梅花盆景

年代　清
尺寸　瓶宽 7.5 厘米　瓶高 15.5 厘米　通高 55 厘米
收藏单位　故宫博物院

瓶扁方形，双狮耳衔环。瓶身錾菱格纹，内饰花卉。瓶中插两枝以黄金作枝、碧玉为叶的梅花，每 5 颗珍珠组成梅花 1 朵，共 80 朵，用珍珠 400 颗，梅花心为金丝花蕊。其用料上乘考究，图案设计精密复杂，是一件华美之作。

370

金镶翠碧玺四孔花插（一对）

年代　清
每个尺寸　宽 15.6 厘米　高 34.6 厘米
收藏单位　故宫博物院

在清宫，不论是帝王还是妃嫔，对颜色丰富多彩的碧玺都是万分宠爱，所以，无论饰品、还是花瓶、盆景之类的摆设，都有不少以碧玺为材料的佳作。这一对花插是典型的金石合璧作品，从中能体味出清代工匠精巧的技艺和华美的设计。

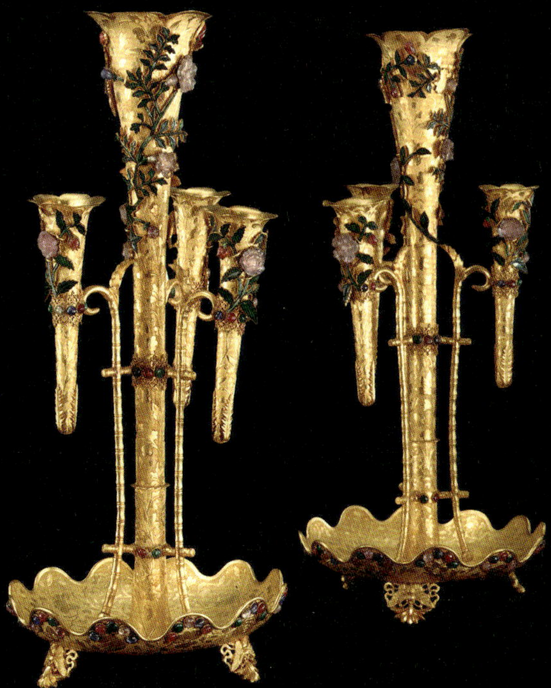

371

金錾云龙纹瓜棱式执壶

年代　清
尺寸　口径 6.6 厘米　足径 9.9 厘米　通高 31.5 厘米
收藏单位　故宫博物院

执壶为八成金质。通体錾刻龙戏火珠纹。盖呈四层圆形尖塔状，每层均饰双龙戏珠纹。底足为外撇形高圈足，其上饰有龙戏珠纹和海水江崖纹。

此执壶的制作采用了錾刻工艺。錾刻的图案轮廓线凸起，虽未镶嵌珍珠、宝石也显得豪华富丽。造型与传统执壶样式有所区别，受到外来风格的影响。应为皇帝、皇后举行盛宴时的御用酒具。

372

金镶石圆盒

年代　清
尺寸　直径 7.5 厘米　通高 4.1 厘米
收藏单位　故宫博物院

九成金质。盖面錾刻米珠纹锦地，其上以粉、绿、蓝、红等各色碧玺镶嵌朵云、蝙蝠图案。盖边镶嵌碧玺菊花纹。清代金器承袭明代金器多镶嵌的特点并有所发展，工艺水平有所提高，纹饰较明代繁缛复杂。在清代宫廷中，此种盒一般被后妃们用作盛放胭脂等物品。此盒的錾刻工艺极其精致，并镶嵌各色碧玺，组成图案，更显珍贵。

盒底部有“宝华”、“足金”戳记。

373

金雕花嵌宝石八角盒

年代　清
尺寸　宽 15 厘米　高 6.9 厘米
收藏单位　故宫博物院

盒八方形。平面式盖，通体镂雕、錾刻花卉纹，中心为碧玺雕牡丹花、翡翠叶，周边嵌红宝石、蓝宝石、翡翠和碧玺。盒壁镂空花卉纹，四周嵌红宝石、蓝宝石、翡翠和碧玺框。此盒工艺精致，运用镂雕、錾刻、镶嵌等多种工艺手法组成纹饰。镶嵌各种宝石共计 318 块，所嵌宝石皆磨成圆形。此盒为典型的清代广州制品。

374

金累丝万年如意

年代　清乾隆
尺寸　长 42.7 厘米　柄宽 5.4 厘米　头最宽 11.3 厘米
收藏单位　故宫博物院

如意为木胎，其上采用八成金累丝工艺。如意头的正面为累丝古钱纹，中心嵌绿松石“乙酉”二字，背面为镂空的古钱纹并露出木胎。柄的正面亦为累丝古钱纹，镶嵌绿松石“万年如意”四字，背面为累丝六角锦纹。如意的侧边以卷草纹为饰。制作工艺繁复精湛，有较高的艺术水准。

乾隆帝六十寿辰时王公大臣们进献 60 柄如意以祝万寿之禧。各如意头正面分别镶嵌“甲子”、“乙丑”、“癸亥”等干支纪年字样，正合六十甲子一周。其做工精湛、细腻、繁复，是乾隆时期的典型作品。此柄为其中之一，可见一斑。

375

金镶珠石累丝香囊

年代 清
尺寸 长7.2厘米 宽5厘米 厚2.2厘米
收藏单位 故宫博物院

九成金质。周身由镂空的累丝花瓣组成。两面均有嵌珍珠花树，叶为点翠，边沿镶嵌绿松石珠一周。香囊上下均有丝绳及红色珊瑚珠为饰。中空，一端有一活动插纽，可启闭，制作精巧别致。

清代金质香囊有圆形和长方形，可放入香料或鲜花的花瓣，是清代的服装佩饰之一，为后妃贵妇们日常生活的必备之物。由于其样式玲珑，均随身携带，所过之处，香气袭人。

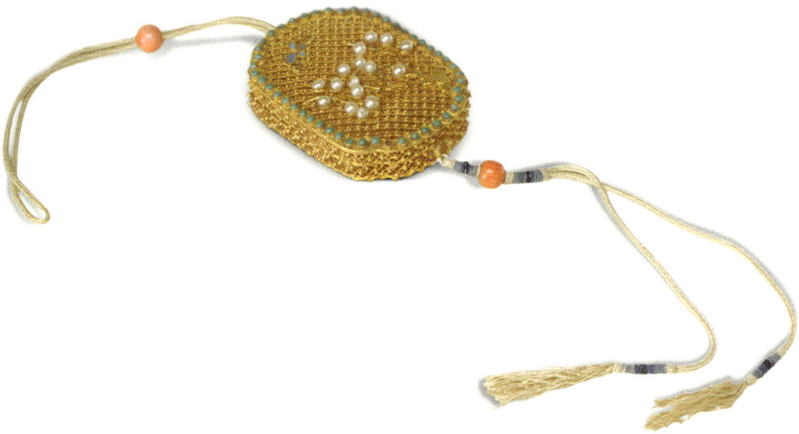

376

金镶九龙戏珠镯（一对）

年代 清
尺寸 外径8.7厘米
收藏单位 故宫博物院

金质。以金栏划分成九格，每格中各錾一团龙，龙口衔一珍珠。手镯边沿錾刻海水纹，做工精致，具有很强的浮雕效果。包含铸造、錾花、镶嵌、镂空等多种工艺，充分反映了清代宫廷金银器的工艺水准和艺术成就。

内壁刻有“聚华足金”戳记。

377

金嵌珍珠龙戏珠镯（一对）

年代　清
每只尺寸　外径 7.8 厘米
收藏单位　故宫博物院

金质。累丝纹饰，两龙相对，中间嵌大珍珠一颗，两龙身尾互相缠绕，似在云中嬉戏。龙眼由小米珠镶嵌而成。手镯边缘上下各装饰一周细密的连珠纹。此镯造型独特，纹饰环环相扣。做工细致，考究。黄金的成色上佳，不惜工料。当为清代镯中之精品。

378

金錾双喜字扳指

年代　清
尺寸　直径 3 厘米　厚 0.5 厘米　高 2.6 厘米
收藏单位　故宫博物院

扳指里外层皆纯金质，中间夹以木质内胆。外层环绕金圈镂雕五个双喜字，均匀排列，上下边沿各饰一周回纹。

扳指多以质地硬滑的玉、翠为料，既可减小磨擦力，又使拇指不易被弓弦划伤。金质硬度不高，表面的纹饰又阻碍弓弦滑动，此物无实用价值，应是精美的装饰品。

内层金圈刻有“义和”、“足金”两戳记，为民间珠宝店制。

379

金镶红蓝宝石戒指

年代　清
尺寸　通长 2.3 厘米　圈口径 1.8 厘米
收藏单位　故宫博物院

造型简洁，凸显得红、蓝宝石晶莹剔透，配合黄金装饰，既古典又富丽，令人炫目。

所用材质高贵，制作精美，造型漂亮，故而非一般妇女所能使用。制作工艺虽不复杂，却能充分体现出这一时期的首饰加工制作水平。在固定的式样上翻出精致的花样来，显示了设计者的水平。

380

金镂空福寿富贵吉祥扁方

年代 清
尺寸 长 32 厘米 最宽 4.3 厘米
收藏单位 故宫博物院

以金做镂空底，配合碧玺、翡翠组成有富贵吉祥寓意的图案和文字。器轻体薄，高宽比例得当，纹饰灵动，技术精熟，写实性强，生活气息浓郁。其在制作上大量运用“镶宝”技术，更加显现出华贵气质。此件扁方在设计和工艺上非常罕见，可以表现出清代金器工艺的整体水平。

381

金镶宝石蜻蜓簪

年代 清
尺寸 长 14.8 厘米 最宽 5.4 厘米
收藏单位 故宫博物院

簪为银质。簪柄以金累丝制成蜻蜓形。蜻蜓须端嵌珍珠，腹部、翅膀镶嵌红宝石共五粒，尾部及装饰飘带等处点翠。蜻蜓谐音寓意“大清安定”。所用累丝工艺细腻精致。点翠工艺是使用翠鸟羽毛作装饰，光泽感好，色彩艳丽且永不褪色。此簪充分展现了工匠们的巧手妙思，从中可以窥见皇室的奢华生活。

382

镶金玉筷

年代 清
尺寸 通长 29.6 厘米
收藏单位 故宫博物院

玉筷头尾用金托镶包，显得精美华贵。清代皇帝用箸非常讲究，质地、纹饰与造型均要求精美，玉镶金是当时流行的时尚元素。在清末的文物遗存中，还有不少使用过的金镶玉筷子、银筷子、玉筷子等。它们反映了皇帝生活的奢华，同时也展现了艺术世界的无穷变化。

383

镶金玉把果叉

年代　清
尺寸　通长 16.7 厘米
收藏单位　故宫博物院

以金为叉齿、青玉为叉柄、白玉为叉首。多种不同材质的器物部件相互组合，在造型和色调上产生强烈的对比，相互映衬，相得益彰。这种金玉组合一般都不大，在体量和位置上难分伯仲，很难说孰主孰从，这无疑是清代金银器工艺设计构思上的一大进步。

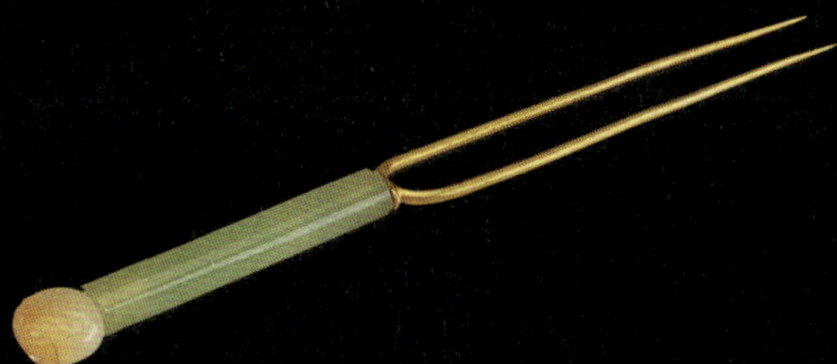

384

金双喜字团寿字漱盂

年代　清
尺寸　口径 8.8 厘米　足径 5.3 厘米　高 8.8 厘米
收藏单位　故宫博物院

此盂侈口、鼓腹、圈足，颈、腹部各錾出一圈万字纹地，其上相间排列双喜字与团寿字。表面留下的这些錾痕，形成了各种不同的纹理，在金光闪闪的表面上产生多层次的立体装饰效果。

二 银

385

银镀金交龙纽大清嗣天子宝

年代 清乾隆

尺寸 长 7.8 厘米 宽 7.8 厘米

收藏单位 故宫博物院

清“二十五宝”之一。金质，交龙纽。玺文朱文，玉箸篆，左满文本字，右汉文篆体。

此宝铸雕精美，龙的五官和鳞片甚为细致，尤其是龙眼半睁的神态和紧绷的龙爪格外传神。其金光灿烂的材质尽显华贵及庄重，与“以彰继绳”之功用的法度和厚德相匹配。

386

银掐丝盖碗

年代 清

尺寸 口径 13 厘米 底径 5.6 厘米 高 8.8 厘米

收藏单位 故宫博物院

极细的银丝仿藤编样式，以累丝工艺做成。以密集的纵向条纹和连续的万字不到头纹饰覆盖整个碗身与碗盖，真正做到了一丝不苟。细细看来，仿佛组成了一幅抽象画。纹饰掩映在层叠的群山与云海之间，整个画面亦幻亦真，令人飘飘欲仙。纤细的银丝刻画出的图案精致入微，近处山峦起伏，远处玄青雾霭时隐时现，画面周而复始，延绵不断。碗盖上也是同样风格的青山雾霭图，跟碗身的画卷相互辉映。此碗虽然制作精妙，却又淡雅素净，给人以不事张扬、神光内敛的感觉。

387

银累丝瓜棱瓶

年代　清乾隆
尺寸　口径 10.5 厘米　高 17.1 厘米
收藏单位　故宫博物院

此瓶通身累丝，工艺用三种粗细不等的银丝累成，华丽庄重，玲珑剔透，饶有异趣。十二棱每棱均弧面，两棱相接处下陷，呈三角形沟状，与通常瓜棱式菊瓣处理手法不同。累丝卷草纹也与清皇家工艺品常用的卷草纹迥然有别。

388

银累丝双龙纹葵瓣式盒

年代　清乾隆
尺寸　口径 14 厘米　高 6.3 厘米
收藏单位　故宫博物院

盒银质。通体用粗细两种银丝累掐焊接而成，盒面锤錾龙纹，盖顶、盖侧及圈足都作葵瓣形，并以不同粗细的银丝堆垒出不同样式的卷草纹。其造型美观，装饰繁密，工艺复杂，錾刻精细，体现了制作者的高超水平，是清代累丝工艺品中的佳作。

389

银花卉纹葫芦式执壶

年代　清乾隆
尺寸　口径 7.5 厘米　通高 48 厘米
收藏单位　故宫博物院

此壶银质鎏金，通体錾刻纹饰，花朵均鎏金。既精美奢华又可以实用，为乾隆时期大型银器中的佼佼者。造型敦实稳重，线条清晰，錾刻的纹饰精美繁复，银色的质地配合鎏金，与精美的纹饰相得益彰。

葫芦式壶底中心双线长方框内阴刻楷书“大清乾隆年制”六字款。

390

银镀金云蝠纹八方盒

年代　清中期
尺寸　长 24.8 厘米　宽 14.9 厘米　高 6.2 厘米
收藏单位　故宫博物院

盒为银质镀金，纹饰繁缛，工艺高超精巧，整体金光璀璨，搭配得如此协调，令人惊艳，是不可多得的盛世之作，体现了清代精湛的工艺技术和高雅的审美情趣。此盒样式优美，不但具有实用价值，更具有工艺、美术和历史价值。

391

银镀金龙凤纹多穆壶

年代　清宣统
尺寸　口径 6.8 厘米　底径 10.8 厘米　高 46 厘米
收藏单位　故宫博物院

多穆壶是盛装酥油茶的器皿。由于蒙藏地区的佛教僧侣与清宫来往频繁，故在宫中准备有多把多穆壶。此壶是专供皇室赏赐或使用的器物，尽管通体镀金，但由于金水较薄，器身多处的金色较为暗淡。原为帝后专享的龙凤纹臃肿、笨拙，雕工粗糙，从一个侧面反映了逊清皇室的衰败没落景象。

其他篇

故宫博物院现藏1862690件（套）文物，涉及20余个门类，本卷选取了其中最有故宫特色的11类文物中的一部分，以飨读者。在编排上，其中材质相对单纯的绘画、法书、漆器、玉器、金银器、瓷器、珐琅器和竹木牙角器独立成篇。而由多种材质组合制作的挂屏、钟表和侧重于使用功能的文房用具则并为其他篇。不同的篇章，具有不同的风采，共同展示着清代宫廷艺术的辉煌与风尚。

一

挂屏

挂屏是中国古代殿堂墙壁上悬挂的一种特殊装饰物，其源于屏风，但已脱离防风、隔断、遮蔽等实用功能，突出了装饰性。有清一代，特别是乾隆时期，挂屏是档案中提及最频的屏风种类。时至今日，保存在故宫博物院的清代屏风中，挂屏的种类和数量也是最多的。可见挂屏在清代宫廷中广受欢迎，已成为清宫室内陈设不可或缺的组成部分。

清宫挂屏制作精美，一般围以紫檀、黄花梨、鸂鶒木等名贵硬木边框，有的还在边框上镶嵌螺钿、玳瑁或画珐琅片，顶部则饰以各种式样的铜质钩环。其题材内容广泛，约略可分为以下几类：其一，吉祥富贵和太平盛世，如大吉葫芦挂屏、博古图挂屏、三阳开泰挂屏等；其二，福寿，如罗汉福寿字挂屏、三星图挂屏、海屋添筹图挂屏、年景婴戏图挂屏等；其三，重大历史事件，如宫廷人物图挂屏记录了乾隆四十一年（1776）皇太后于宁寿宫赐宴平定金川有功大臣的景象，螺钿字挂屏表现的是乾隆五十一年至五十三年（1786—1788）镇压台湾林爽文起义纪事；其四，垂戒万世，如明皇试马图挂屏、鸡雏待饲图挂屏等；其五，一般性装饰，如弘旿画山水图挂屏、沧浪亭图挂屏、桐荫玩鹤图挂屏等。

从装饰工艺来说，清宫挂屏主要有书画、织绣、镶嵌、雕刻及其他工艺等几类。书画除皇帝御笔外，宗室和朝中重臣的作品较为常见。另外从清代中期开始，出现了一种玻璃画的技法，在玻璃上反向绘制，利用玻璃的透明性在着彩的另一面观赏。织绣除刺绣外，还有缂丝、缂毛和缂金线等工艺。镶嵌则运用木、金、螺钿、象牙、珊瑚、玉石、玻璃等各种材质进行创作，其中的百宝嵌工艺绚丽豪华，集中体现了清中期高超的手工艺技术水平。雕刻及其他工艺涵盖了金、瓷、漆、掐丝珐琅、嵌珐琅、画珐琅等多种类别，表现出制作清宫挂屏所需工艺的多样性和高水准。不同工艺制作的挂屏各有特色，书画类苍劲秀逸，气韵悠长；织绣类高贵典雅，质感丰富；镶嵌类用料考究，工艺精湛；雕刻类线条流畅，富丽华贵。它们共同组建了清宫挂屏的多彩世界。

清宫挂屏多以单独面貌出现，但成组或成对出现的也较为常见，如画西洋人物图玻璃挂屏、松鹤柏鹿图挂屏等。不论如何，它们均与周围环境协调一致，如坤宁宫铭挂屏悬挂于坤宁宫，表现多子多福内容的年景婴戏图挂屏悬挂于西六宫之一的储秀宫，表现延福增寿内涵的罗汉图挂屏悬挂于乾隆花园养和精舍。

清宫挂屏的来源有宫内制作、地方定做、进贡等几种方式。宫内制作的挂屏一般由造办处下属各作合作完成。地方定做者则由造办处画样，经皇帝审核并提出修改意见后交各善其长的苏州、扬州、广州等地方承做。还有按制度规定由各地督抚等官员每年按例进贡挂屏。

总之，由于宫廷的重视和喜爱，清宫挂屏多不惜工本，以珍贵材质制成，构思巧妙，制作精良，集多种工艺技法之大成，成为清代宫廷极具特色的室内装饰品。时至今日，悬挂于各个宫殿的清宫挂屏依然展示着往日的皇家风范，从中可领略我国手工业往昔的辉煌。

（一）书画

392

弘历矢箭图挂屏

年代　清乾隆

尺寸　宽 224.1 厘米　高 105.3 厘米

收藏单位　故宫博物院

挂屏搭设木质骨架，骨架上裱多层高丽纸。绘画者直接在纸上绘制油画。装潢形式、内容和材料均为中国传统特色，但绘画所用的焦点透视、明暗处理等技法和油彩等颜料却体现出西洋风格，是一幅中西合璧的油画珍品。此件挂屏以乾隆帝在避暑山庄习武为题材，在整个清代院画作品中极为罕见。

393

明皇试马图挂屏

年代　清乾隆
尺寸　宽 53 厘米　高 87 厘米
收藏单位　故宫博物院

《明皇试马图》是唐代画马名家韩幹之作，描绘了唐玄宗在夹鞚两人、从者一人的护持下醉态乘马的情景。乾隆帝十分重视这件画作，曾命人据此以不同材质制作了数件挂屏，表达垂戒万世之意。此件纸质挂屏即其中之一。通过摹制，原作的人物、马匹、收藏印记等被一一复原，惟妙惟肖。此屏有助于理解乾隆帝的统治思想和手段。

394

仕女图挂屏

年代　清
尺寸　宽 71 厘米　高 147 厘米
收藏单位　故宫博物院

屏心所描画的仕女身着西式裙装，面部和衣纹处理均采用西方绘画中的明暗处理等技法绘制，仕女身旁的花篮画法近于西方静物写生，光线明丽而柔和，设色淡雅。人物比例准确，衣服极有质感，花卉描绘细腻，表现了作者对光线、色彩的敏感和高超的绘画技法。此挂屏无作者名款，当为服务于清宫的传教士画家所绘制。

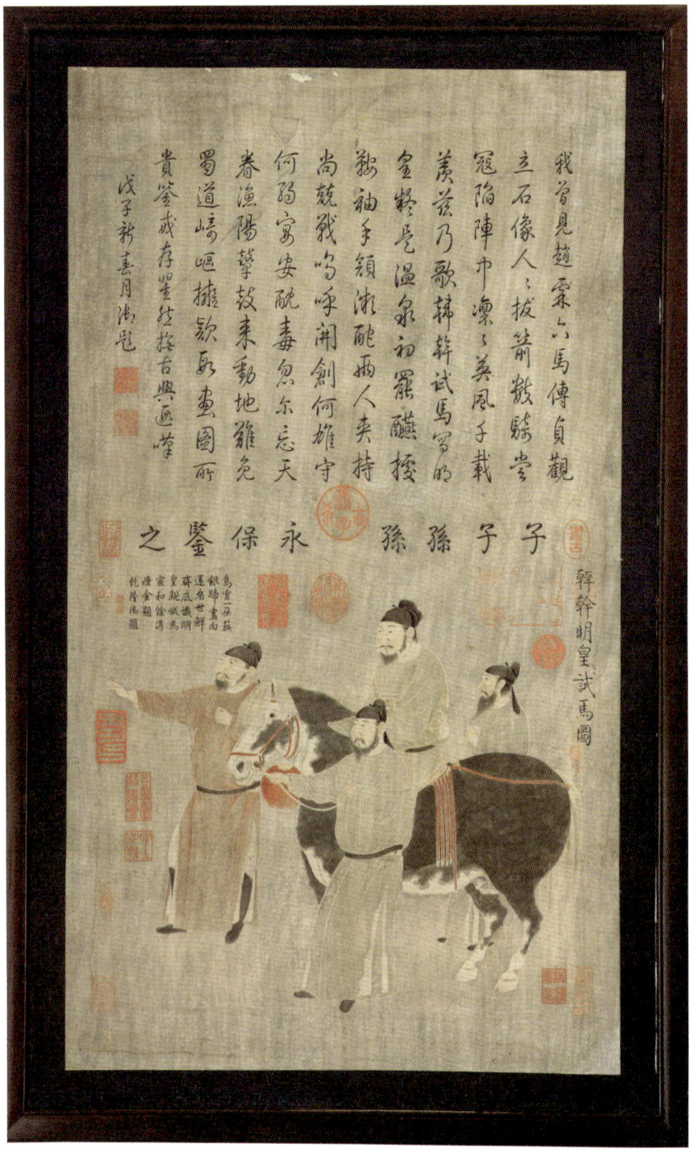

395

山水图挂屏

年代　清乾隆

尺寸　宽 63 厘米　高 154.5 厘米

收藏单位　故宫博物院

挂屏紫檀木素框，屏心为弘旿设色山水一幅。此屏画风平和淡雅，秀劲苍润，表现出作者深厚的绘画功力。清代宫廷以书画为挂屏者，除皇帝御笔外，还有相当数量的宗室和朝中重臣作品。

弘旿，字卓亭，仲升，号瑶华道人、杏村农等，乃康熙帝第二十四子允祕的次子。能诗善画，工书法。其山水画远师五代董源、巨然及元人黄公望，近学董邦达。

396

《坤宁宫铭》挂屏

年代　清咸丰

尺寸　宽 80 厘米　高 125 厘米

收藏单位　故宫博物院

挂屏紫檀木素框，屏心为咸丰帝临摹其曾祖父乾隆帝所作的《坤宁宫铭》。这件作品摹于甲寅，即咸丰四年（1854），咸丰帝年 24 岁。咸丰帝自幼受过严格的汉文化教育，在书法方面具有一定的修养。这件挂屏章法谨严，点画劲挺，端稳工整，乃欧体风格，体现出当时帖学逐渐衰落、碑学迅速兴起的时代潮流。咸丰帝在位时间短，存世作品相对较少，更彰显此件挂屏的珍贵。

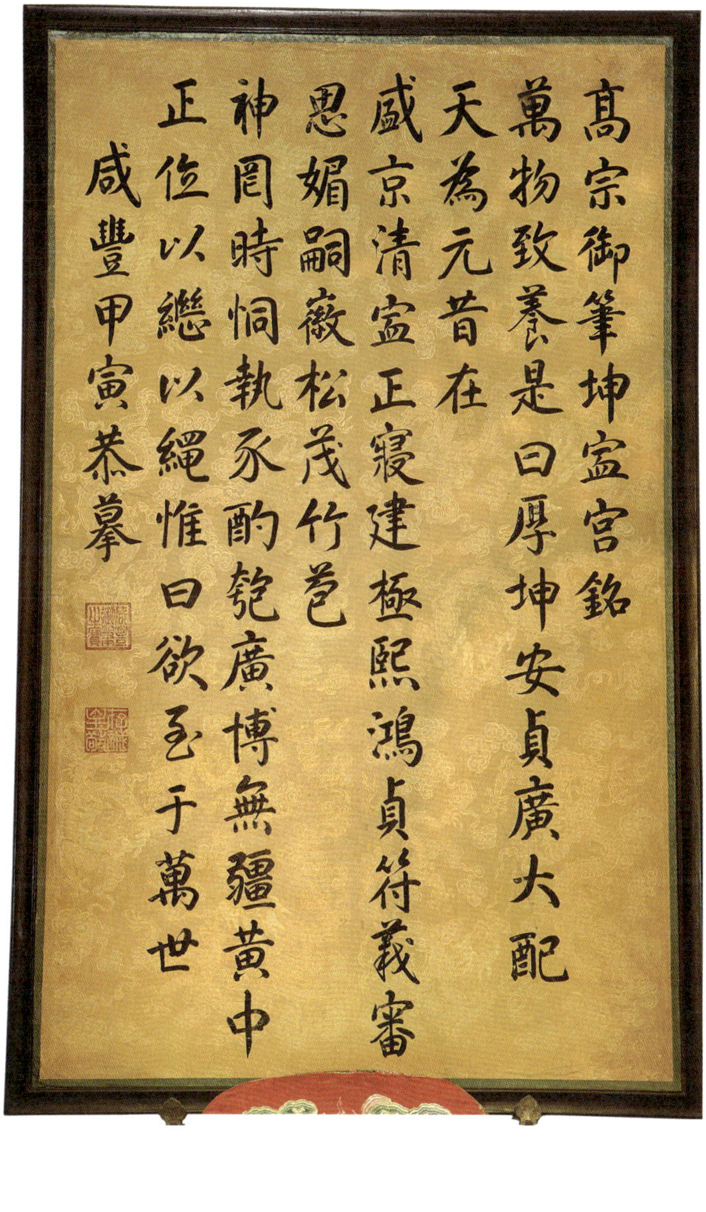

397

画玻璃年景婴戏图挂屏

年代　清
尺寸　宽 90 厘米　高 140.5 厘米
收藏单位　故宫博物院

挂屏以紫檀木为框，框内侧打槽镶板，内嵌年景婴戏图玻璃画。玻璃画须在玻璃上反向绘制，利用玻璃的透明性在着彩的另一面观赏，描绘准确较有难度。此画建筑、人物均十分细腻生动，且有一定的透视效果，着实不易。此屏悬挂于储秀宫，为后妃生活之处，画面上诸多的孩童、玩具、松鹤等充满了喜庆的氛围，寓意多子多福、福寿双全。

398

画玻璃西洋人物图挂屏（一对）

年代　清
尺寸　宽 70 厘米　高 93.5 厘米
收藏单位　故宫博物院

挂屏为一对，椭圆形，边框用花梨木制作，上嵌欧式卷草花纹及绵结纹的画珐琅片。屏心为玻璃油画，描绘了当时外贸港口的景象。画面上山水、树石还能看出些许中国传统的绘画风格，其他如人物、楼船等景物以及绘画的用料、色彩等皆为欧式。这种玻璃油画于明末清初由欧洲传入广州并形成规模，进而影响全国各地。

（二）织绣

399

蓝色缎金线绣麒麟图挂屏

年代　清康熙
尺寸　宽 37 厘米　高 68 厘米
收藏单位　故宫博物院

此屏在蓝色缎地上彩绣麒麟、太阳、彩云、梅花、海水、杂宝等纹样，采取二至三色间晕与退晕相结合的装饰方法，施以平针、套针、平金、接针、缠针、钉线等针法，工艺复杂。纹样朴实稚拙，画面线条单纯，色彩鲜明，有着中国传统年画的装饰效果。作品绣工匀齐，疏密有序，晕色自然，层次分明，拙中有工，有皇家气派。

400

刺绣桐阴玩鹤图挂屏

年代　清乾隆
尺寸　宽 42 厘米　高 74 厘米
收藏单位　故宫博物院

挂屏以白色缎为地，运用平套、散套、戗针、施毛针、滚针、斜缠针和打籽等针法绣坡上高士与桥旁仙鹤，右上以蓝色丝绣画名曰“御制题桐阴玩鹤图”。图中人物清雅闲逸，鹤姿安详优雅，山水简约，画面一派远隔尘嚣的恬淡氛围。针法细腻灵活，表现物象的质感效果颇佳，用色以偏冷色的青、蓝为主调，渲染出画面恬静清幽的意境。

401

绣线三星图挂屏

年代　清

尺寸　宽 283 厘米　高 206 厘米

收藏单位　故宫博物院

三星，即福、禄、寿，是清代挂屏中常见的题材。福星，又为天官，以赐福为职；禄星，又指文昌，主文人之功名利禄；寿星，又称南极老人，主安康长寿。此件挂屏运用各种针法将三星表现得颇为细腻，形象生动，极具装饰效果。同时用细密的针法绣出树木、青草、花卉等，使得画面构图合理。画面整体较为淡雅，营造出一种宁静祥和的氛围。

402

缂丝十六罗汉图挂屏（一对）

年代　清乾隆

尺寸　宽 113 厘米　高 93.5 厘米

收藏单位　故宫博物院

挂屏为一对，紫檀木边框，屏心内嵌缂丝罗汉图像，两屏合为十六罗汉图。两幅图上方分别缂有乾隆帝隶书御制诗《题丁观鹏白描十六罗汉卷》上、下阙。此对挂屏设色雅致，罗汉形象生动，可谓“有形有色神亭亭”。挂屏陈设于乾隆花园养和精舍，罗汉信仰被赋予了延福增寿的宗教内涵，这对挂屏也寄予了乾隆帝的这种美好意愿。

403

缂丝海屋添筹图挂屏

年代　清乾隆
尺寸　宽 69 厘米　高 114 厘米
收藏单位　故宫博物院

此挂屏表现海屋添筹的故事。宋苏轼《东坡志林》载："尝有三老人相遇，或问之年……一人曰：'海水变桑田时，吾辄下一筹，尔（迩）来吾筹已满十间屋。'"原谓长寿，后以"海屋添筹"为祝寿之词。挂屏主体图案用平缂、搭梭、长短戗等缂法，而人物的面部五官、衣服的花纹图案等细部则用笔绘出，相得益彰。整体精细典雅，生动传神，是一幅清代缂丝画佳作。

404

缂丝大吉瓶花图挂屏

年代　清乾隆
尺寸　宽 70 厘米　高 113 厘米
收藏单位　故宫博物院

此挂屏以四童子、盛开的牡丹和芙蓉花、满饰葫芦纹样的"大吉"葫芦式瓶、海水江崖等祥瑞图案，表现了福禄吉祥的美好寓意。花、叶采用捻丝、毛线缂织，用长短戗、平缂等技法晕色，突出了花、叶的质感。"大吉"二字采用捻金线缂织，细薄平齐，华丽夺目。葫芦、童子、飘带、海水等图案则用平缂、搭缂、合色线等织成。此件作品采用了三种不同质地的材料缂织，画面繁缛华丽，实不多见。

405

缂丝哺雏图挂屏

年代　清乾隆
尺寸　宽 42 厘米　高 70 厘米
收藏单位　故宫博物院

此挂屏表现的是明代画家王榖祥所绘《哺雏图》，旁有乾隆帝御题。作品采取二色间晕与退晕相结合的装饰方法，施以平缂、搭缂、构缂、木梳戗、凤尾戗等技法缂织。图中老雀和幼雏的形象采用了缂毛技法，使得画面立体，质感较强，同时突出了主题。三段蓝色题记和题诗采用了缂丝技法，其中两段为乾隆帝御笔，另一段为王氏原画的自题诗。此作品丝毛并用，缂工繁复考究。

406

缂丝鸡雏待饲图挂屏

年代　清乾隆
尺寸　宽 42 厘米　高 70 厘米
收藏单位　故宫博物院

挂屏缂织南宋画家李迪《鸡雏待饲图》，上部缂有乾隆帝于戊申，即乾隆五十三年（1788）仲秋御题诗一首。缂织鸡雏时以丝毛合捻线为材料，用长短戗、平缂、搭梭等技法晕色，表现出鸡雏羽毛的层次和质感，而书法则用丝线为材料，采取平缂、搭缂等技法织成。乾隆帝制作此类图像意在警示官员勤政爱民、待民如子，维护封建统治。.

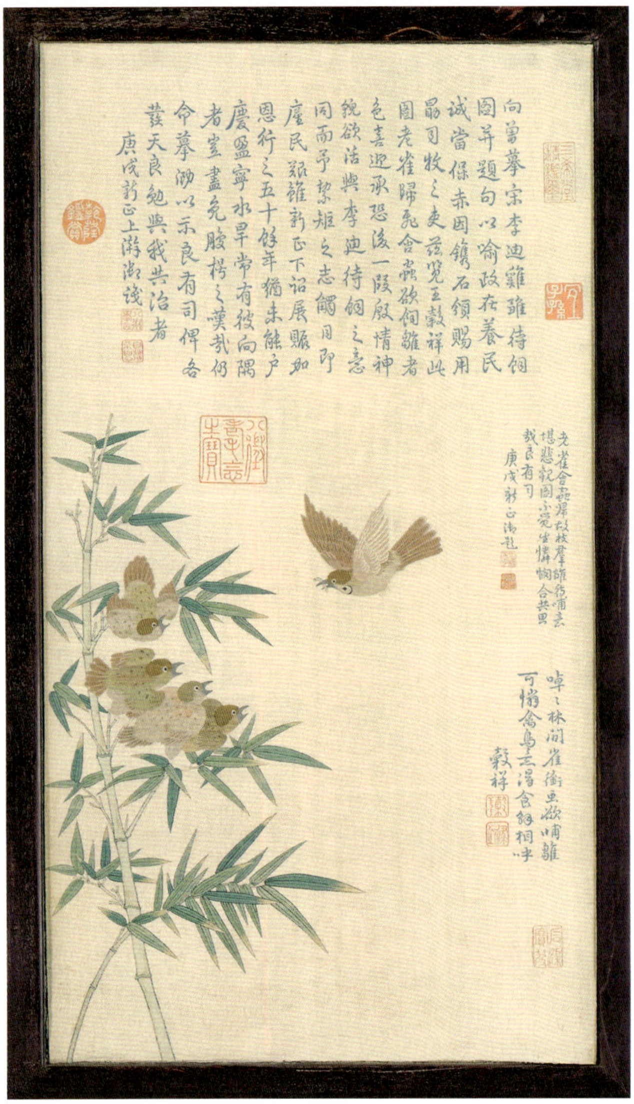

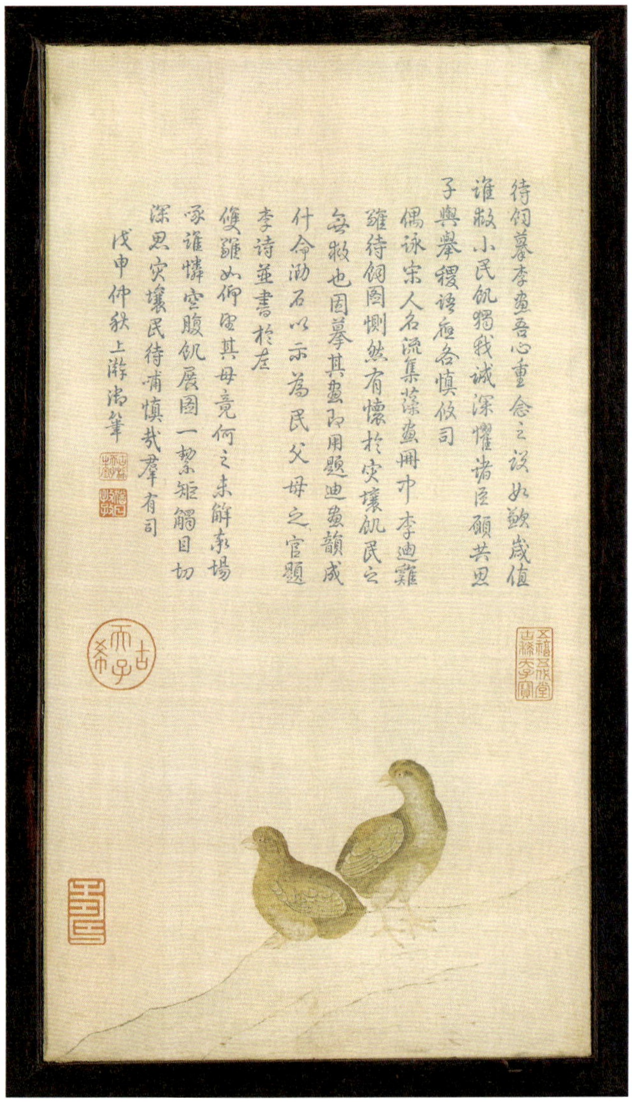

407

缂丝毛三羊开泰图挂屏

年代　清乾隆

尺寸　宽 78 厘米　高 112 厘米

收藏单位　故宫博物院

挂屏背景及花草等以缂丝技法表现，三只羊、柳树等以缂毛技法织成，故有较强的绒质感和浮雕立体效果。此件作品色彩丰富、技法细腻，不失为缂丝与缂毛相结合的佳作。屏中御制诗为乾隆帝作于四十四年（1779）的《题赵雍三阳开泰图》。古人常以“三阳（羊）”寓意泰卦，表达喜迎新春之意，而工艺品中亦常以三羊为题材，寓意太平盛世、国泰民安。

408

缂毛三星图挂屏

年代 清乾隆
尺寸 宽 93 厘米 高 64 厘米
收藏单位 故宫博物院

三星图是清代表现幸福、吉利、长寿等喜庆寓意常用的题材。此屏中寿星居中，福星和禄星分立左右。整体技法以平缂为主，兼施构缂、长短戗、木梳戗等。为突出山石、枝叶、草木、鹤鹿等的质感，屏中以缂毛来表现这些物体，整个挂屏极具立体感。

409

缂金加绣山庄人物图挂屏

年代　清乾隆

尺寸　宽 118 厘米　高 78 厘米

收藏单位　故宫博物院

此挂屏运用长短戗、包心戗、构缂、平缂等技法，缂织了一幅山脚水边的庭院美景。画面中山、树、房屋等主要用金线缂织而成，局部用其他色线，整个画面在蓝色地衬托下金光异彩，富丽华贵，是清代不多见的缂金画作品。此外，还将绣与画用于其上，如树叶、竹叶、小草、屋脊为刺绣而成，人物的面部则运笔着色渲染。

（三）镶嵌

410

嵌螺钿弘历御制文挂屏

年代 清乾隆
尺寸 宽 84.5 厘米 高 153 厘米
收藏单位 故宫博物院

此挂屏以红木为框，黑漆为地，其上用螺钿嵌成乾隆帝御制《剿灭台湾逆贼生擒林爽文纪事语》一文。螺钿是指用螺壳或海贝磨制成人物、花鸟、几何图形或文字等薄片，根据画面需要镶嵌在器物表面的装饰工艺的总称。此屏采用点螺工艺，将全篇文字及注释共1700余字一一嵌出，点画细处精确无误，为嵌螺钿工艺中罕见之作。

411

嵌瀏鶒木弘历御制诗、对联挂屏（一套）

年代　清乾隆
尺寸　宽 78 厘米　高 155 厘米
收藏单位　故宫博物院

挂屏一套三件，由作于乾隆四十年（1775）的乾隆帝御制诗《题影宋钞清波杂志》和两侧的七言联组成。三件均以红木为边框，其上以螺钿装饰，华丽而明亮。挂屏文字则以瀏鶒木镶嵌。瀏鶒木干多结瘿，白质黑章。瀏鶒木纹理独特，手感滑腻，不易翘曲，耐腐蚀，以此雕琢为文字镶嵌在挂屏上，是宫廷装饰风格多样性的体现。

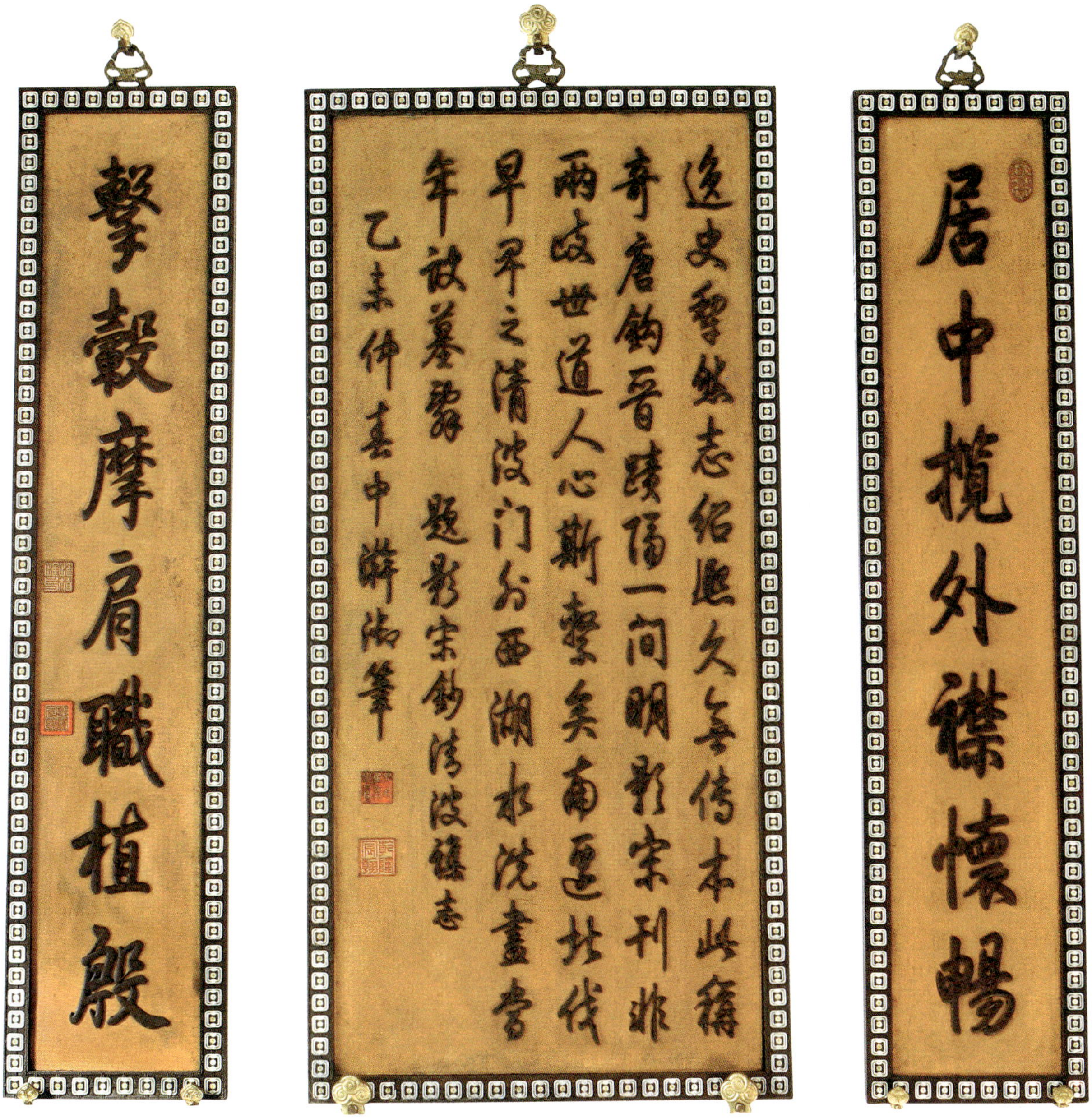

412

嵌牙仙人福寿字挂屏（一对）

年代　清乾隆
尺寸　宽 60 厘米　高 130 厘米
收藏单位　故宫博物院

挂屏为一对，紫檀木边框，屏心以黑漆为地，其上分别嵌“福”、“寿”二字，字内各以象牙雕刻罗汉，两屏合为十八罗汉。两字上方分别嵌有乾隆帝御制诗《陈居中画罗汉赞》。此对挂屏融多种工艺于一体，富丽华贵，色彩雅致，罗汉制作精良，形象生动，为清宫挂屏中的佳作。挂屏借福寿字和罗汉形象，表达了鲜明的延福增寿的主题。

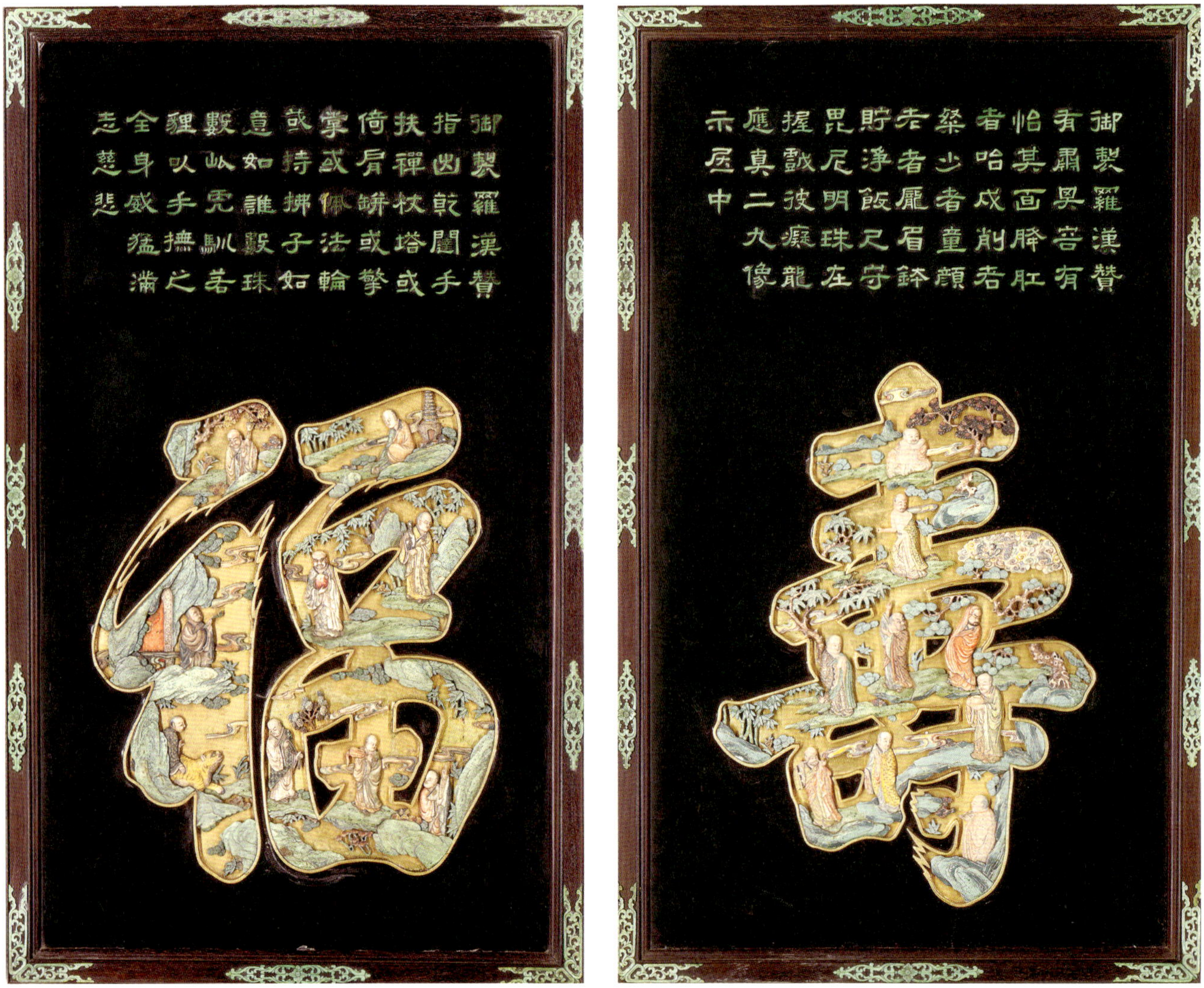

413

嵌牙松鹤柏鹿图挂屏（一对）

年代　清

尺寸　宽 48 厘米　高 64 厘米

收藏单位　故宫博物院

挂屏为一对，均以玳瑁为框。屏心为象牙丝编织的蒲纹地，上嵌以染牙雕刻成的鹤、鹿、松柏、洞石、兰草、灵芝等物。牙雕极精致，将鹤、鹿表现得栩栩如生。松鹤、柏鹿有松鹤延年、柏鹿同春的吉祥寓意。玳瑁在清代就是稀有之物。此件挂屏将玳瑁的质地、光泽、斑纹等自然美与牙雕工艺结合，组成了一件精美的复合艺术品，十分珍贵。

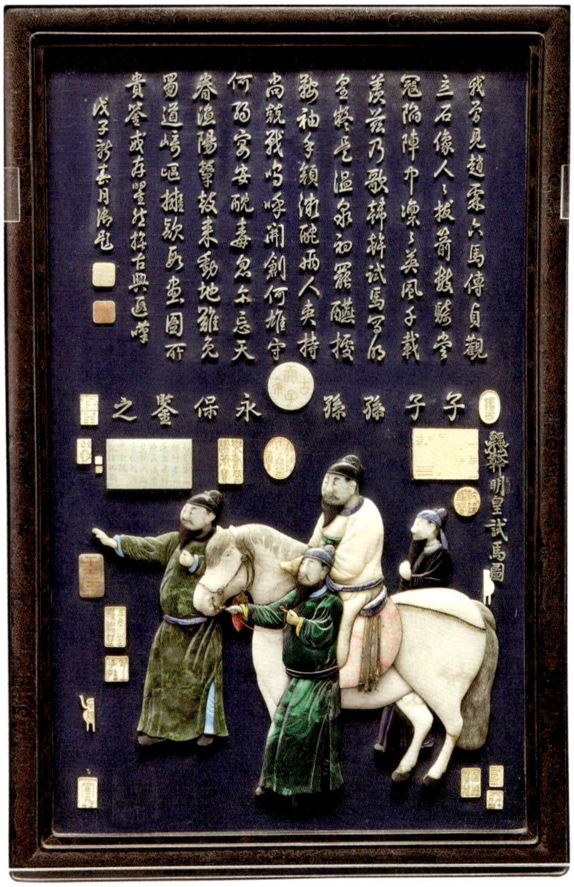

414

镀金大吉葫芦挂屏

年代　清乾隆
尺寸　宽 33 厘米　高 60 厘米
收藏单位　故宫博物院

挂屏整体呈葫芦形，由器身和底座两部分组成。器身周边缠绕葫芦藤，上有玉石、碧玺、珊瑚等雕刻的叶子、葫芦及蝙蝠。器身镶嵌青金石质“大吉”二字。此件挂屏置于养心殿，工艺繁复，技术精湛，用料考究，雍容华贵，将葫芦藤及葫芦塑造得十分逼真。葫芦谐音“福禄”，结合“大吉”二字，寓意至为吉祥。

415

嵌玉石明皇试马图挂屏

年代　清乾隆
尺寸　宽 56 厘米　高 84 厘米
收藏单位　故宫博物院

乾隆帝十分喜爱和重视唐代韩幹所作的《明皇试马图》，不仅命人临摹，还制作了不同材质的挂屏数件，此即其中之一。这件挂屏以紫檀木为边框，屏心以各色玉石磨制为所需的各式形状，镶嵌还原成原图。上部以玉片组合文字，制作精细。通过这些工艺技法，乾隆帝表达出原图以古警今之意，而挂屏本身亦成为一件精美的艺术品。

416

嵌玉石博古图挂屏

年代　清乾隆
尺寸　宽 80 厘米　高 123.5 厘米
收藏单位　故宫博物院

挂屏紫檀木框，屏心以各色玉和硬木等贵重材料组合镶嵌成钟表、笔筒、古鼎、玉璧插屏、砚台、如意等吉祥图案。乾隆时期的博古图挂屏多不惜工本，制作精良，以珍贵材质镶嵌制作，集多种工艺技法之大成。此屏构图精巧，工艺精湛，虽有宫廷富贵之象，但仍显古朴典雅，实为难得。

417

嵌铜玉牙博古图挂屏

年代 清乾隆
尺寸 宽 110 厘米 高 76 厘米
收藏单位 故宫博物院

挂屏以紫檀木为框，其上雕有缠枝纹花边。屏心以金如意、香炉、太平有象为中心，辅以果盘、花插和宫灯等物，构成一幅吉祥太平、富贵如意的景象。挂屏运用了金、玉、宝石、牙、珊瑚、珐琅、紫檀等各种珍贵材质，工艺精湛，用料华美，彰显出浓郁的宫廷气息和皇家独有的华贵，是清代宫廷艺术的精细之作。

418

嵌玉山水沧浪亭图挂屏

年代 清乾隆
尺寸 宽 106 厘米 高 74 厘米
收藏单位 故宫博物院

挂屏紫檀木素框，屏心正面髹黑漆地，嵌以青、白、碧、墨、黄、绿等各色玉琢成的屋宇桥梁、山石林木，构成一幅雅致的林苑湖景。右上以玉片嵌出“沧浪亭图”四字，可知此图表现的是江苏吴县著名的沧浪亭。该处是宋人苏舜钦隐居之地，由飞虹桥、濯缨亭、清香馆、翠玲珑、瑶华境界等景物组成。此挂屏逼真地展现了沧浪亭云烟叠翠的美景。

419

嵌玉石花鸟图挂屏（一对）

年代　清乾隆
每个尺寸　宽 125 厘米　高 76 厘米
收藏单位　故宫博物院

挂屏为鸂鶒木制成，外围一周雕刻成略呈不规则长方形的天然树纹边框。内髹黄色漆地，之上用青白玉片、翡翠、水晶、玛瑙、青金石等各色宝石镶嵌成紫藤和花鸟图案，表现出一幅玉堂富贵的吉祥画面。整个挂屏构思巧妙，制作精细，清秀典雅，为乾隆时期百宝嵌工艺的精美作品。清代成对挂屏往往题材、主题一致而内容上稍有差异，是当时较有特色的室内装饰用具。

420

嵌料石梅花式挂屏

年代　清
尺寸　宽 80 厘米　高 81 厘米
收藏单位　故宫博物院

挂屏呈梅花形，紫檀木框，屏心黑漆地，其上镶嵌以玉、牙、碧玺等宝石组成的吉祥图案。图案制作精美，花瓣等细小部分也毫不含糊，体现出当时清宫造办处匠人的高超技艺。此件挂屏的最大特点在于其梅花状的外形，使得整个挂屏显得轻巧灵动，极具装饰效果。

（四）雕刻及其他

421

金大吉葫芦式挂屏

年代　清
尺寸　宽 27 厘米　高 44 厘米
收藏单位　故宫博物院

挂屏呈板式葫芦状，八成金制成。器身以金累丝四瓣花衬地，上镶嵌各色宝石。腰部錾刻有绶带状装饰，上下各有一圆形开光，用青金石琢成“大吉”二字，字四周环绕暗八仙和八吉祥。此件挂屏采用錾刻、累丝、镶嵌等多种技法，以各种宝石镶嵌器身，构思巧妙，制作考究，呈现出金光灿烂、富丽华贵的皇家气派。

422

紫地描金开光大吉葫芦式挂屏

年代　清乾隆
尺寸　宽 22 厘米　高 35 厘米
收藏单位　故宫博物院

挂屏整体呈葫芦状，顶部有描金彩蝙蝠盖。腰部缠绕绶带，施以松石绿釉。器身为红色地，上以金彩勾画锦地纹，两处圆形开光内以金彩书写“大吉”二字，周围各有五只蝙蝠围绕簇拥。挂屏大量使用金彩描绘，用料讲究，成色足赤，充分显示乾隆官窑瓷器烧造工艺的精湛。

423

白地红万字描金蝠纹大吉葫芦式挂屏

年代　清乾隆
尺寸　宽 22 厘米　高 35 厘米
收藏单位　故宫博物院

葫芦是多籽植物，为古代传统吉祥纹样，其形似“吉”字，又寓有多子多福之意。挂屏外形呈葫芦状，通体红色，腰间以绶带装饰，器身上下两处圆形开光内书以“大吉”二字，白底金书，周围环绕万字及蝠纹，寓意福禄吉祥。这件挂屏陈设于养心殿，构思匠心独运，虽为平面造型却立体感十足。

424

剔红锦地八宝纹大吉葫芦式挂屏

年代　清乾隆
尺寸　宽 36.1 厘米　高 61 厘米
收藏单位　故宫博物院

挂屏呈葫芦形，由器身和底座组成。器身腰部缠绕绿漆描金绶带，交接处镶嵌金漆盘长结。挂屏上下正中各有一圆形开光，其内雕漆成楷书“大吉”二字，四周环绕以剔红而成的八吉祥纹饰。底座为蓝地彩漆描金蝠莲垂云座。这件挂屏以剔红为主，辅以描金、镶嵌等工艺，雕工精致，漆层厚重，色彩鲜艳，纹饰生动，为稀有的清宫艺术珍品。

425

金漆明皇试马图挂屏

年代　清乾隆

尺寸　宽 55 厘米　高 87 厘米

收藏单位　故宫博物院

挂屏以紫檀木为边框，顶部装有铜质钩环。屏心以黑漆为地，上半部以识文描金手法制作乾隆帝御题诗一首，下半部以识文描金、银加彩等工艺手法仿制唐代韩幹所画《明皇试马图》一幅，原迹上的历代印鉴亦一一仿制，制作精细，使原作的人物、鞍马得以细腻生动地再现。乾隆帝制作此屏意在以古警今，告诫子孙勿忘骑射根本，谨防重蹈前朝积弱衰乱之弊。

426

掐丝珐琅梅花图挂屏

年代　清乾隆

尺寸　宽 73 厘米　高 141 厘米

收藏单位　故宫博物院

挂屏通体以冰裂纹为地，下部作整枝梅，上落喜鹊三只，另有一喜鹊仰首飞向梅树，寓意喜上眉梢、喜上加喜。上部嵌刻乾隆帝御笔《小春说》，简明扼要地阐述了乾隆帝“小春即阳月”和“阳春之气”生生不息的思想。款署“庚寅”，即乾隆三十五年（1770）。此挂屏书、画、印合一，在白色梅花衬托下，典雅的画面显得更加灵动。

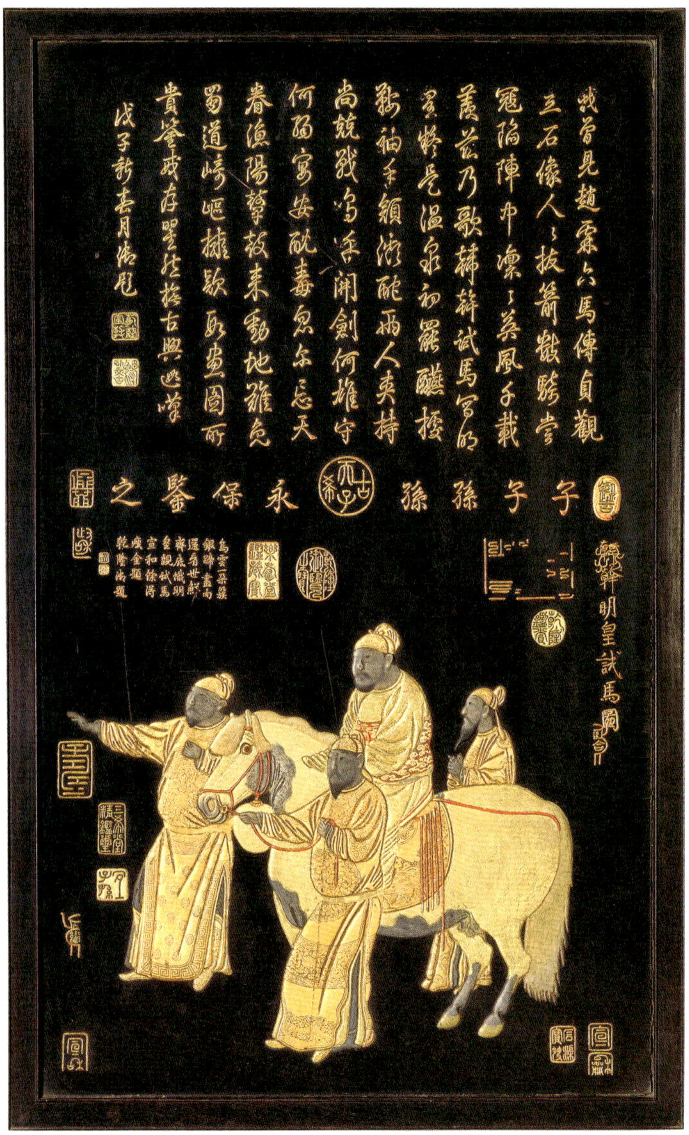

427

掐丝珐琅三阳开泰图挂屏

年代　清乾隆
尺寸　宽 73 厘米　高 140.6 厘米
收藏单位　故宫博物院

三阳开泰，亦称“三阳交泰”，寓意国泰民安，为我国传统吉祥图案之一。此挂屏通体以铜丝嵌冰裂纹，下部饰以三羊、山石、草木等，上部嵌刻乾隆帝御笔《开泰说》，款署“壬辰”，即乾隆三十七年（1772）。挂屏庄重典雅，三羊表现写实细腻，代表了乾隆时期掐丝珐琅的工艺水平。

428

掐丝珐琅龟背锦纹大吉葫芦式挂屏

年代　清乾隆
尺寸　宽 25.2 厘米　高 39 厘米
收藏单位　故宫博物院

此挂屏呈葫芦式，器表饰有龟背锦纹“大吉”二字和镏金的飘带，使得整体绚烂华丽。“葫芦”一词音近“福禄”，又书“大吉”二字者，为祈求吉祥福禄之意。此件挂屏工艺精致，掐丝流畅细腻，填磨匀实饱满，体现了乾隆时期珐琅制品“圆润坚实、金光灿烂”的特点。

429

掐丝珐琅山水人物图挂屏

年代　清
尺寸　宽 98 厘米　高 48 厘米
收藏单位　故宫博物院

挂屏紫檀木素框，屏心以掐丝珐琅技法制成山水人物图景，人物描画细致入微，颜色丰富，亮丽多彩，制作精美，为典型的清代宫廷装饰器。这件挂屏的特殊之处在于，屏心和外框之间围绕红漆地缠枝莲纹装饰，实际形成了两个边框的装饰效果，视觉上层层递进，构思巧妙，极富装饰意味，在掐丝珐琅挂屏中独树一帜。

430

画珐琅宫廷人物图挂屏

年代　清乾隆
尺寸　宽 75.5 厘米　高 145.5 厘米
收藏单位　故宫博物院

挂屏以画珐琅工艺刻画了紫禁城宁寿宫的畅音阁院落，建筑、人物、树木、山石等无不细腻精致，上半部空白处还嵌刻了精美的缠枝花卉纹，右上角镌刻乾隆帝作、于敏中敬书的《蒙圣母赐膳于宁寿宫喜而成什一韵二首》诗，避免了头轻脚重的不均衡，使得整个画面庄重而沉稳。乾隆四十一年（1776）皇太后于宁寿宫赐宴乾隆帝及平定金川有功大臣，第二年太后驾薨，乾隆帝令人将这次赐宴的情形制作成挂屏，陈设于养和精舍以示纪念。

御製蒙
聖母賜膳於寧壽宮及賜成功將領宴
賚有差喜而成什一韻二首
臣于敏中敬書

431

锤胎画珐琅山水图挂屏（一对）

年代　清中期
每个尺寸　宽 101 厘米　高 75 厘米
收藏单位　故宫博物院

挂屏为一对。屏中的祥云山水、亭台楼阁、振翅仙鹤以及漫步的鸣鹿等共同组成了一幅寓意鹤鹿同春、松鹤延年的吉祥、福寿画面。此挂屏采用锤胎法制作，即将较薄的铜板置于花模上锤打，使铜板表面呈现出凸起的花纹，之后施绘多彩的珐琅釉，经焙烧、镀金、磨光等加工程序而成，工艺细致，图案颇具立体效果。

二
文房用具

笔墨纸砚是中国传统文化所特有的书写、绘画工具。其历史悠久，经历了一个漫长的发展演变过程，各个时期在沿袭旧制的基础上均有创新发展，并形成各自的时代风格。清代是文房用具发展的鼎盛时期，笔墨纸砚及相应衍生的辅助用具也丰富多样，特别是宫廷御用制品，不仅选材精良、装饰华美，而且工艺精湛，成为书斋文案重要的陈设器具。

清康熙时期，内廷设有御书处墨作，专门负责承办或制作御用墨。御书处墨作自康熙年间建立，作为制墨机构一直沿袭至清代晚期。御书处墨作所制墨一般署有“御墨”、“御用”字样，或制作年款，在造型、装饰等方面呈现出独特的艺术风格。特别是康熙、雍正、乾隆三朝所制御墨，不仅造型种类多样，而且注重装饰，并形成内廷定式。如有以内廷书斋命名的墨品，又有仿古各式集锦墨等。除本色黑墨外，还有朱墨、彩墨，以及描金彩绘墨、漱金墨等，制作工艺繁复，装潢考究，极具宫廷特色。此外，还有大量的御制墨是来自徽州等地方制作进贡。如今，仍有数万余件各式墨品传世，弥足珍贵。

清代宫廷御用砚，材质精致，雕工精湛。康熙时期，内廷设有砚作，专门负责御用砚的制作，并始用松花石为砚材，成为重要的御用砚形式。乾隆时期，特别寻觅古砚佳材，注重仿古创新，除端石、歙石、松花石砚外，还寻觅古法，将澄泥砚仿制成功，作为御用或赏赐用砚。嘉庆、道光以后，还曾多次禁止或减少各地贡物，石砚的制作仅限于内廷砚作，内库旧存闲置余砚，多有赏赐近臣。其后，石砚的制作日渐式微。清代晚期，虽仍有少量石砚的制作，但其石品精良者甚少。如松花石砚、端石砚等，终不及前朝所制。

清代宫廷御用笔，选毫精良，材质多样，如金银、玉翠、竹木、雕漆、玳瑁、象牙等，应有尽有。笔管有镂雕、浮雕，或漆绘、描金装饰等，制作工艺精湛，均体现了传统制笔手工业的发展。毛笔的制作来源，一般是交由地方织造等按宫廷样式承办或制作，特别是浙江湖州制笔最负盛名，每年均有一定数量的毛笔制品进贡。如管端题名“经天纬地”、“云汉天章”、“大书画笔”等，并形成内廷定式，极具时代特点。

清代宫廷御用纸绢笺，制作考究，装饰精美，在沿袭传统抄纸方法的基础上又有创新发展。主要表现在纸品的种类丰富，如有各色砑花纹蜡笺、描金银花卉纹粉蜡笺，以及各色仿古纸等。一般是由内廷如意馆画师画样，并交杭州织造、苏州织造、江宁织造等按内廷式样制作。如乾隆时期的仿古侧理纸、仿澄心堂纸、仿金粟山藏经纸、仿明仁殿纸等，名品佳纸，争奇斗艳，成为内廷御笔临池书画用纸。这些再加工精制纸，均体现了清代传统造纸技术的发展和技艺的高超，在中国造纸史上具有重要的历史地位。

清代宫廷御用文房用具，数以万计，内廷书斋殿宇、各处行宫等分别有各式文具陈设。特别是乾隆时期，根据皇帝的个人喜好制作多种文房器具。除笔墨纸砚外，还有大量形式多样、用途各异的辅助用具，如笔架、笔插、砚滴、水丞等，颇具时代特点。乾隆皇帝喜好赋诗题咏，御题文具及笔墨纸砚的诗文多达数百首，并命将诗文摹勒于墨品、砚品、砚屏、笔筒、笔洗、文具匣等器物上，极具文化内涵和皇家品位，呈现出独特的艺术风格。

（一）笔

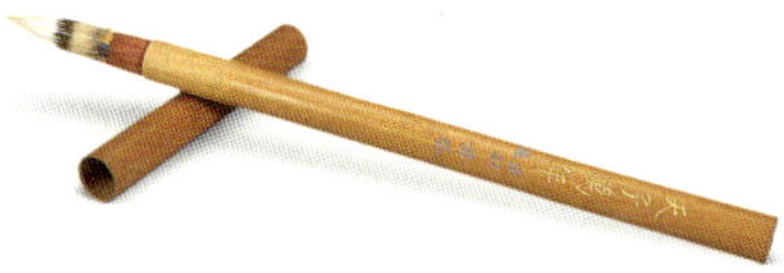

432

竹管“天子万年”兼毫笔

年代 清康熙
尺寸 管长 18.8 厘米 管径 1.3 厘米 帽长 9.6 厘米
收藏单位 故宫博物院

此笔利用文竹表面自然纹理巧做笔管、笔帽。笔管中空，纳毫匀细，呈含苞玉兰花形，并敷以彩色羽毫，呈现红、黄、蓝、白相间的彩毫艺术效果，为清代早期毛笔制作工艺特点。

清代地方巡抚官员按年例均有一定数量的毛笔进贡内廷。白潢在康熙时期曾任贵州、江西巡抚。

此笔管端镌刻“天子万年”四字，后署“臣白潢恭进”，并施以填金或填蓝字体。应是白潢在任巡抚期间特制的贡品。

433

青玉管珐琅斗狼毫提笔

年代 清乾隆
尺寸 管长 24.6 厘米 管径 1.8 厘米
斗长 2.9 厘米 斗径 3.8 厘米
收藏单位 故宫博物院

青玉笔管，玉质莹润，材质精良。笔管通体浮雕云龙戏珠纹、缠枝莲纹、回纹及蟠螭纹，雕工圆润，技艺娴熟。笔管上端镶嵌掐丝珐琅莲纹笔斗，纳以长锋狼毫，丰满圆健。笔管与笔斗巧妙组合，极为美观，是清代宫廷御用笔佳品。

434

玳瑁管镂雕钱纹紫毫笔

年代 清乾隆
尺寸 管长 17.2 厘米 帽长 8.3 厘米
收藏单位 故宫博物院

笔管由玳瑁制成，呈黄褐色微透明状，表面光泽莹润。笔管采用镂雕技法，通体镂雕圆形古钱纹，纹饰古朴雅致。笔管、笔帽内中空，体轻壁薄，工艺精湛。笔管上端纳以紫毫，管帽两端分别镶嵌玛瑙箍，既有加固笔管的作用，又有装饰效果。此笔是清代宫廷御用笔代表佳作。

435

牙管红木斗鬃羊毫提笔

年代　清乾隆
尺寸　管长 17.2 厘米　斗长 4.5 厘米　斗径 1 厘米
收藏单位　故宫博物院

提笔九枝，分为大、中、小三种形制成套制作，均为牙管红木斗。牙管上端分别填金楷书题铭“万寿无疆”、“万福攸同”、“万国来朝”吉语，寓意福寿康宁。此笔为清代地方织造承做的贡笔形式。

此套提笔形式独特，红木斗纳以长锋鬃羊毫，尖齐圆健，适宜书写匾额大字。

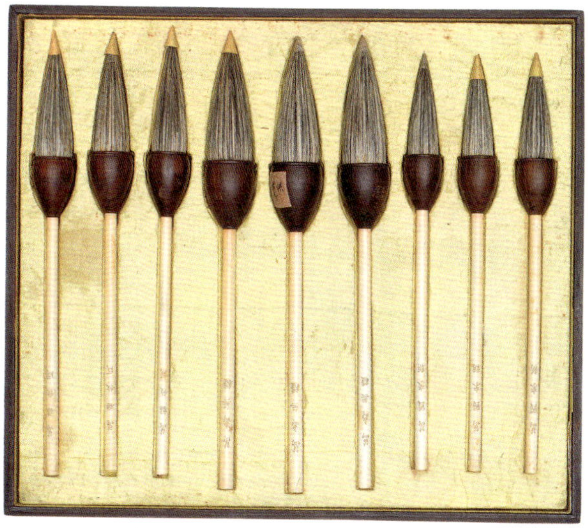

436

牙管雕御制梨花诗文紫毫笔

年代　清乾隆
尺寸　通长 22.7 厘米　管径 0.9 厘米　毫长 3.4 厘米
收藏单位　故宫博物院

笔管、笔帽均为象牙材质。笔管镌刻乾隆帝御题梨花诗一首。笔帽浅浮雕折枝梨花纹饰，花卉与诗意巧妙结合，颇具装饰效果。

此件为 50 支成套笔之一，装潢讲究，共装于雕漆山水人物纹匣内。匣面题铭“天葩垂露”，为乾隆时期地方特制贡笔。

437

象牙管镂雕钱纹紫毫笔

年代 清乾隆
尺寸 通长 18.3 厘米 管径 0.9 厘米 毫长 3.9 厘米
收藏单位 故宫博物院

笔管修长，管内中空，体轻壁薄。通体镂雕圆形古钱纹，细若网纹，交错有致，制作工艺精湛。笔帽采用减地浮雕技法，雕饰云蝠纹，并填蓝勾连回纹边饰，极具装饰美感。

此笔纳以紫毫，黝黑亮泽，毫颖尖而齐健，呈玉兰花式，为清代宫廷御用笔特点。

438

竹管楠木斗兼毫提笔

年代 清乾隆
尺寸 管长 17 厘米 管径 0.9 厘米 毫长 4 厘米
收藏单位 故宫博物院

笔为竹管，并镶嵌楠木斗纳毫，锋颖尖而齐健，为清代提笔形式，适宜书写匾额大字。

此笔装潢考究，共装于五层黄色团花锦提梁匣内，应为乾隆时期地方织造承办制作的御用笔。

竹管上端题铭镌刻楷书“云汉为章”，并填蓝装饰。

439

竹管题铭“小紫颖”紫毫笔

年代 清乾隆
尺寸 通长 20.1 厘米 管径 0.9 厘米 帽长 9.1 厘米
收藏单位 故宫博物院

笔毫为精选上等兔毫，又称“紫毫”，毫颖尖齐圆健，呈含苞玉兰花形，造型美观，为清代毛笔制作特点。

此套毛笔装潢考究，每支毛笔配装于黄色团花锦盒，外装一大锦匣，应为浙江湖州特制贡笔。毛笔竹管修长，管端题铭填蓝楷书“小紫颖”。

440

竹管题铭“经天纬地”四头笔

年代　清乾隆
尺寸　通长 21 厘米　管径 0.9 厘米　帽长 9.1 厘米
收藏单位　故宫博物院

笔为竹管，管内中空，笔管内套双管四毫，即双管双毫共纳笔管，为一笔多毫的形式，构思精妙。笔毫为可活动的双毫管，既便于更换，又极具实用功能，为清代毛笔制作中极为罕见的形式。

笔毫为短锋紫毫，尖而劲健，适于书写小楷书。笔管上端题铭填蓝隶书“经天纬地”，为清代地方织造按宫廷样式特制御用笔。

441

竹管万寿写经紫毫笔

年代　清同治
尺寸　管长 14.2 厘米　管径 0.7 厘米　帽长 9.5 厘米
　　　帽径 0.7 厘米　毫长 2 厘米
收藏单位　故宫博物院

笔为竹管，光洁圆润。选毫精细，紫毫黝黑亮泽，短颖齐健，适宜书写小楷体。从笔管黄签墨书字迹可知，此笔为同治皇帝万寿写经用笔。

笔管题铭填兰楷书“小紫毫”。附黄纸套上墨书：“同治六年三月二十日，孙传万寿写心经用。”标明毛笔曾经使用的时间和用途。

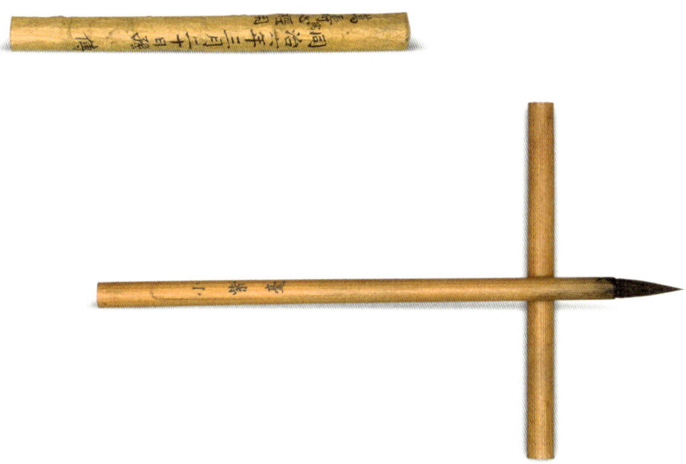

（二）墨

442

为龙为光墨

年代　顺治二年（1645）
尺寸　直径 9.6 厘米　厚 1.5 厘米
收藏单位　故宫博物院

墨为圆形，双面压模而成。正面以海水纹为地浮雕龙戏珠纹，龙爪下嵌饰珍珠一粒，龙首披发，双目黑睛，气势威严。龙纹描金，层次分明，具有浅浮雕的艺术效果。此墨代表了顺治时期制墨水平。

张学圣，字龙门氏，奉天（今辽宁沈阳）人。清代第一任徽州知府。此墨应为其在任期间特制贡墨。

墨背面长方框内填金篆书“为龙为光”，其右侧填金、填蓝隶书“顺治乙酉年制”。墨侧面分别阳文楷书“青麟髓”、“三韩龙门氏藏”。

443

小春雷琴式墨

年代　康熙十七年（1678）
尺寸　长 11 厘米　最宽 2.4 厘米　最窄 1.5 厘米　厚 1.2 厘米
收藏单位　故宫博物院

墨为仿唐琴式。表面七弦及填金十三琴徽均仿似逼真。此墨精于设计，取古琴样式并命名于墨品，极具文人情趣。

墨背面上端阴文填金楷书“小春雷”，为仿古琴式墨。其下为“天府永宝”篆书方印。琴池装饰双龙戏珠纹，其内阳文楷书“康熙十七年六月望日”。其下凤池内阳文楷书“小臣刘源制”。为刘源特制贡墨形式。

444

描金凤玦形御墨

年代　乾隆二年（1737）
尺寸　长 8.9 厘米　宽 4.4 厘米　厚 1.5 厘米
收藏单位　故宫博物院

墨为仿古玉凤玦形，两面均以描金云凤纹装饰，具有浅浮雕的艺术效果。此墨造型仿古，构思独特。描金凤纹亮丽精美，尽显御用墨之奢华，为乾隆时期内廷御书处墨作特制御墨。正面凤池内描金楷书“御墨”。一侧填金楷书“乾隆丁巳年制”款，其下阳文篆书“凤池”印款。

445

遂初堂藏砚式朱墨

年代　乾隆三十五年（1770）
尺寸　长 13.5 厘米　宽 7.1 厘米　厚 1.6 厘米
收藏单位　故宫博物院

墨呈长方砚形，为仿康熙刘源博古墨形式。墨模雕刻精细，构思新颖，别具匠心。此墨是乾隆帝御用或陈设珍藏墨品之一。墨背面摹勒乾隆御题诗文，末署“乾隆庚寅仲春月上浣御题”，以及“比德”、“朗润”二印。墨面边框内分别有“遂初堂藏墨”、“大清乾隆年制”款。

446

御制国宝五色墨

年代 清乾隆
尺寸 长 18.5 厘米 最宽 7.5 厘米 厚 1.8 厘米
收藏单位 故宫博物院

墨为长圆形，分别为蓝、白、朱、黄、绿五色。造型浑圆古朴，墨质坚厚重。通体装饰云龙纹，颇为生动。此套彩墨雕饰精美，为乾隆时期内廷御书处所制御墨。墨正面填金阴文楷书“国宝”，背面填金阴文楷书“大清乾隆年制”款。

447

御制月令七十二侯诗墨

年代 清乾隆
尺寸 盒长 34.5 厘米 宽 25.5 厘米 通高 35.5 厘米
墨最长 16.7 厘米 宽 9.9 厘米 厚 2.2 厘米
收藏单位 故宫博物院

一套 72 锭。

墨为五色彩墨，分别为朱、黄、蓝、白、绿色。造型多样，除正方形、长方形、圆形外，还有仿古玉玦、玉佩形等。墨品装饰图文并茂，一面图景，即分别以时令七十二候图景为装饰；一面诗文，并填金，分别为曹文埴敬书御制节令诗咏，极具文化内涵及装饰艺术。

此套彩墨分别装于两个黑漆描金龙纹提梁匣内，墨品、墨匣装潢考究，为乾隆时期特制御用彩墨精品。

448

御笔题画诗墨

年代　清乾隆
尺寸　漆盒长 50.4 厘米　宽 39.1 厘米　通高 5.3 厘米
　　　王履吉山水图诗墨直径 16.5 厘米　宽 7.9 厘米　厚 1.4 厘米
　　　王蒙竹趣图诗墨长 14.1 厘米　宽 7.1 厘米　厚 1.5 厘米
　　　沈周茄菜图诗墨直径 10.4 厘米　厚 1.5 厘米
　　　王绂山水图诗墨长 11.6 厘米　厚 1.5 厘米
　　　黄荃花鸟图诗墨长 11.8 厘米　宽 11.8 厘米　厚 1.5 厘米
　　　吴历山水图诗墨长 15.8 厘米　宽 8.4 厘米　厚 1.4 厘米
　　　方壶叶菜图诗墨直径 9.9 厘米　厚 1.5 厘米
　　　文征明松石图诗墨长 14.6 厘米　宽 7.6 厘米　厚 1.4 厘米
　　　王蒙林壑云泉图诗墨直径 12 厘米　厚 1.5 厘米
收藏单位　故宫博物院

此套墨九锭，为集锦墨形式。墨造型各异，分别为圆形、正方形、长方形、椭圆形、八边形、花瓣形等。正面以内廷所藏元、明、清时期的画作为蓝本，背面为乾隆御题画诗咏。其墨模雕刻精细，不失原画风貌，为乾隆时期特制御墨。墨侧面均署“大清乾隆年制”款。

449

描金彩漆天保九如御墨

年代　清乾隆
尺寸　直径 11.2 厘米　厚 1.7 厘米
收藏单位　故宫博物院

墨为花边形。背面描绘寓意祥瑞的天保九如图景，又似一幅日月同升、层峦叠嶂、树木繁茂的壮美景致。此墨注重装饰，墨上纹饰或描金、或描银、或彩绘，色彩亮丽。为乾隆时期描金彩绘御墨的代表佳品。

墨正面题铭“御墨”并“乾隆丁巳年制”款，以及“天保九如”印款。

450

御制四库文阁诗墨

年代 清乾隆
尺寸 漆盒长 33.5 厘米 宽 30 厘米
文渊阁墨长 15.7 厘米 宽 4.8 厘米 厚 1.8 厘米
文津阁墨长 13.7 厘米 宽 6.1 厘米 厚 1.7 厘米
十二辰墨直径 7.8 厘米 厚 1.5 厘米
文源阁墨长 13.2 厘米 宽 6 厘米 厚 1.8 厘米
文溯阁墨长 15 厘米 宽 5 厘米 厚 1.8 厘米
收藏单位 故宫博物院

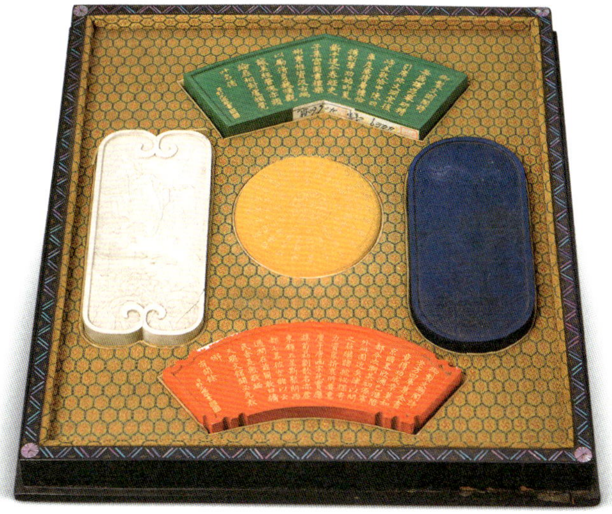

墨为五色彩墨，五锭共装一嵌螺钿黑漆盒内。其一为绿色，御制文渊阁诗墨；其二为白色，御制文津阁诗墨；其三为黄色，御制十二辰墨；其四为蓝色，御制文源阁诗墨；其五为朱色，御制文溯阁诗墨。五锭墨一面为御制诗咏，一面描绘藏书楼阁图景，诗文画意尽显墨品。

此套墨模雕刻精细，造型各异，制作极尽工巧。后署款填金楷书“臣彭元瑞敬书”，墨侧面均署“乾隆年制”款。

451

大富贵亦寿考五色墨

年代 清光绪
尺寸 漆盒长 28.5 厘米 宽 21.8 厘米 厚 4.5 厘米
墨长 16.2 厘米 宽 3.5 厘米 厚 1.3 厘米
收藏单位 故宫博物院

墨为十锭彩墨，均为长方形，分别为蓝、黄、绿、朱、白五色。此套彩墨装饰华美，色彩艳丽，牡丹纹饰寓意富贵寿考，十锭彩墨分别装于两个黑漆描金双龙纹匣内，为清代晚期地方制作的贡墨形式。墨面填金隶书“大富贵亦寿考”并“仿易水法造”印文，一侧阳文“徽州休城胡开文制”款。

（三）纸

452

明黄色描金凤纹粉笺纸

年代　康熙四十八年（1709）
尺寸　长 139.5 厘米　宽 62 厘米
收藏单位　故宫博物院

纸笺表面染黄色，经胶矾施粉，平整光滑。正面右侧局部装饰描金翔凤纹，金色亮丽，透过纸背纹饰若隐若现，背面托纸光素。

此纸尺幅较长，应为整张抄做而成。纸性薄而脆，韧性较差，但透光能见纤维致密。外附黄纸签墨书："康熙四十八年七月十一日曹寅进黄素笺纸十张。"此笺为其中之一。

453

粉色仿明仁殿描金如意云纹粉蜡笺

年代　清乾隆
尺寸　长 121.4 厘米　宽 53.3 厘米
收藏单位　故宫博物院

纸染为粉色，正面通绘描金如意云纹，并对称布局，朵朵云纹纵横排列规整，极具装饰效果。背面装饰大片洒金，富丽雅致。此纸尺幅较长，两面均有施粉、上蜡、砑光，更显纸面平滑光亮，适宜书写大字。

纸幅下方均有隶书"乾隆年仿明仁殿纸"双行朱文印记，为乾隆时期特制御用仿古佳纸。

454

紫色描金缠枝莲纹粉蜡笺

年代 清乾隆
尺寸 长 191.7 厘米 宽 95.5 厘米
收藏单位 故宫博物院

纸染为紫色，色彩淡雅。纸面通幅描金折枝莲纹，背面装饰洒金，工艺繁复，制作精致。适宜两面书写。

此纸较厚，可以多层揭裱使用。表面施粉并研光，更显光滑。花纹描绘富丽奢华，为清代宫廷用纸佳品。

455

绿色描金折枝花纹粉蜡笺

年代 清乾隆
尺寸 长 203 厘米 宽 96.1 厘米
收藏单位 故宫博物院

纸为粉蜡笺，两面染为绿色。正面通幅装饰描金银花卉，有折枝牡丹、海棠、兰花等，纹饰描绘精细，疏密有致。背面装饰大片洒金，色彩亮丽。粉蜡笺制作工艺繁复，唐宋时期较为盛行。乾隆年间仍有大量制作，其中有单面或双面加工而成，纸上施蜡并研光，或装饰洒金，或描金花卉图案等，极具宫廷特色。此纸为清乾隆时期以斋轩命名的精制蜡笺。

纸幅左下角隶书“淳化轩御制笺”朱文印记。

456

梅花玉版笺

年代　清乾隆
尺寸　长 49.1 厘米　宽 51.3 厘米
收藏单位　故宫博物院

梅花玉版笺为清乾隆时期仿宋纸品，又称“玉版笺”。一般是由内廷画师设计并画样，交由地方织造按内廷式样承办制作。纸质具有洁白细腻、光滑质坚的特点。纸面泥金描绘冰裂纹，并点缀梅花图案，纸幅边角均有“梅花玉版笺”朱红印记。为乾隆帝御笔题诗或临帖用纸之一。

457

粉色洒金彩绘花蝶纹绢笺

年代　清晚期
尺寸　长 138 厘米　宽 64 厘米
收藏单位　故宫博物院

绢笺染为粉色，色彩淡雅。表面洒金地上描绘各式折枝桃花、梅花、菊花、萱草、竹枝等，其间还点缀飞舞的彩蝶及飘落的花朵，更显花枝烂漫。通幅装饰图案分为两列，对称布局，适宜书写横批、对联等。

此绢笺注重装饰，各式花卉以金银描绘，并施有黄、绿、蓝、紫、粉等色，五彩缤纷，意趣盎然。此种彩绘绢笺常用于内廷装饰墙壁贴落，或御笔书法等，还可以裁剪分割使用。

（四）砚

458

端石雕双龙纹砚

年代　康熙十八年（1679）
尺寸　长 21.8 厘米　宽 18.2 厘米　高 3.6 厘米
收藏单位　故宫博物院

端石随形巧做，呈椭圆形。砚面上部采用深浅浮雕技法，雕饰云龙戏珠纹，龙纹之间波涛旋涡穿空，可为砚池，其上嵌饰金珠两颗，呈二龙戏珠之势，平坦处为砚堂。背面镌刻海水旋涡激流层起，并采用圆心形阴刻线表现，尽显气势汹涌。此砚构思新颖，制作精妙。石质细腻莹润，呵气生津。乾隆《钦定西清砚谱》卷十五著录。

砚侧镌刻隶书“康熙十八年五月恭制，小臣刘源”，并“源”印款。此砚是目前仅见的一方刘源恭制的砚品。

459

御铭端石仿古各式砚

年代 乾隆四十年（1775）

尺寸 外盒长 48 厘米 宽 49.3 厘米 高 9 厘米

仿汉石渠阁瓦砚长 14.5 厘米 宽 8.5 厘米 高 1.8 厘米

仿汉未央砖海天初月砚长 14.4 厘米 宽 9.2 厘米 高 2.8 厘米

仿唐八棱澄泥砚直径 9 厘米 厚 1.5 厘米

仿宋天成风字砚长 10.4 厘米 宽 10.8 厘米 高 1.7 厘米

仿宋玉兔朝元砚直径 10.1 厘米 高 1.7 厘米

仿宋德寿殿犀纹砚长 13.4 厘米 宽 7.3 厘米 高 1.4 厘米

收藏单位 故宫博物院

端石仿古式砚六方，成套制成，造型各异，有长方形、圆形、椭圆形、八棱形、风字形，分别命名为仿汉石渠阁瓦砚、仿汉未央砖海天初月砚、仿唐八棱澄泥砚、仿宋天成风字砚、仿宋玉兔朝元砚、仿宋德寿殿犀纹砚。此套各式砚分别镌刻御题诗文，并与嵌玉紫檀木盒诗文相同。填金诗文与嵌玉木盒极具装饰效果。

砚盒外底分别镌刻填金隶书“乾隆御用”，六方砚共装于题铭“涵光漱润”雕云龙纹紫檀木盒，为乾隆时期御用砚特点。其中署款“乾隆乙未御铭”，为乾隆四十年（1775），乾隆帝时年 65 岁。

460

御题澄泥虎伏砚

年代　清乾隆
尺寸　长 14.5 厘米　宽 9 厘米　高 5 厘米
收藏单位　故宫博物院

砚为澄泥烧制而成，呈圆雕卧虎形。砚体从中间分剖为二，组成上下扣合的砚面和砚盖。砚面上部浅刻阴阳太极图案可为墨池，平阔处为砚堂。此砚造型古朴，以虎符形为砚，构思新颖。砚表面烧古铜绿锈迹尚有剥蚀，为仿古作旧所致，是乾隆时期命苏州特制的仿古砚佳品。

砚及砚盖内阴刻乾隆四十三年（1778）御题砚铭。盒底内填金隶书“乾隆御用”并“几暇临池”印文。

461

仿古各式澄泥砚

年代　乾隆四十三年（1778）
尺寸　外盒长 49 厘米　宽 41.7 厘米　高 4.5 厘米
　　　仿汉石渠阁白砚长 14.3 厘米　宽 8.2 厘米　高 1.5 厘米
　　　仿汉未央砖海天初月砚长 14 厘米　宽 9.3 厘米　高 1.5 厘米
　　　仿唐八棱澄泥砚长 9.8 厘米　宽 9.9 厘米　高 2.1 厘米
　　　仿宋天成风字砚砚长 11 厘米　宽 10.5 厘米　高 1.7 厘米
　　　仿宋玉兔朝元砚直径 10.6 厘米　高 1.5 厘米
　　　仿宋德寿殿犀纹砚长 14.3 厘米　宽 8 厘米　高 1.5 厘米
收藏单位　故宫博物院

仿古六式套砚均为澄泥烧制而成。造型各异，有椭圆形、长方形、八棱形、圆形等，分别为仿汉未央砖海天初月砚、仿汉石渠阁瓦砚、仿唐八棱砚、仿宋玉兔朝元砚、仿宋天成风字砚、仿宋德寿殿犀纹砚。填金御题砚铭与嵌玉木盒相应生辉，极具装饰效果。此套砚为乾隆时期特有的仿古御用砚形式。

砚及砚盒分别镌刻填金御题诗文，末署乾隆戊戌御铭。

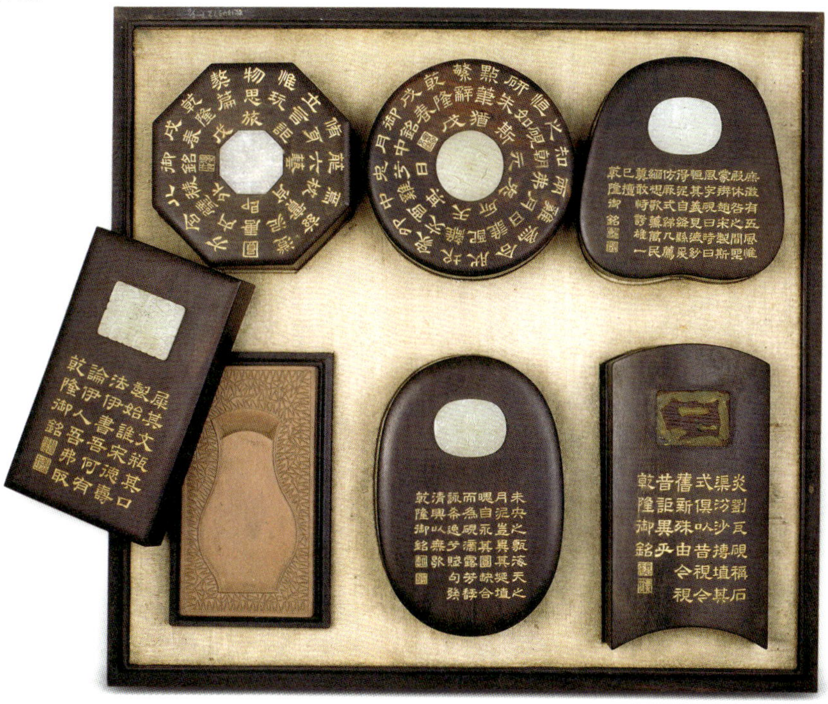

462

歙石雕日月松池砚

年代 清乾隆
尺寸 长 16.5 厘米 宽 11.1 厘米 高 2.5 厘米
收藏单位 故宫博物院

砚为歙石制成。砚面上部深雕为砚池，其上浅浮雕饰松柏树木，日月云朵掩映其间。下方平阔处为砚堂，表面显现石肌自然纹理，犹如碧波涟漪的湖面。其下为浅浮雕临岸树石，通体构成一幅平原山水图景。砚石背面隐现刷丝罗纹，宛如秋波荡漾，自然天成。

此砚石质莹润，雕工精细。采用深浅浮雕技法，将河岸图景再现于砚品，极具诗情画意。此砚为清代宫廷御用砚佳品。

463

松花石雕山水人物图砚

年代 清康熙
尺寸 长 17.3 厘米 宽 12.3 厘米 高 3 厘米
收藏单位 故宫博物院

砚为松花石制成。砚面为黄、绿二色石巧做，砚池、砚堂与石盒底相连。盒盖面浮雕山水人物图景，山水树木之间，持杖老者与侍童徒步前行。远山空濛，飞鸟往还其间。此砚选材精良，二色石共生自然天成，并运用深、浅浮雕及透雕技法，将山水人物再现于砚品，层次分明，构思独特。

砚背面阴文篆书“康熙年制”款。石盒上镌刻“采菊东篱下，悠然见南山”为东晋陶渊明诗句。

464

松花石雕海水云龙纹嵌蚌池砚

年代 清康熙
尺寸 长 18.5 厘米 宽 12.5 厘米 高 2.2 厘米
收藏单位 故宫博物院

砚为长方形。砚面上部浮雕海水云纹，其内镶嵌贝壳为砚池，构思巧妙，极具装饰效果。此砚石质莹润，表面呈现横向刷丝纹理，自然天成。配装于黄色石盒，盒盖面开光上镶嵌透明玻璃，与绿色砚石相映生辉。此砚为康熙时期首创御用砚品。

砚背面镌刻康熙帝御题砚铭：“寿古而质润，色绿而声清，起墨益毫，故其宝也。”并“康熙”、“御铭”二方印。

465

松花石雕如意纹池砚

年代 清雍正
尺寸 长 11.9 厘米 宽 8.2 厘米 高 1.3 厘米
收藏单位 故宫博物院

松花石砚为长方形。砚池上雕饰灵芝如意纹，取吉祥如意之寓意。此砚造型典雅，装潢精美。随形配黑漆描金山水纹砚盒，盒外描金山水楼阁，盒内描金折枝花朵，纹饰亮丽奢华，为雍正时期装饰特点。

砚背面镌刻御题楷书砚铭“以静为用，是以永年”，并篆书“雍正年制”款。

466

御铭松花石雕桃式池砚

年代　清乾隆
尺寸　长 15.3 厘米　宽 10.1 厘米　高 1.4 厘米
收藏单位　故宫博物院

松花石砚面上方深雕桃形砚池，其外环雕连枝桃果，一深一浅双桃果实，相得益彰。此砚以福寿题材为装饰，精于构思，并利用紫、绿二色松花石巧做砚盒。盒盖表面以深、浅浮雕手法雕饰灵芝瑞草松柏双鹤图，有松鹤延年之寓意。砚面桃形装饰寓意福寿吉祥。

砚背面镌刻御题楷书砚铭，并“乾”、“隆”二印款。为乾隆时期御用砚品。

（五）文玩

467

白玉云纹纽镇尺

年代　清早期

尺寸　长 18.8 厘米　宽 1.5 厘米　高 2.4 厘米

收藏单位　故宫博物院

此件白玉镇尺，四周雕琢回纹。表面凸雕大小勾云纹，中间立体圆雕如意云头形纽，底面平滑光素。整体造型别致，用于文案陈设，极为典雅。

468

掐丝珐琅海水云龙纹笔架

年代　清乾隆

尺寸　长 21.5 厘米　宽 5 厘米　高 15.5 厘米

收藏单位　故宫博物院

笔架为五峰山形，通体掐丝珐琅装饰，以天蓝釉为地，彩饰海水云龙纹。铜镏金底座四周錾刻缠枝卷草纹，与笔架连体而成。此器胎体规整，釉色纯正，掐丝工艺细腻，制作精巧，为乾隆时期御用佳品。外底内浮雕双龙纹，其间阳文楷体“大清乾隆年制”款。

469

碧玉犀牛式砚滴

年代 清乾隆
尺寸 最长 13.5 厘米 最宽 4.8 厘米 最高 11 厘米
收藏单位 故宫博物院

此件碧玉砚滴，绿色玉中带有深绿色斑点。立体圆雕为似犀非犀之动物，眼眉、鼻梁深处和尾部均有雕饰回纹及变形云纹。背部深雕圆形注水孔，并巧做盖纽滴注，其上雕饰绳纹。砚滴造型古拙可爱，纹饰与形体达到完美统一。底部篆体“乾隆年制”款。

470

碧玉竹溪六逸图笔筒

年代 清乾隆
尺寸 口径 17.5 厘米 底径 17.3 厘米
器壁厚 1.5 厘米 高 18.4 厘米
收藏单位 故宫博物院

碧玉笔筒，质地莹润。通体采用圆雕、透雕、减地高浮雕、浅浮雕、阴刻等多种工艺手法，雕饰人物、山石、竹林、亭台、芭蕉、松树、瀑布、溪水等，尤其将厚实的器壁镂雕，层层减地，使图纹更富立体感。器底部有五个长条形卷足，正中镌刻隶书“乾隆年制”款。

471

铜錾刻四季花卉诗意图笔筒

年代　清乾隆
尺寸　长 13.1 厘米　宽 13.2 厘米　高 17.8 厘米
收藏单位　故宫博物院

笔筒为委角方形，四面分别錾刻乾隆帝御制诗咏花卉四种，即《御题邹一桂画》中的荷花、菊、腊梅、水仙四种花卉图。

此件笔筒为铜质，器身厚重，并注重装饰，诗中有画，画中有诗，诗文与画意相得益彰，字体与花纹均填金，具有皇家富贵之气。作为书斋文案陈设，极具文雅情趣。

底部填金篆体“乾隆年制”款。

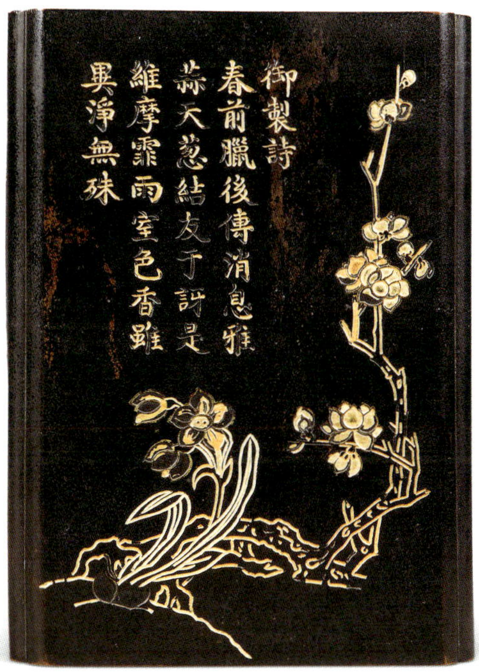

472

紫砂堆绘山水人物图笔筒

年代　清雍正
尺寸　口径 19 厘米　底径 19 厘米　高 16 厘米
收藏单位　故宫博物院

此件笔筒为黄色紫砂泥烧制而成。口沿为髹黑漆地描金回纹，朱漆描金底座。外壁以多色泥料堆绘江岸待渡场景，远山近树，人物形态既写意又逼真。

堆绘技法为传统紫砂装饰技法之一，又称“泥料堆绘”。清代初期较为流行，乾隆时期仍有地方进贡，至今尚有多件传世作品。

473

宜兴窑桃式水注

年代　清雍正
尺寸　口径 0.5 厘米　长 7.2 厘米　高 3.5 厘米
收藏单位　故宫博物院

此件水注为桃形，通体以细白砂泥制成。表面堆塑并点染粉红色桃花，桃果红润，极为写实。底部有一入水孔，桃枝从器底斜出延伸为流，构思巧妙，别具匠心，成功地以桃果为形，将实用性与观赏性结合，达到完美的统一。

474

画珐琅开光花蝶纹水丞（附铜镀金勺）

年代　清乾隆
尺寸　口最长 3.5 厘米　口最短 2.7 厘米
　　　底最长 3.1 厘米　底最短 2.3 厘米　高 2.1 厘米
收藏单位　故宫博物院

水丞为铜胎画珐琅。通体装饰典雅，色彩华丽。外壁以黄釉彩花为地，两面开光白釉地上彩绘秀石、牡丹花蝶纹，左右两侧圆形开光描绘团花莲纹。器盖装饰黄釉彩绘宝相花及缠枝花卉纹。器内通体施淡蓝色釉，釉料清纯，画笔工致秀丽。底足内施白釉楷书“乾隆年制”双行款。

475

紫檀木折叠式旅行文具桌箱

年代　清乾隆

尺寸　箱长 74 厘米　宽 29 厘米　高 14 厘米

　　　桌长 74 厘米　宽 58 厘米　高 30.7 厘米

收藏单位　故宫博物院

紫檀木文具箱，为可折叠式桌箱，即展开为书桌，合闭为箱，便于出行携带。桌腿可以自如地活动，横卧隐藏在箱边槽内。其外用薄板支撑，再用铜镏金暗扣固定，设计巧妙。箱内设计有两个同样大小的屉盒，每一屉盒都有两层形式不同、大小各异的多宝格横卧其间，分别放置 60 余件文玩器具，均为乾隆帝喜用或赏玩的文房佳品。为现存唯一的一件便于携带的旅行文具箱。

476

文竹文具都盛盘

年代　清乾隆

尺寸　长 37.3 厘米　宽 31.4 厘米　高 3.8 厘米

收藏单位　故宫博物院

此件文具盘，又称“都成盘”。分别放置有文竹笔筒、砚盒、墨床、水丞、印章、印泥盒、臂搁，为书写常备用具。其选材精良，并分别雕饰有山水、夔纹、回纹等图案，制作精细，为清代内廷书斋陈设之精品。

三 钟表

明万历年间，来华的传教士为了谋求教务之发展，几经摸索、权衡后，采取了展现西方科学为主旨的传教策略。他们以自鸣钟作为“铺路石”，在广东有了最初的立足之地。1601 年利玛窦还以两架自鸣钟作为“敲门砖”，叩开了紫禁城的大门。这两架自鸣钟是皇宫中最早的近代机械钟表。明清之际，在中西文化交流上有着特殊意义的一页就这样揭开了。此后，利玛窦又向明朝皇帝进献过其他自鸣钟。从那时起，把玩品位高雅、造型各异的自鸣钟表，成为中国帝王的一种新时尚。明亡清兴，江山鼎革，传教士仍把进献钟表作为亲近皇帝的重要手段。大清皇帝对钟表与大明君主有着相同的嗜好。到了乾隆年间，西洋钟表的应用相当普遍，不仅宫廷大量收藏，且为达官显贵、富商巨贾、文人学士所珍爱，并大力搜购。钟表成了中国人认识西洋文化的重要途径之一。

与中国传统的计时器相比，西洋自鸣钟具有复杂、紧凑、耐用的金属结构，走时准确度高，使用方便、可靠，报时直观，造型新颖多样，尺寸可大可小。因此，国人竞相仿制，清廷也概莫能外。在经历了明末清初单纯仿制的风潮后，中国钟表开始了自主发展的道路。18 世纪出现了几个生产中心，如清宫做钟处、广州、苏州等地，制造各具特色的钟表类型。可以说，西洋钟表在中国的机械钟表制造史上扮演了启蒙者的角色。

钟表在故宫博物院藏品中是特殊、珍贵的种类，在世界博物馆同类收藏中堪称翘楚。清宫遗存中外钟表 1000 多件，制作年代从 18 世纪至 20 世纪初，其中既有英国、法国、瑞士等名家之作，也有清宫做钟处和广州制造的精品，还有一些中西合璧的作品。虽然各自的文化背景决定了它们的造型、装饰手法各有千秋，但制作精美、功能复杂是其共性。钟表制作者在这块方寸之地上尽情释放各种奇思妙想，这些钟表代表了当时钟表制造的最高水准。故宫博物院藏钟表作为陈设品、装饰品本身所具备的美学价值自不待言。我们在欣赏、赞叹故宫钟表的精美之余，不能忽视其作为中西文化交流载体所具有的文化价值。此外，18 世纪至 20 世纪初，是钟表发展历史上的黄金时期，故宫博物院收藏的钟表不仅记录了这 200 年间钟表的发展轨迹和技术水平，还展现出欧洲特意为中国市场制造钟表的特点。故宫博物院所藏钟表具有极其重要的技术价值。

（一）西洋制造

477

铜镀金写字人钟

年代　18 世纪
尺寸　底边长 77 厘米　高 231 厘米
收藏单位　故宫博物院

底层的写字机械人是此钟最精彩、新异的部分，也是结构最繁复的部分。启动开关后，写字人便在面前的纸上写下“八方向化，九土来王”八个汉字，字迹工整有神。写字的同时，机械人的头随之摇动。

478

铜镀金嵌珐琅片钟

年代　18 世纪
尺寸　底边长 34.5 厘米　高 90 厘米
收藏单位　故宫博物院

钟体的四周装饰有 16 幅大小不一的珐琅画，内容大多取材于希腊神话故事。如《阿克泰翁和狄安娜》、《欧罗巴嬉牛》、《维纳斯的诞生》等。用珐琅画装饰钟表是 18 世纪通用的手法之一，但在一件钟表上用如此多的珐琅画，还是比较罕见的。

479

铜镀金人指时刻钟

年代　18 世纪
尺寸　宽 60 厘米　厚 50 厘米　高 140 厘米
收藏单位　故宫博物院

此钟的独特之处在于时间的显示。时、分、秒盘平置于底层平台前部三个圆台上，每个钟盘中心各立一持杆人。上弦后，持杆人各自按固定速度旋转，其手中所持杆起指针作用。水平放置钟盘是英国钟表制作者 William Vale 钟表的特点之一。

480

铜镀金象驮宝塔变花转花钟

年代　18 世纪
尺寸　宽 57 厘米　厚 32 厘米　高 122 厘米
收藏单位　故宫博物院

此钟的精彩之处有二：其一，塔底层正面的料石花在转动的同时，可变换四种形状和颜色；其二，塔三层中心柱的变化。中心柱由数根小柱集合而成，小柱的一面呈弧形，上嵌彩色料石，另一面则带有棱角。在机械控制下，每根小柱同步同向转动，时而合拢成一根嵌料石彩色圆柱，时而合成一根铜镀金方柱。变花和变柱的设计，充分展示了制造者的非凡智慧与超群技艺。

481

铜镀金四方跳杠鸟音笼钟

年代　18 世纪
尺寸　底边长 32 厘米　高 76 厘米
收藏单位　故宫博物院

提笼架鸟是清代社会的消遣、娱乐方式之一。为了迎合这种风尚，欧洲钟表制造商向中国输入了鸟音笼钟这一新的钟表类型。以发条为动源，依靠齿轮的传动，栩栩如生地呈现小鸟的姿态和鸣叫声。故宫收藏各式鸟音笼钟数件，就机械设计复杂程度、装饰及制作而言，都无法与此钟相提并论。

482

铜镀金转人转花容镜站马钟

年代　18 世纪
尺寸　宽 114 厘米　厚 71 厘米　高 238 厘米
收藏单位　故宫博物院

这件钟表是 James Cox 的作品。James Cox 是 18 世纪伦敦著名的钟表大师，他制作的钟表以形式多样、装饰华美而闻名。此钟在铜镀金帐幔、宝星花、牵马者的衣饰及马褡子上镶嵌大量精心切割的彩色料石。彩色料石镶嵌在铜镀金钟壳上显得富丽华贵。

483

铜镀金转人亭式钟

年代 18世纪
尺寸 底边长84厘米 高117厘米
收藏单位 故宫博物院

受英国社会当时所盛行的奢靡风气影响，钟表整体铜镀金。此钟集多种元素于一身，既有洛可可风格的岩石、繁密的藤蔓花样、涡形纹饰，又有巴洛克风格的莨菪叶、“C”形、“S”形纹饰。人物、动物、花草等铜饰制作精细，体现了英国钟表金属工艺的高超技艺。

484

铜镀金四象驮八方转花音乐钟

年代 18世纪
尺寸 宽87厘米 厚91厘米 高142厘米
收藏单位 故宫博物院

此钟的制作者为George Higginson。此钟大量使用彩色料石镶嵌的装饰形式。红、绿、蓝、黄、白等色料石连缀而成的花朵、花带遍布钟体。钟盘中央和顶端树干上的料石花构思新颖。前者为一朵齿轮状料石花，其中较长的两齿分别是时针、分针。后者的小朵花衬托中央的弯月，似星星散布在月亮四周。

485

铜镀金雄鸡动物楼阁式钟

年代　18 世纪
尺寸　宽 102 厘米　厚 90 厘米　高 244 厘米
收藏单位　故宫博物院

此钟是 James Cox 的作品。作为钟表大师，他的设计常常出人意表，有超越同侪的魅力。此钟式样入时，除了洛可可风格的假山、奇异的大自然外，楼阁内部别有洞天。Cox 设计了花园景观和山涧瀑布，这些景致通过楼阁背面门内一放大镜才可以观看。

486

铜镀金象驮转花钟

年代　18 世纪
尺寸　宽 135 厘米　厚 78 厘米　高 192 厘米
收藏单位　故宫博物院

以动物形象作支撑的钟表出现在 18 世纪中叶，大象背负钟体站在假山底座上是常见的造型之一。此钟体形高大，制作精良，从上至下均分布有活动玩意装置。既有士官左右转动似在巡视，又有帆船、跑人徐徐前移，还有转花旋转，飞龙盘旋。尤其是象的转眼、甩鼻、摆尾动作使其栩栩如生。

487

铜镀金七政仪表

年代　18 世纪
尺寸　直径 85 厘米　高 169 厘米
收藏单位　故宫博物院

包镶绿、黑、红等色鲨鱼皮是西洋钟表惯用的装饰手法，但在如此大体量的钟表上使用还是比较少见的。此钟表周身包镶绿鲨鱼皮，并饰精美铜镀金饰件。是一座附带计时、奏乐、活动玩意等功能，由机械轮齿控制的天体演示仪，装饰性、观赏性极强。

488

铜镀金象拉战车表

年代　18 世纪
尺寸　宽 136 厘米　厚 55 厘米　高 70 厘米
收藏单位　故宫博物院

此钟设计匠心独具，为象拉战车式样。机械结构繁复、精准。在乐曲伴奏下，大象拉着战车行驶，形成直径两米多的圆形轨迹；同时，象的眼睛转动，鼻子、尾巴摆动；指挥官左右转身，似在眺望四周动静；方箱正、背面的人物前行，在两面循环出现。此钟是故宫博物院钟表中的翘楚。

489

铜镀金规矩箱表

年代　18 世纪
尺寸　宽 38 厘米　厚 24 厘米　高 74 厘米
收藏单位　故宫博物院

故宫博物院收藏有 James Cox 制作的不少规矩箱表，此表便是其中之一。其具有 James Cox 钟表的典型元素——铜镀金为骨架包镶玛瑙外壳、铜镀金动物底足，以及插有彩色料石花朵的铜镀金花瓶。与同类规矩箱表相比，此表机械结构复杂，附带有活动玩意装置。

490

铜镀金壳嵌玛瑙灯表

年代　18 世纪
尺寸　直径 6.6 厘米　高 15.5 厘米
收藏单位　故宫博物院

铜镀金为骨架，包镶玛瑙外壳，是 James Cox 钟表的主要符号之一。此表造型别致，外观呈六面体状，实则其内中空，放一盏玻璃罩灯，制作者成功地解决了机芯的隔热问题。此表兼具计时和照明功能，是 Cox 为中国市场制作。

491

铜镀金壳嵌珠画珐琅怀表

年代 18 世纪
尺寸 直径 6.5 厘米 厚 2.5 厘米
收藏单位 故宫博物院

此表装饰风格为古典主义风格。表壳背面的布局复杂，装饰手法多样。中央是一幅椭圆形珐琅画，周围镶嵌红料石、米珠，二者相间排列。在珐琅画的外边是铜镀金花带和丰饶角，花带上以同样的手法镶嵌红料石和米珠。在花带的剩余空间饰蓝色透明珐琅。表壳的侧面錾刻花纹，其中的小花朵分别是银色、金色，显得素雅、别致。

492

铜镀金壳镶玛瑙珐琅怀表

年代 18 世纪
尺寸 直径 6 厘米 厚 3.5 厘米
收藏单位 故宫博物院

此表的两层表套都有形式多样的华美装饰。第一层为绿鲨鱼皮表套，表套上用镀金小圆粒镶嵌出花朵纹饰。第二层是铜镀金镂空花套，套背面中心是用红、绿、白三色料石镶嵌成的图案，似是生产厂家的徽记。此外，在镂空花纹之间嵌玛瑙、青金石及珐琅微绘肖像画。

493

铜壳画珐琅怀表

年代　18 世纪
尺寸　直径 6 厘米　厚 4 厘米
收藏单位　故宫博物院

表的制作者为英国 Samuel Jaquin。此表体现了 18 世纪怀表常用珐琅微绘画装饰的特点。表壳背面内外均镶嵌珐琅微绘画。内侧画面描绘自然风光；外侧画面中一女士头戴花冠倚靠在栏杆上。表盘中心微绘仕女肖像画。此表珐琅画绘制精细、用色丰富，为同时期珐琅怀表中的精品。

494

铜镀金画珐琅听箫图怀表

年代　19 世纪初
尺寸　直径 6 厘米　厚 1.6 厘米
收藏单位　故宫博物院

表壳背面镶嵌瑞士著名的珐琅绘画师 Dupont 的珐琅微绘画听箫图。三人的表情神态、服饰线条栩栩如生。此表制作者 William Ilbery 是英国的钟表大师，较早为中国市场制造怀表，且确立了面向中国市场的怀表机芯所具有的模式——独立的发条盒，以及在镀金机芯上雕刻花纹。此件怀表是两位大师合作的杰出作品。

495

铜镀金嵌钻石珐琅怀表

年代 19 世纪初
尺寸 直径 6 厘米 厚 1 厘米
收藏单位 故宫博物院

表壳为金质，背面在蓝色珐琅面上用大、小钻石镶嵌成团花图案，蓝白相间，引人注目。表壳边缘饰蓝地透明珐琅嵌金银片花草。表所附带的钥匙上饰有与表壳边缘相同纹饰的珐琅。制作华贵精美且有装饰性是 Ilbery 作品的特点，此表也不例外。

496

铜镀金镶珠鸟音小座钟

年代 18 世纪
尺寸 宽 11 厘米 厚 8 厘米 高 22 厘米
收藏单位 故宫博物院

在钟表上大量镶嵌珍珠和珐琅微绘画是欧洲制作中国市场钟表时经常使用的装饰形式。此钟的正面、背面饰花卉、果实、人物等不同题材的珐琅微绘画。表盘周圈、珐琅画周围、杯子把手上随形点缀珍珠。另外，用珍珠镶嵌而成的缎带状纹饰分布在钟体的不同部位。

497

铜镀金鸟音变戏法钟

年代　19 世纪
尺寸　宽 43 厘米　厚 26 厘米　高 70 厘米
收藏单位　故宫博物院

此钟可称为具有计时功能的玩具。此钟没有表盘，时间的显示是通过建筑顶端上下排列的两个小视窗。上满弦后，音乐响起，建筑内有变魔术人表演，屋顶的圆球旋转，球上站立的小鸟边转身边展翅鸣叫。此钟以七盘发条为动力源，各组机械之间通过拉杆联动。设计巧妙，结构复杂，显示出极高的设计制作水平。

498

铜镀金嵌珐琅壶式表

年代　18 世纪
尺寸　底径 3.5 厘米　通高 10.1 厘米
收藏单位　故宫博物院

此表造型秀美奇特。“S”形壶把，壶流为佩戴王冠的鹰头。壶腹部的鸟立枝头珐琅画与壶盖下的歌唱机械鸟相呼应。此表的制作者 Frisard 在钟表鸟音机械装置方面有重要贡献。这件钟表使 Frisard 在鸟音装置方面的才华得到淋漓尽致的展现。在很小的空间内一只小鸟站在用米珠做成的树枝间跳跃鸣唱。

499

铜镀金嵌珠珐琅番莲花式怀表

年代　19 世纪
尺寸　直径 6.4 厘米　厚 1.8 厘米
收藏单位　故宫博物院

表外形为花朵式样。表盘周圈用珍珠镶嵌出花瓣形，好似表盘嵌在花朵上。表壳背面同样用珍珠镶嵌出花瓣、花蕊。这件表属于形态钟表的范畴。19 世纪瑞士形态钟表的生产非常兴盛。此类钟表在故宫也有庋藏，除这件花朵外形外，还有天牛、蝉等昆虫造型的钟表。

500

金珐琅镶钻石石榴别针表

年代　19 世纪
尺寸　石榴径 1.6 厘米　表径 1 厘米
收藏单位　故宫博物院

外形模仿果实、花朵、昆虫等形状的形态钟表在 19 世纪初盛极一时，把钟表装饰艺术推至又一高峰。此表外形为石榴形状，红色珐琅果实上镶嵌钻石。表的上弦方式特殊，按顺时针方向转动石榴的上半部即可上满弦。

501

铜镀金珐琅人物怀表

年代　19 世纪
尺寸　直径 4.3 厘米　厚 1 厘米
收藏单位　故宫博物院

此表表壳前后盖在机刻纹饰背景上绘人物肖像。其中前盖上绘身着立领右衽褂、留发辫的男子，后盖上绘满族装扮的女子。珐琅微绘肖像是珐琅表流派中最见功力的一支，水准高下，一目了然。此表所绘人物惟妙惟肖，富有艺术感染力。

502

铜镀金珐琅围屏式钟

年代　19 世纪末
尺寸　宽 46 厘米　厚 19 厘米　高 62 厘米
收藏单位　故宫博物院

此钟立柱、底座、上顶、钟盘中心、钟摆以及前门边框上均装饰有錾胎素三彩珐琅，典雅而庄重，具有明显的时代和地域特征。钟壳四面镶嵌玻璃，透过玻璃机芯一目了然。其机芯为圆鼓形，机件均用机器批量生产，具有较高的精密度。

503

铜火车头式表

年代 19世纪末
尺寸 宽52厘米 厚24厘米 高46厘米
收藏单位 故宫博物院

此表是法国制作的工业化模型钟表。工业革命后，人们热衷于把火车、轮船等工业化的模型摆放在客厅中。精明的钟表制作者从中发现商机，在模型上面添加计时部分、温、湿度计、风雨表等，从而出现了一个新的钟表类型。此表为瑞士乌利文公司在中国销售的法国钟表制造商L.Martiet生产的产品。

504

铜镀金嵌料石瓶式寒暑三面表

年代　19 世纪末
尺寸　底径 24 厘米　高 70 厘米
收藏单位　故宫博物院

此表在装饰手法和材料使用上具有鲜明的地域和时代特征。底座及三个表盘周围均饰以当时法国钟表惯用的素三彩珐琅。钟底座、瓷瓶底托用大理石制作而成。使用大理石、尤其是色彩协调的优质大理石是 19 世纪末 20 世纪初法国座钟的特点之一。

505

铜镀金亭式水法表

年代　20 世纪初
尺寸　底边长 21 厘米　高 57 厘米
收藏单位　故宫博物院

表的设计灵感来自巴黎街头的公共饮水设施雕塑。制作者把其缩微后安装上两针时钟和风雨寒暑表。巧妙地利用水法玻璃柱表现流水，并配上水舀强化主题。此表雕塑造型别致、金工细腻，为 20 世纪初期法国钟表的精致之作。

（二）中国制造

506

彩漆描金楼阁式自开门群仙祝寿钟

年代　清乾隆
尺寸　宽 102 厘米　厚 72 厘米　高 185 厘米
收藏单位　故宫博物院

钟壳通体髹黑地彩漆，这种装饰形式是乾隆时期御制钟通行的手法之一。福寿是此钟的表现主题。钟壳上的团寿、蝙蝠图案，以及钟盘左右两侧寓意海屋添筹和群仙祝寿的活动景观装置无不紧扣这一主题。此钟装饰华美、制作精良，机械结构繁复，是清宫造办处钟表的扛鼎之作。

507

紫檀重檐楼阁式嵌珐琅更钟

年代　清乾隆
尺寸　宽 70 厘米　厚 70 厘米　高 150 厘米
收藏单位　故宫博物院

紫檀木上嵌玉、珐琅的装饰技法在乾隆时期的家具中屡见不鲜，紫檀木的钟表外壳也沿用这一做法。色泽艳丽的掐丝珐琅与沉穆的紫檀木搭配在一起，显得流光溢彩。此钟的特别之处在于，通过几个关键的装置，把敲更报时这一中国传统的夜间计时方法，以听觉信号的形式传达给人们。

508

木楼式更钟

年代　清乾隆
尺寸　宽 51 厘米　厚 41 厘米　高 100 厘米
收藏单位　故宫博物院

此钟是乾隆御制钟的代表之一，以致密凝重的紫檀木钟壳来突出其肃穆，方正宽厚的形体显示其端庄。钟壳上雕刻西番莲纹，四角及顶端配铜镀金奖杯是乾隆御制钟常用的装饰手法。钟盘布局是乾隆御制更钟的典型式样——黄地五彩花卉珐琅钟盘，以及白珐琅时刻环。弧形开光内有楷书“乾隆年制”款识。

509

洋漆东洋楼阁式更钟

年代　清乾隆
尺寸　底边长 49 厘米　高 79 厘米
收藏单位　故宫博物院

清宫档案显示，除木质钟壳外，乾隆帝钟情的另一种钟壳便是洋漆钟壳。此钟外壳原是一件日本洋漆楼阁，制作精细，梅、竹、菊图案清丽。做钟处对之加以改造，添配机芯、钟盘，从而使其变为功能复杂的更钟，并且为解决承重问题，在四条腿内侧用金属架加固。

510

紫檀楼嵌珐琅转仙人钟

年代　清乾隆
尺寸　宽 51 厘米　厚 40 厘米　高 88 厘米
收藏单位　故宫博物院

此钟具有乾隆御制钟装饰特点，在紫檀木钟壳上雕刻花纹，在楼顶及钟之四边各饰黄地彩绘花卉纹珐琅。此钟的特殊之处在于鱼子金漆钟盘。这种钟盘的时刻环是镀银的，不仅与亚光的鱼子金漆形成鲜明对比，而且突出深色的蓝钢指针，便于读出时刻。

511

彩漆嵌铜活鼓字盘二套钟

年代　清乾隆
尺寸　宽 37 厘米　厚 16 厘米　高 63 厘米
收藏单位　故宫博物院

这是一件中西合璧的钟表。原是法国路易十四晚期钟表大师 Balthazar Martinot 的作品，做钟处对其外观、机芯均加以改造。外观改变了几处：以彩漆花草纹饰替代钟壳表面的布式镶嵌；钟壳两侧原有的玻璃被铜饰所取代；钟盘下部原本为观看钟摆而留的中空部分被填满，并绘上云纹；在钟盘加上“乾隆年制”款识。

512

铜镀金绿珐琅倒球水法钟

年代　清乾隆
尺寸　宽 40 厘米　厚 36 厘米　高 99 厘米
收藏单位　故宫博物院

此钟通体饰绿地金花珐琅。钟壳上装饰色彩鲜艳、花纹细密繁缛的珐琅，是广州钟表的最突出的特点之一。从存世的实物看，以蓝色居多，绿地相对较少。此钟的活动玩意装置，既有广州钟表常见的水法、转花、献宝队列，又有富有创意的倒球表演。

513

铜镀金珐琅亭式升降塔钟

年代　清乾隆
尺寸　宽 44 厘米　厚 38 厘米　高 108 厘米
收藏单位　故宫博物院

升降塔是机械钟表较为常见的造型。此钟打破把钟表造型设计为升降塔的窠臼，把升降塔作为诸多活动玩意中的一种放置在亭内。在演示塔升降的同时，还伴随有塔旁插翅羽人合手作叩拜状，底层捧花篮的童子原地转圈，各层角花转动，上层亭子持折人展示“千秋永固”祝福等，其工艺复杂、精妙，实属难得。

514

铜镀金珐琅葫芦顶渔樵耕读钟

年代　清乾隆
尺寸　宽 46 厘米　厚 38 厘米　高 87 厘米
收藏单位　故宫博物院

此钟底层布置渔樵耕读景观。渔樵耕读是当时农耕社会的四业，反映社会众生相。清代许多门类的艺术品，如瓷器、家具等都以渔樵耕读为装饰纹饰。广州钟表也不例外。区别在于，钟表把平面、静态的渔樵耕读画面以动画形式呈现，增强了趣味性。

515

铜镀金嵌珐琅升降塔问乐钟

年代　清乾隆
尺寸　底边长 47 厘米　高 111 厘米
收藏单位　故宫博物院

此钟造型为铜镀金塔式样。在音乐伴奏下，塔从顶层开始，上面五层逐层升起，到一定高度停留片刻，然后以塔身的重量压迫着，塔又从底层开始逐层降下。弦松弛后，乐止，塔降至初始高度。塔在音乐声中平稳升降，具有极强的观赏性，此钟从一个侧面反映广州钟表制作的高超水平。

516

铜镀金水法转花白猿献寿麒麟驮钟

年代　清乾隆
尺寸　宽 40 厘米　厚 41 厘米　高 100 厘米
收藏单位　故宫博物院

此钟的每一层都分布有祥瑞寓意的动物。顶层立铜镀金麒麟。底层、中层正面分别装饰有彩色料石镶嵌而成的蝙蝠和铜镀金蝙蝠。中层是仙猿献寿活动玩意装置，表演仙猿手捧仙桃跪地敬献的过程。此钟的精彩之处在于底层的彩色料石花朵既能旋转，又可前后移动，这在故宫博物院所藏的钟表里是独一无二的。

517

铜镀金嵌珐琅楼台式水法钟

年代　清乾隆
尺寸　底边长 35 厘米　高 103 厘米
收藏单位　故宫博物院

此钟多处运用玻璃水法柱来表现大自然中的流水现象。底层林间风景中用竖立水法柱表现瀑布。底层平台上平铺水法柱，象征海水。水法柱被周围的层层浪花所包围，龙身在浪中时隐时现。龙头在平台中心仰起，一座重檐方楼浮在龙头喷出的水柱上，楼的下沿围有一圈浪花纹，使效果更加逼真。此钟造型别具匠心，充分运用水法营造出宛如蓬莱仙境般的场景。

518

铜镀金嵌珐琅三人献寿钟

年代　清乾隆
尺寸　宽 45 厘米　厚 32 厘米　高 100 厘米
收藏单位　故宫博物院

钟底层装饰广州钟表惯用的蓝底金花珐琅，中层铜镀金外壳上用红、绿双色料石镶嵌具有洛可可风格的卷曲纹饰。底层正面布置祝寿景观。景观正中所站立之人手持字联，联上写“万寿无疆”，左右各跪一人手捧桃盘，人身前或站或卧三只银色羊，寓意三阳开泰。广州钟表融会多文化元素的特点在这件钟表上表露无遗。

519

铜镀金嵌珐琅四面盘钟

年代　清乾隆
尺寸　底边长 50 厘米　高 110 厘米
收藏单位　故宫博物院

钟壳所饰的黄地彩绘花卉珐琅在广州钟表中相对少见。广州钟表常以书写有吉语的对联、折子表达祝愿。此钟表盘上方券门里站立的红衣天官手持“天官赐福”折子。券门两旁布置对联，对联书写在可转动的三棱状铜柱子上。柱子每转动一面，就变换不同的对联。先后可变换三副祝愿国泰民安的对联。

520

铜镀金葫芦式转花钟

年代　清乾隆
尺寸　宽 34 厘米　厚 30 厘米　高 86 厘米
收藏单位　故宫博物院

除了装饰有蓝、绿、黄三色珐琅的珐琅钟表外，广州钟表还有一类铜镀金钟表，此钟便是其中的代表。楼台式造型、顶端的葫芦、底层的牙雕献宝人队伍，都是鲜明的中国文化符号；而通体所饰的莨菪叶纹、支撑葫芦的“S”形曲腿，则反映西方文化对其的影响。

521

铜镀金福禄寿三星钟

年代　清乾隆
尺寸　宽 41 厘米　厚 33 厘米　高 89 厘米
收藏单位　故宫博物院

此钟淋漓尽致地展现了广州钟表以多种方式表达吉祥内涵和寓意的特点。二层平台上的景观以福、寿、禄三星人物为中心集中多种祥瑞元素。福星、禄星身旁有各自的象征物——蝙蝠、鹿。三星各手持一折，折上分别书“福如东海”、“寿比南山”、“万寿无疆”。

后 记

承蒙朱诚如、任万平主编的厚爱，有幸担任《清宫图典》（艺术卷）主编，由衷感谢两位学术前辈的提携！

1988年我从中央美术学院毕业入职故宫博物院以来，一直从事与中国古代绘画相关的研究、出版、保管、陈列等工作，对其他类别的文物仅粗知大概。本卷包含漆器、瓷器、金银器、文房用具、竹木牙角、玉器、钟表、珐琅、挂屏、法书和绘画等11个门类，这对我来说是一项超出自身学术功力的工作，我必须借助其他术有专攻的学者的研究与协助，才能完成这项工作。这也使本卷成为故宫各部门专家学者的集体智慧结晶。在此，我向各位专家学者致以诚挚的谢意！

首先感谢漆器篇负责人、我的前任领导也是我的好大姐、故宫博物院前副院长陈丽华，其次感谢我的同龄人、金银器篇负责人赵桂玲，书法篇负责人华宁，钟表篇负责人关雪玲，文房用具篇负责人赵丽红，珐琅篇负责人张丽，陶瓷篇负责人高晓然，玉器篇负责人徐琳，挂屏篇负责人郝炎峰和竹木牙角篇负责人刘岳。感谢他们对我的信任，感谢他们对我的支持，感谢他们付出的辛勤劳动！

我还要对故宫出版社总编刘辉以及伍容萱等诸位编辑表示深深的感谢！正是他们的充分理解、支持与鼓励，以及认真的校对、排版、监督印制等，才使本卷图典能够以高品质呈现给读者。

本卷图典所择录的文物，力求最能体现历史与时代特征，最能代表当时的工艺与艺术成就，同时也最具有宫廷特色。希望这本集故宫文物精华及故宫专家学者智慧的图典，能够在有限的篇幅中展现不同器物的造型之美、用料之精、用工之巧，打开清代宫廷艺术之窗，使读者在书香画页间感受历史的温度、领略皇家的艺术风采。

李湜

2019年11月1日

图书在版编目（CIP）数据

清宫图典．艺术卷／故宫博物院编．— 北京：故宫出版社，2019.12

ISBN 978-7-5134-1178-3

Ⅰ．①清… Ⅱ．①故… Ⅲ．①宫廷-史料-中国-清代-图集②文物-中国-清代-图集 Ⅳ．①K249.06-64 ②K871.492

中国版本图书馆 CIP 数据核字 (2019) 第 014790 号

清宫图典
艺术卷

故宫博物院 编
主　　编：朱诚如　任万平
本卷主编：李　湜
撰 稿 人（以姓名拼音为序）：陈丽华　高晓然　关雪玲
郝炎峰　华　宁　李　湜　刘　岳　徐　琳
张　丽　赵桂玲　赵丽红
出 版 人：王亚民
责任编辑：伍容萱
篆　　刻：阎　峻
装帧设计：李　猛
责任印制：常晓辉　顾从辉
出版发行：故宫出版社
地址：北京市东城区景山前街 4 号　邮编：100009
电话：010-85007808　010-85007816　邮箱：ggcb@culturefc.cn
制版印刷：北京雅昌艺术印刷有限公司
开　　本：889 毫米 ×1194 毫米　1/16
印　　张：23
字　　数：294 千字
版　　次：2019 年 12 月第 1 版
2019 年 12 月第 1 次印刷
书　　号：ISBN 978-7-5134-1178-3
定　　价：396.00 元